학부모와 교사

엇갈린 시선에서 마주보기

황성희 · 강문정 · 김은정 · 박혜원 · 강진아 · 양윤호
이전이 · 김정남 · 이종철 · 임고운 · 여태전 · 양병찬

엇갈린 시선이 마주보며 같은 곳을 향할 수 있다면

1.

2023년 서울 서이초등학교 선생님의 49재가 있기 하루 전인 9월 3일 밤 나는 지난 몇 해 동안 서울대학교 교육학과에서 내 지도로 석사학위를 받은 30대 현직 초등학교 교사 다섯 명과 화상으로 만났다. 주말마다 서울 종각역 앞에 검은 옷을 입고 모이던 초등 교사들을 온 국민이 안타까운 마음으로 지켜보던 때였다. 그 여름 나는 초등학교 교단을 지키는 대학원 제자들의 안위가 걱정되고 근황이 궁금하기도 했다. 명색이 사범대학 교수이니 그들의 하소연을 누구보다 내가 먼저 직접 들어야만 한다는 생각도 들었다. 그런데, 그날 밤 나는 우울감과 무기력에 사로잡힌 그들을 어떤 말로도 위로할 수 없었다. 제자들이 직접 당했던 학부모의 도를 넘은 민원 이야기, 학교 관리자와 교육청과 교육부의 안일한 대처에 분노하는 목소리가 디지털 공간에서도 여실히 느껴졌다. 그들은 아무도 신뢰할 수 없는 상황에 처해 있었다. 그저 묵묵히 버텨오다가 막 폭발해 있었다. 그것이 몹시 안타까웠다.

나는 당시 고3과 중2 자녀를 둔 학부모이기도 했다. 나나 아내가 학교에 민원을 제기한 적은 없었지만, 우리 가정은 어느 해 아이의 담임 교사에 대해서는 아주 좋지 않은 기억을 가지고 있었다. 늦여름 밤 제자들의 분노를 삭이는 성토를 들으며, 내 기억 저편에서 잊었다고 생각했던 그 담임 교사가 자꾸만 스멀스멀 올라왔다. 불현듯 학부모인 나도 초등교사들이 집단적으로 겪고 있는 존재적 불안의 잠재적 원인 제공자였을 수 있겠다는 생각까지 치밀었다. 그래서 그날 밤 화상 모임은 몹시 불편하기도 했다. 교사를 양성하는 사범대학의 교수와 두 아이의 학부모라는 두 정체성이 내 안에서도 갈등하고 있었다. 그날 나는 우리 교육의 심각한 문제 상황을 풀어갈 작은 희망의 씨앗을 내 안에서는 찾지 못한 채 제자들과의 화상 모임을 마쳤다.

2.

젊은 초등학교 교사 제자들과의 화상 대화가 있던 날로부터 40여 일 전인 7월 23일 밤, 나는 한국학부모학회 주요 임원들과 긴급 화상 회의를 가졌다. 서이초등학교 선생님을 애도하는 조문 행렬이 이어지고, 학교 관리자와 교육청, 교육부의 대처에 교사들의 분노가 들끓기 시작하던 때였다. 학부모의 과도한 민원에 대한 비난도 일고 있었다. 학부모의 시선에서 교육의 문제를 새롭게 바라보고, 학부모의 학교 참여가 한국 교육과 사회를 바꿀 수 있다는 입장을 견지해 온 학회 임원 대부분에게 이런 사태 전개는 적지않게 당혹스러운 것이었다. 일부 학부모의 과도한 민원이나 도를 넘은 행동은 과거에도 있었다. 학교를 찾아가 교사와 언쟁을 하다가 폭언과 폭행을 저지르는 일은 그 전에도 보도된 적이 많았다. 교사도 사회적 규범과 통념에 어긋나는 행위를 해서 지탄의 대상이 되는 적이 많았다. 몇 해 전에도 이른바 '스쿨 미투'로 일부 교사의 성희롱과 성폭력의 실상이 사회적 문제가 되기도 했다. 그러나 학부모의 민원으로 교사가 스스로 생명을 끊고, 그 일로 교사들의 분노가 들끓는 사태는 이전과는 전혀 다른 성격이었다. 학회 임원들은 서이초등학교 사태를 예의주시하며 학회 회원 전체에게 이메일로 다음 세 가지 질문을 보내고 가능한 답변을 요청하기로 했다.

첫째, 이번 사안이 발생한 구조적 원인은 무엇이라고 생각하십니까?

둘째, 이 사안에 대처하며 우리 사회가 유의해야 할 점은 무엇이라고 생각하십니까?

셋째, 이 사안과 관련하여 우리 학회에서 학술 토론과 연구의 주제로 삼아야 할 것은 무엇이라고 생각하십니까?

주관식 의견을 묻는 것이라 답변을 보낸 회원 숫자는 많지 않았지만 내용은 매우 진지했다. 아래는 답변의 주요 내용이다. 첫 번째 구조적 원인을 묻는 질문에 학교의 변화 지체, 교사와 학부모의 관계 변화, 교사 보호를 위한 법적 장치의 부재를 지목하는 답변이 많았다. 학교가 민주화의 진전으로 권위주의적 구조에서 수평적 구조로 변경되어야 한다는 압력이 매우 컸지만 그동안 변화의 속도가 빠르지 않았다. 권위주의 시대처럼 교사가 학생에게 절대권 권한을 행사하는 시대가 아니다. 부모는 부모 나름의 방법으로 학교의 교육과 운영을 모니터링하고 있지만 그 결과를 학교와 적절하게 소통할 수단이 없다.

학교는 문제가 생길 때마다, 외부의 압력이 있을 때마다 땜질식으로 소극적으로 대처할 뿐 시스템적인 변화를 추구하지 않았다. 교사 조직은 관료적 성격이 너무 강하고, 직급과 연령대가 다른 교사들 사이의 소통과 상호 이해가 부족해 문제를 공동으로 해결하는 노력을 하기 쉽지 않다. 직급과 경력이 낮은 교사가 기피 업무를 덤터기 쓰듯 맡는다. 교원의 업무 배분이 합리적, 민주적이지 않다. 수요자 중심 교육 담론으로 학부모가 교원을 겸손하게 존중하는 인식이 약해졌다. 교사, 학생, 학부모의 인식 변화가 전혀 다른 방향을 향하고 있다. 교사는 교권이 실추되고 권한을 박탈당했다고 인식한다. 학생은 인권을 아직도 보장받지 못한다고 생각한다. 학부모는 학교에서 무슨 교육이 어떻게 진행되고 있는지 충분히 몰라 공교육을 전반적으로 불신한다. 학부모가 교사를 상대로 민원을 제기하면 교사를 보호하는 장치가 학교에 전혀 없다. 아동학대로 신고 당하면 무고인 경우라도 교사가 직접 대응해야 한다. 학교의 관리자와 교육청도 교사의 입장에서 공동으로 대응해 주지 않는다.

　　두 번째 우리 사회가 유의해야 할 것으로 정치적 유불리, 단체 이익의 유불리를 따지는 해법의 위험성을 지적하는 답변이 많았다. 교권의 강화가 학부모와 학생의 권리를 제한하는 방식으로 전개된다면 머지 않아 더 큰 부작용을 일으킬 수 있다. 특히 교사와 학부모, 교사와 학생을 상호 대립하는 관계로 보는 시각을 강화하는 방향으로 문제를 해결하는 시도가 걱정된다. 학교에서 민원 문제가 발생했을 때, 당사자 간의 직접적인 충돌보다는 학부모는 학부모회와, 교사는 교감과 교장 등을 중심으로 교사 조직과 우선 상의하고 문제를 해결하는 방안을 찾는 태도와 절차를 마련해야 한다. 학교 구성원 간의 소통 구조가 확립되면 악성 민원에 대응하는 대책을 만들어 실질적으로 운영하는 게 훨씬 수월할 것이다. 교사, 학생, 학부모의 권리와 의무, 책임을 보다 구체적이고 명확하게 공유할 필요가 있다. 현장 교사의 목소리를 학교를 개선하는 데 더 많이 수용해야 한다. 무엇보다 학교의 일상에서 민주주의가 실현되어야 한다. 저경력 교사에게 과도한 업무를 분장하지 말아야 한다. 교사의 자율성 신장과 학교자치, 교육자치를 지원하는 시스템 개혁이 논의되어야 한다.

세 번째 한국학부모학회의 학술 토론과 연구 주제로 학부모-교원 협력 관계, 학부모-교원 의사소통 활성화, 학부모와 교원의 교육권, 지역별 학교급별 학교 문화의 변동, 학생 문화, 교사 문화, 학부모 문화, 학습권과 수업권 상호 증진 방안, 학교교육을 위한 학부모의 역할과 책무, 교대와 사대 교육과정에 '학부모의 이해와 소통기술(가칭)' 포함 방안 탐색 등이 제안됐다. 교사와 학부모 갈등이 우리나라에 국한된 문제가 아니기 때문에 교육주체간 갈등의 현황과 진단, 그리고 대안 모색을 주제로 국제학술행사를 개최하자는 의견도 있었다. 서로가 을이라는 인식을 갖고 있는 교사, 학생, 학부모의 역할극을 개발해 상대방의 입장을 이해하고 공감할 기회를 갖게 하자거나, 학교 현장에서 일어나고 있는 비민주적이고 폭력적인 문제를 직접적으로 드러내고 공론화하는 작업이 필요하다거나, 학부모가 필수적으로 연수를 받게 하자는 제안도 있었다.

학회원들의 이런 의견을 모아 8월 6일 두 번째 긴급 화상 임원회의가 열렸다. 서이초등학교 사태가 불거지기 1년여 전 한국학부모학회는 학부모와 교사의 엇갈린 시선을 주제로 정기학술대회를 열고 학술 논문과 학교 현장의 다양한 경험을 발표하고 이를 엮어서 책으로 출판할 계획을 세웠었다. 이 계획에 따라 2022년 하반기와 2023년 상반기 학술대회에서 학부모와 교사가 가지고 있는 엇갈린 시선을 여러 측면에서 확인도 하고, 학부모와 교사가 서로 마주 보며 학교와 지역 공동체를 함께 새롭게 일군 사례를 듣기도 했다. 두 번째 회의가 있었을 즈음에는 여러 저자가 학술대회 참가자들의 열띤 토론 결과를 반영해 원고를 이미 제출한 뒤였다. 그렇지만 임원 회의에서는 책 출간을 유보하고 학부모와 교사의 파트너십을 주제로 2023년 하반기 학술대회를 한 번 더 갖고 책을 보완하기로 했다. 특히 학교 현장의 교사들의 목소리를 직접 듣는 자리를 기획하고, 해외의 교사—학부모 파트너십 구축 사례 발표도 추진하기로 했다. 이 책은 2022년과 2023년 세 번에 걸친 한국학부모학회 학술대회의 결과물인 셈이다.

3.

　　서이초등학교 사태로 촉발된 교사들의 집단 행동은 2023년 8월 22일 교육부의 '학생·교원·학부모가 상호 존중하는 교권 회복 및 보호 강화 종합방안' 발표, 9월 21일 이른바 교권 보호 4법 개정안의 국회 통과, 그리고 10월 6일 대통령의 현장 교사 20여 명 면담과 교사 처우 개선 방안 공개 등의 조치가 취해지면서 점차 잦아들었다. 정부와 국회의 신속한 대응 저변에는 교직에 대한 교사들의 인식 변화가 자리잡고 있다. 한국교원단체총연합회는 사태 초기인 7월 27일 교사 약 3만 3천 명을 대상으로 한 '교권침해 인식 설문조사' 결과를 발표했다. 이 조사에서 '선생님은 감정노동자다'라고 인식하는 정도를 물었는데, 매우 동의하거나 동의한다는 응답이 전체의 99%에 달했다. 66.1%

가 가장 스트레스를 느끼는 주요 대상을 학부모라고 답했다. 학생이라고 응답한 교사가 25.3%였고, 교장이나 교감이라고 응답한 교사는 2.9%였다. 교사들은 가장 스트레스를 받는 업무가 생활지도(46.5%), 민원 처리(32.3%), 아동학대 신고 두려움(14.6%)이라고 응답했다. 행정업무나 감사라고 응답한 비율은 3.1%에 불과했다. 응답 교사의 83.1%가 '학생인권조례가 교권 추락에 영향을 미쳤다'에 동의한다고 답했다.[1] 이 조사결과를 보면 교사들은 일상적으로 학생과의 관계 설정, 학부모와의 관계 설정에서 큰 어려움을 겪고 있다는 사실을 잘 알 수 있다. 한국교원단체총연합회의 설문조사 발표가 있기 사흘 전인 7월 24일 이주호 교육부장관은 교사들과 간담회에서 "학생인권조례 제정 이후 학생의 인권이 지나치게 강조되면서 교사들의 교권은 급격하게 추락했으며 공교육이 붕괴되고 있다"고, "학생인권조례로 인해 수업 중 잠자는 학생을 깨우는 것이 곤란하고 학생 간 사소한 다툼 해결도 나서기 어려워지는 등 교사의 적극적 생활지도가 크게 위축됐다"고 말한 걸로 보도됐다.[2] 교사들의 이런 일상적 어려움은 과연 2011년 학생인권조례가 생겨난 이후일까?

한국의 교권 실추를 보도한 외신들은 교권 실추의 현상으로 학생들을 꾸짖는 것이 감정적 학대로 신고 당하는 상황을 설명하면서도 명문대 입시를 위한 초경쟁 교육 상황과 학생들 사이의 괴롭힘과 폭력의 심각성, 선진국 중 가장 높은 수준의 자살률 등을 문제의 배경으로 지목했다.[3] 입시경쟁이나 자살률 문제는 새삼스레 언급할 필요는

1) 김민제(2023). 교사 스트레스 유발 1위는 학부모... "나는 감정노동자" 99%. 한겨레, 7월 27일. https://www.hani.co.kr/arti/society/schooling/1101961.html
2) 이웅(2023). [팩트체크] 학생인권조례 때문에 교권침해가 늘어났다? 연합뉴스, 8월 1일. https://www.yna.co.kr/view/AKR20230801034200518

없겠으나 학교 폭력과 관련한 분쟁의 증가는 학부모 민원의 주요 원인이기도 하기 때문에 주목할 필요가 있다. 이렇게 말하면 어폐가 있을 수 있지만 오랫동안 우리나라 학교는 체벌과 폭력으로 질서를 유지하는 곳이었다. 대부분의 기성세대가 초중고교 재학 시절 교사에게 본인이나 급우가, 아니면 학급 전체가 손바닥이나 몽둥이로 직접 맞았거나, 맞는 모습을 아주 가까이에서 목격한 경험을 가지고 있다. 대단한 잘못을 해서 맞기도 했지만, 학교 시험에서 틀린 문제 개수만큼 맞는 일도 있었다. 누구는 그 체벌이 약이 되었다고 생각하고, 누구는 사랑의 매로 받아들였지만, 어떤 이에게는 모멸과 모욕의 기억으로 남아 있다. 실제 교사의 체벌은 모욕적인 언사와 함께 이루어지기도 했다. 학생들도 주먹다짐을 했고 걸핏하면 싸웠다. 규율부, 선도부 선배가 후배들의 복장과 두발 등 용모를 점검하며 질서 유지를 하기도 했다. "쟤가 일진"이라는 말이나 '말죽거리 잔혹사' 같은 영화, 최근 한류 바람을 타고 외국에서도 인기를 끌었던 '더 글로리'라는 K-드라마는 폭력이 지배하는 한국의 학교 모습을 소재로 삼고 있다.

이제 교사의 체벌은 사라졌지만, 학생 간 폭력은 지금도 계속되고 있다. 그 폭력을 사법적 절차를 도입해 처리하고, 학교생활기록부에 남겨 입시에 불이익을 주는 방법으로 억제하고 있을 뿐 학교 폭력은 여전히 심각한 문제이다. 오히려 학교 폭력의 사법화와 입시 불이익 조치로 학부모 민원과 소송이 크게 증가했다. 교사의 체벌이 사라진 것도 실은 그리 오래 되지 않았다. 2010년 서울의 한 초등학교에는 '오장풍' 교사가 있었다. 6학년 담임을 맡았던 50대 초반 교사가 휘두

---

3) 김동호(2023). 외신, 韓 교사 죽음으로 드러난 교권침해 조명. 연합뉴스, 9월 4일. https://www.yna.co.kr/view/AKR20230904129000009?input=1195m

른 손바닥에 한 번 맞으면 학생들이 쓰러졌기 때문에 그런 별명이 붙었다고 한다. 당시 한 학부모단체가 그 교사의 폭행 장면이 담긴 동영상을 공개해 사회적 문제가 되었다. 그 '오장풍' 교사 사건이 학교 체벌 금지를 법제화하는 직접적인 계기가 되었다.[4]

체벌은 우리나라가 1991년 유엔에 가입한 직후 비준한 유엔아동권리협약에 위반되는 것이었다. 유엔아동권리위원회는 한국 정부의 협약 이행 여부를 점검하며 체벌을 명시적으로 금지하는 법률을 마련하라고 1996년, 2003년, 2011년 연속으로 권고했을 정도였다. 유엔아동권리협약은 아동을 보호의 대상이 아니라 존엄한 존재이자 권리의 주체로 천명하고 있다. 아동은 폭력을 당하거나 차별을 받지 않아야 하며, 아동에 관한 결정은 아동의 이익을 최우선으로 해야 한다고 명시하고 있다. 유엔아동권리협약이 규정하는 아동은 만 18세 미만인 모든 사람이다. 우리나라는 오랫동안 학교와 가정에서 체벌을 법적으로 용인하는 나라였다. 1949년 제정된 교육법 제76조는 "각 학교의 장은 교육상 필요할 때에는 학생에게 징계 또는 처벌할 수 있다"고 규정했고, 학교에서는 교육상 필요한 훈육의 수단으로 체벌을 널리 사용했다. 1958년 제정된 민법도 제915조에 "친권자는 그 자를 보호 또는 교양하기 위하여 필요한 징계를 할 수 있고 법원의 허가를 얻어 감화 또는 교정기관에 위탁할 수 있다"는 징계권을 규정해 부모가 자녀의 훈육 수단으로 체벌하는 걸 용인했다.

우리나라에서 체벌 금지가 공론화된 것은 1995년 교육개혁위원회에서 교육법을 폐지하고 교육기본법을 중심으로 교육법체계를 개혁

---

4) 이준삼(2010). 초등생 폭행 '오장풍' 교사 직위 해제(종합). 연합뉴스. 7월 16일. https://www.yna.co.kr/view/AKR20100716188200004

하는 과정에서였다. 그러나 당시 학교에서의 체벌 금지는 법제화되지 못했다. 1998년 제정된 초중등교육법 시행령 제31조 7항은 "교육상 불가피한 경우를 제외하고는 학생에게 신체적 고통을 가하지 아니하는 훈육·훈계 등의 방법으로 행하여야 한다"고 교육상 불가피한 체벌을 허용했다. 교육당국은 체벌을 둘러싼 현장의 혼란이 지속되자 교육적 체벌의 구체적인 방안을 만들기도 했다. 가령, 초중학생은 지름 1cm 내외, 길이 50cm 내외의 직선형 나무로 1회 5번까지, 고등학생은 지름 1.5cm 내외, 길이 60cm 내외의 직선형 나무로 1회 10번까지, 남학생은 둔부, 여학생은 허벅지에 한해서 제3자가 배석한 상태에서 다른 학생이 없는 장소에서 체벌할 수 있다는 예시안을 만들기도 했다.[5] 학교 체벌을 완전히 금지하게 된 것은 휴대전화 보급으로 '오장풍' 교사 등 전국 각지에서 교사가 체벌하는 동영상이 연이어 보도되었기 때문이다. 2011년 3월 18일 개정된 초중등교육법 시행령은 제31조 8항에 "도구, 신체 등을 이용하여 학생의 신체에 고통을 가하는 방법을 사용해서는 아니 된다"고 하여 체벌을 완전히 금지했다. 2021년 1월 8일에는 이른바 '정인이 사건' 이후 가정 내 체벌에 대한 공론화로 민법 제915조의 징계권 조항을 삭제하는 개정안이 국회를 통과했다. 우리나라는 현재 아동의 체벌을 법적으로 완전히 금지하는 나라이다.

4.

학교 체벌이 금지되는 과정에서, 그리고 그 이후 우리는 학교 교

---

5) 김남중(2002). 교육부, 학생 체벌 가이드라인제시 "손발로 때려선 안돼" 중앙일보, 6월 27일자. https://www.joongang.co.kr/article/4302892#home

육의 당사자 간 관계를 어떻게 재편하고 그 질서를 유지할 수 있을까에 대해 아직 분명한 답을 갖지 못하고 있다. 학교에서는 여전히 학생간 폭력이 심각하다. 학부모들은 내 자녀가 폭력의 피해자가 될까, 아니 가해자가 될 수도 있어 불안하다. 교사에게 반항하고 신체적으로 위해를 가하는 학생도 있다. 또 학생이 본분에 어긋난 행위를 하거나 수업시간에 엎드려 잠을 자도 적절하게 그 행위를 중단시킬 방법이 없다고 토로하는 교사도 많다. 이런 문제는 1990년대 말부터 이른바 '교실 붕괴'라는 말로 회자되어 왔다. 여기에 학부모가 학교와 교사를 상대로 민원을 제기하는 일이 빈번해지고, 자녀에게 불이익이 있으면 아동학대로 고소하는 일까지 생기면서 교사들이 스스로를 전문직 종사자가 아니라 감정노동자라고 인식하는 데까지 온 것이다.

이런 상황을 개선하기 위한 노력이 전혀 없는 것은 아니다. 서이 초등학교 사태가 촉발된 지 얼마 지나지 않은 2023년 7월 21일 대구에서는 지역 학부모 700여명이 함께 도출한 '대구 학부모 선언문' 발표가 있었다.[6] 다소 길지만 선언문의 전문은 다음과 같다.

> 대구의 학부모들은 우리 아이들이 학력뿐만 아니라 더불어 사는 힘, 마음을 다스릴 줄 아는 힘, 좌절을 극복할 수 있는 인내심 등을 갖춘 전인적 인격체로 성장할 수 있도록 학교와 함께 지원하고 아이의 성장과 더불어 학부모의 성장을 위해 다음과 같이 선언합니다.

---

6) 지성배(2023). 대구 학부모들 "학교교육 믿고 지지, 선생님 의견 존중" 선언…교권 회복 운동 모형 될까. 교육플러스, 7월 22일. https://www.edpl.co.kr/news/articleView.html?idxno=9863

1. 우리 학부모들은, 모든 아이의 성장을 내 아이의 성장으로 인식하고 학교 교육을 믿고 지지하겠습니다.
2. 우리 학부모들은, 내 아이가 자신을 사랑하고 타인을 존중하며 자신의 일은 스스로 할 수 있도록 가정에서부터 교육하겠습니다.
3. 우리 학부모들은, 내 아이를 조건없이 사랑하고 항상 충분히 잘하고 있다고 칭찬하고 격려하겠습니다.
4. 우리 학부모들은, 학교의 교육과정과 교육 방침, 선생님의 수업과 생활교육 방향을 이해하고, 의견이 다를 때는 존중의 언어로 소통하겠습니다.
5. 우리 학부모들은, 내 아이를 아는 만큼 선생님도 충분히 내 아이에 대해 안다는 믿음을 가지고, 선생님의 의견을 존중하겠습니다.
6. 우리 학부모들은, 학부모 교육에 적극 참여하고, 다양한 교육봉사 활동에 함께하며 학교 교육을 지원하겠습니다.
7. 우리 학부모들은, 일이 있을 때만 연락하기보다는 평소에도 선생님들께 칭찬과 감사의 전화하기나 문자 보내기를 실천하겠습니다.
8. 우리 학부모들은, 민원을 제기하기보다는 문의 전화를 해서 정확한 정보를 얻은 다음 학교와 함께 해결책을 찾겠습니다.
9. 우리 학부모들은, 평소 아이 앞에서는 학교와 선생님을 비난하는 말과 태도를 삼가겠습니다.
10. 우리 학부모들은, 내 아이와 또래들의 사소한 갈등이 발생했을 때 바로 개입하기보다는 선생님과 함께 아이들이 스스로 해결할 수 있도록 기다려 주겠습니다.

우리 학부모들은, 학교와 교육청, 학부모는 하나된 교육공동체라는 생각으로 대한민국 교육 수도 '대구교육'에 신뢰와 믿음의 마음으로 함께 하겠습니다.

선언문은 자녀 교육의 일차적 책임자로 학부모가 가져야 하는 원칙적 마음가짐과 다짐을 담고 있다. 학부모의 과도한 민원이 교사를 죽음으로까지 몰고 갔다는 문제 의식도 선언문에는 짙게 배어 있다. 새로운 학교 문화를 조성하기 위해 학부모가 달라져야 한다며, 구체적인 행동의 지침을 명시하고 있기도 하다. 그런데, 동시에 선언문은 새로운 학교 문화의 바탕이라 할 수 있는 학부모와 학교 및 교사 사이의 신뢰 관계를 구축하기 위해 선행해야 하는 내용도 선명하게 담고 있다.

첫째, 선언문의 4번 항목은 학교의 교육과정과 교육 방침, 선생님의 수업과 생활교육의 방향을 이해하고, 의견이 다를 때 존중의 언어로 소통하겠다는 다짐을 담고 있다. 문구 그대로 학교의 교육과정과 교육 방침, 선생님의 수업과 생활교육의 방향을 이해하기 위해서는 학교와 선생님이 학부모에게 먼저 해야 할 일이 많다. 나와 아내는 큰아이가 초등학교에 입학한 이후로만 따져서 13년차 학부모이다. 둘 다 교육학 전공 학위를 소지하고 있지만 학교의 교육과정과 교육 방침, 선생님의 수업과 생활교육의 방향은 늘 어림짐작했을 뿐 이해할 수 있을 정도로 안내받은 적이 없었다. 그런데 올해 처음으로 중3인 둘째 아이 편에 학교에서 학교의 여러 교육 방침, 특히 아이들 간의 분쟁이나 폭력의 예방과 발생시 처분 절차 등을 담은 제본 자료를 보내주셨다. 그 제본 자료는 교육청이나 학교에서 생산한 여러 문서를 조잡하게 복사해서 편집한 것이었다. 이 문서 저 문서를 넣다보니 내용의 중복도 많았고 활자와 여백도 페이지 마다 제각각이라 살펴보는 중에도 좀 짜증이 났다. 그래도 이런 정보를 처음으로 받아본 터라 고마운 마음이 앞섰다. 기왕이면 학교에서 온라인으로 설명하는 시간도 있으면 좋겠다는 욕심도 생겼지만 그런 요청을 할 엄두는 나지 않았다.

둘째, 선언문의 5번 항목은 선생님도 충분히 내 아이에 대해 안다는 믿음을 가지고 선생님의 의견을 존중하겠다는 내용이다. 이젠 대학생이 된 큰 아이를 처음으로 어린이집에 보냈을 때다. 등원 첫날 어린이집에서는 알림장을 만들어 아이 가방에 넣어 보냈다. 알림장에는 길지 않은 문장으로 그날 아이가 어떻게 어린이집에서 하루를 보냈는지 적혀 있었다. 집에서는 알아낼 길이 없는 아이에 대한 이야기가 적혀 오는 날도 있었다. 어린이집 선생님이 충분히 내 아이를 알고 있다는 생각이 들 수밖에 없었다. 둘째를 어린이집에 보냈을 때는 집에서는 편식하고 잘 먹지 않아서 걱정이라는 내용을 집에서 알림장에 적어 어린이집으로 보냈다. 어린이집 선생님은 아이가 집에서 잘 먹지 않는다는 사실에 매우 놀랐다며 어린이집에서는 너무 잘 먹는다는 답을 적어 보냈다. 초등학교에 입학하면서 이런 소통이 뚝 끊어졌다. 학교로 찾아가 상담하는 시간이 생겼지만 선생님의 눈으로 바라본 내 아이를 충분히 알 수 있는 시간은 아니었다. 사실 부모는 자녀의 학교 생활을 잘 모른다. 아이에게 혹은 주변에서 건너건너 듣는 학교 생활 이야기는 왜곡되기도 쉽다. 부모보다 교사가 아이에 대해서 훨씬 많은 것을 알고 있을 가능성도 높다. 그래서 부모는 교사가 바라보는 자녀의 상태를 더 많이 직접 전달받기를 원한다. 어린이집 알림장을 초등학교에서 쓸 필요는 없겠지만 그 교육적 소통은 계속

되기를 기대한다.

셋째, 선언문 6번 항목의 학부모 교육에 적극적으로 참여하고, 학교 교육을 지원하는 교육봉사활동에 참여하겠다는 다짐이 현실화되려면 우리 사회의 문화와 관련 제도의 변화가 필요하다. 학부모 교육이 정말 필요한 학부모가 그 교육에 참여할 수 있어야 한다. 교육청이 학부모 교육을 제공하는 방법을 더 다양화해야 한다. 지방자치단체의 평생교육체제와 연계 협력도 적극적으로 고려해야 한다. 학부모의 참여를 끌어내기 위해 학부모의 흥미와 필요에 기초한 교육 프로그램을 개발해야 하는 건 당연하다. 무엇보다 생업에 바쁜 학부모들이 학부모 교육이나 교육봉사에 적극 참여할 수 있으려면 유급 휴가와 같은 적절한 제도적, 문화적 뒷받침이 있어야 한다. 육아휴직도 눈치를 봐야 하고, 아이가 초등학교에 입학하면 사직을 심각하게 고민하는 현 상황의 개선 없이 이 다짐은 공염불에 그칠 가능성이 높다.

넷째, 선언문 7번과 8번에 담긴 칭찬과 감사의 전화하기, 문자 보내기, 민원 제기에 앞선 문의 전화하기는 교사와 학부모 간의 상시 소통 채널을 전제하고 있다. 교사의 개인 전화번호를 학부모에게 공개하는 게 적절하지 않다면, 학부모에게 공유하는 업무 전화 혹은 문자 소통 방법이 필요하다. 이 전화나 문자 응대 가능 시간을 어떻게 설정할지도 숙고의 대상이다. 학부모와 교사가 상시 소통한다면 학부모가 아이 앞에서 교사를 비난하기는 매우 어려워질 것이 분명하다. 선언문 9번 항목이다.

5.

　교사와 학부모의 시선이 엇갈려 있는 게 지금 현실이라면, 학부모의 시선과 교사의 시선이 서로 마주 보고, 같은 곳을 보려면 어떻게 해야 할까? 그 두 시선이 결코 다른 시선이 아니라는 걸 우리는 어디에서 찾을 수 있을까? 우리나라가 18세 미만 아동의 체벌을 금지했던 국제법적 근거 중 하나인 유엔아동인권협약의 제29조는 교육의 목적을 다음 다섯 가지로 천명하고 있다.[7]

1. 아동의 인격, 재능, 그리고 정신적·신체적 능력의 잠재력을 최대한 계발
2. 인권과 기본적 자유, 유엔헌장에 규정된 원칙에 대한 존중 의식 계발
3. 아동의 부모와 아동 자신의 문화적 정체성, 언어 및 가치, 현 거주국과 출신국의 국가적 가치 및 서로 다른 문명의 차이에 대한 존중 의식 계발
4. 아동이 인종적 민족적 종교적 집단 및 선주민 등 모든 사람과의 관계에 있어서 이해, 평화, 관용, 성(性) 평등 및 우정의 정신에 입각해 자유사회에서 책임있는 삶을 영위하도록 하는 준비
5. 자연환경에 대한 존중 의식 계발

---

7) 국제아동인권센터 재번역본.
　https://drive.google.com/file/d/1taZcO2−a_MD54j038bjfwSg58_684U8L/view?
　pli=1

나는 우리나라의 교육 역시 이 다섯 가지 목적을 지향하고 있으며, 학부모의 시선도 교사의 시선도 이 목적을 함께 바라보고 있다고 생각한다. 이 분명한 사실을 학부모와 교사가 함께 공유하는 자리가 더 많아져야 한다. 자꾸 반복해서 되뇌일 기회가 늘어나야 한다. 혹시라도 학부모가 자녀를 교육하는 목적이, 교사가 학생을 교육하는 목적이 이 다섯 가지와 무관하다면 마땅히 서로를 경계해야 할 것이다. 나는 학부모의 시선과 교사의 시선이 결코 다른 곳을 바라보고 있지 않다는 걸 (아니면 반대로 같은 곳을 바라본 적이 없다는 걸) 우리 사회 어느 누구보다 교사가 잘 알고 있다고 생각한다. 대부분의 학부모는 직업인으로서 교사가 아니지만, 거의 대부분의 교사는 지금 학부모이거나, 얼마 전까지 학부모였거나, 곧 학부모가 될 사람이다. 그래서 학부모는 교사를 이해하는 데 한계가 있을 수 있어도, 스스로가 학부모인 교사는 학부모의 입장과 처지, 그 시선을 너무나 잘 알 수밖에 없다.

우리나라 사범대학과 교육대학에서는 예비교사에게 학부모를 이해하고, 학부모와 소통하고, 학부모의 시선에서 학교를 바라보는 것을 아직까지 체계적으로 가르치지 않고 있다. 그래서 많은 초임교사가 아무 준비 없이 학부모를 상대하다가 쉽게 소진된다. 교사들의 가장 큰 스트레스 원인이 학부모라고 하지만, 막상 교사들은 학부모가 어떤 존재인지, 자녀가 성장하면서 학부모는 어떻게 변하는지, MZ세대 학부모는 이전 세대 학부모와 어떻게 다른지 등 학부모를 체계적으로 공부할 기회가 없다. 어떤 교사는 자신이 학부모가 된 뒤에 학생을 완전히 새롭게 바라보는 경험을 하기도 한다.[8] 나는 예비교사들이 지식

---

8) 이지환·강대중(2021). 학부모 정체성과 교사 정체성의 갈등과 협상: 초등학생 자녀를 둔 초등학교 여성 교사를 중심으로. 학부모연구, 8(2), 45–66.

차원에서라도 학부모를 이해하고, 학부모와 소통하는 역량을 키우고, 학부모의 관점에서 교육을 바라보는 연습을 한 뒤에 교직에 진출하게 된다면, 스스로가 더 좋은 학부모가 될 수 있을 거라 생각한다. 나는 많은 교사들로부터 자신이 교사라는 사실을 자기 자녀와 같은 반 학부모들에게 숨기고 지낸다는 이야기를 정말 많이 들었다. 우리가 조성해야 하는 새로운 학교 문화, 교육 문화에서는 교사인 학부모가 주변의 학부모에게 적극적으로 선한 영향력을 끼칠 수 있으면 좋겠다. 학부모인 교사를 친구로, 이웃으로 둔 학부모들에게 학부모 역할을 어떻게 하면 좋을지 항상 의논할 수 있는 상대가 되어 주면 좋겠다.

시간이 좀 걸리더라도 지금은 엇갈려 있는 학부모와 교사의 시선이 서로 마주 보며 같은 곳을 향할 수 있게 되는데 이 책이 조금이라도 기여할 수 있다면 더 이상 바랄 게 없을 것이다. 애써 주신 저자 분들의 수고에 감사드린다. 특히 황성희 박사님은 학회 출판위원장으로 책의 기획과 진행 실무를 도맡아 해주셨다. 김은정 교수님은 학회 학술위원장으로 책에 실린 원고들을 발표한 세 차례 학술대회의 조직과 운영을 맡아 주셨다. 이종철 박사님도 출판위원으로 학술대회 발표자 섭외와 책의 편집 과정에 큰 도움을 큰 주셨다. 출판 시장 사정이 매우 어려운데도 이 책의 출간을 선뜻 맡아주신 박영스토리의 노현 대표님과 실무를 맡아 애써주신 이선경 부장님께 감사드린다.

2024년 6월 여름의 입구에서
강대중 서울대 교수
제5대 한국학부모학회 회장

차례

Chapter 03

교사와 학부모의 의사소통과 엇갈린 해석: 세 가지 사례

📖 김은정_공주교대 교수 / 박혜원_한율초등학교 교사

Chapter 04

교사의 교사-학부모 관계, 그 속사정

📖 강진아_서울대학교 교육연구소 객원연구원, 태장초등학교 교사

Chapter 05

학부모와 교사 - 현장에서의 느낀 점을 중심으로

📖 양윤호_청라초등학교 교사

Chapter 06

학부모와 교사 간 신뢰 관계: 엇갈린 기대와 공동의 과제

📖 이전이_경기도교육연구원 부연구위원

Chapter 07

미국에서의 효과적인 학교와 학부모 파트너십 구축
: 한국교육에의 시사점

📖 김정남_네바다대학교 부교수

Chapter 08

아이의 성장을 위한 학부모와 교사 협력

📖 이종철_한국교원대 겸임교수 / 임고운_국립한밭대학교 강사

Chapter 09

참여와 소통으로 성장하는 학부모

📖 여태전_건신대학원대학교 교수

Chapter 10

함께 만드는 교육공동체 - '당사자성'을 넘어 '공동성'으로

📖 양병찬_공주대학교 교수

01
교사에 대한 학부모의 기대와 현실 인식*

황성희_강원대학교 강사

> "학부모와 교사 모두 아이의 행복을 바란다. 그런데 양쪽 모두 현재의 상황에 불행해하고 있다. 양쪽 모두 상대의 비판을 두려워한다. 학부모는 교사를 두려워하고, 교사는 학부모를 두려워한다. 학부모는 교사가 아이의 부족한 점과 잘못들만 보게 될까 두렵고, 자신을 양육실패자로 생각할까 봐 두려워한다. 그래서 반격을 준비한다. 교사는 학부모에게 무능한 교사로 보일까 봐 두려워한다. 그래서 양쪽이 똑같이 행동한다. 상대의 잘못을 찾는 것이다. 교사는 아이들과 학부모의 잘못을 찾고, 학부모는 교사들에게 책임을 돌린다. "
>
> - 하이데마리 브로셰, 2012 -

그들, 학부모와 교사

학부모는 자녀의 교육적 성장을 누구보다 열망하는 존재이다. 교사 역시 학생의 교육적 성장을 바란다. 학생이 성장할 때 교사는 교사로서의 효능감을 높일 수 있고 정체성도 확인할 수 있다. 그런 만큼 학생의 교육적 성장은 학부모와 교사 모두에게 중요하다.

학생의 교육적 성장을 촉진하기 위해서는 학부모와 교사의 협력

---

* 이 글은 「학부모연구」 제9권 제3호에 게재된 논문을 수정·보완한 것임.

적 관계가 무엇보다 필요하다. 학부모와 교사가 협력적 관계를 형성하게 되면 그 효과는 비단 학생뿐 아니라 학부모와 교사 당사자에게도 긍정적으로 나타난다. 학부모는 교사와의 협력을 통해 자녀교육 역할 수행에 필요한 다양한 정보와 조언을 제공받을 수 있으며, 이는 부모 역할에 대한 자신감과 만족감으로 이어질 수 있다. 교사는 학부모와의 협력을 통해 효과적으로 학생을 지도할 수 있도록 지원받을 수 있으며, 이는 교사의 자긍심과 자기존중감으로 이어질 수 있다(이세용, 2003). 최근 교육 현장에서 학부모와 교사 간 파트너십이 강조되고, 학부모의 학교참여가 독려되고 있음은 교육적 실천에 있어 학부모와 교사의 협력적 관계맺음이 중요하다고 인식되기 때문일 것이다.

학부모와 교사 간 협력적 관계가 창출할 수 있는 긍정적 교육효과에도 불구하고 실제 학교 현장에서 감지되는 학부모와 교사의 관계는 상당히 회의적이다. 학부모와 교사는 서로를 불편한 존재로 인식하며 불신과 불만의 목소리를 높이고 있기 때문이다. 학부모는 교사에 대해 불평하고, 교사는 그런 학부모를 비난한다. 서로 상대의 잘못을 들춰내고 상대에게 책임을 떠넘기려고 한다.

학부모와 교사의 관계에 대하여 손준종(2012)은 "학부모와 교사는 모두 아동이 잘되기를 바라지만, 잘된다는 것에 대한 생각이 서로 다르기 때문에 갈등이 불가피하게 일어날 수밖에 없다."는 Waller(1932)의 말을 인용하며 학부모와 교사의 관계는 그 특성상 갈등을 내포할 수밖에 없음을 지적한 바 있다. 학부모와 교사의 협력은 당연하고 가치 있는 것이지만, 교육을 둘러싼 역할과 책임의 범위와 한계가 모호하기 때문에 상호작용 과정에서 갈등이 발생할 가능성은 다분하다는 것이다.

갈등은 서로에 대한 불편한 감정을 경험하도록 할 뿐 아니라 직접적인 스트레스 요인으로 작용한다. 학부모와 교사 간 갈등은 개인의 문제를 넘어 그들의 교육적 실천에도 부정적인 영향을 미치고, 이는 교육적으로도 부정적으로 작용할 수 있다. 그러므로 모두에게 득이 되지 않은 이 불편한 관계를 지속해야 할 이유가 빈약하다. 갈등의 당사자인 학부모와 교사가 내부자의 입장에서 관계의 변화를 모색한다면 이는 매우 의미 있고 가치 있을 것이다.

학부모와 교사의 갈등

학부모와 교사는 모두 자신이 약자라는 피해의식, 즉 자신을 을(乙)로 간주하는 '을(乙) 대 을(乙)'갈등 상황이 연출되고 있다(김장철, 2017). 갈등 상황에서 학부모와 교사는 각각 방어적 논리로 무장하고 서로의 권리만을 주장하는 경향은 강하지만(신혜진, 2020), 상호관계를 객관적으로 성찰하고 관계의 변화를 모색하려는 노력은 부족하다. 관계의 변화를 모색하기 위해서 학부모와 교사의 갈등 요인을 파악하는 것은 중요하다.

학부모와 교사 간 갈등은 교육정책, 교육제도, 교육구조 등 거시적 요인에 의해서 발생하기도 하지만, 학부모와 교사 간 교육관이나 기대의 차이, 권리 확보의 문제, 소통의 문제, 기대와 인식의 불일치 상황에서 비롯되는 불신 등 미시적 요인에 의해서도 유발될 수 있다. 본 고에서는 교사와 학부모 관계를 저해하고 갈등을 유발할 수 있는 요인으로서 미시적 상황에 주목한다.

먼저, 교육에 대한 학부모와 교사 간 관점, 관심, 기대 등의 차이를 생각해볼 수 있다. 교육구성원들은 전반적인 교육목표에는 동의하지만 그것을 이행하는 방법적인 측면에서는 각자의 교육관에 따라 이견을 보일 수 있는데, 그러한 차이가 갈등의 소지를 배태할 수 있다(배한동, 2007). 또한 교사 집단은 교육활동이 실제로 이루어지는 상황에 관심을 두고 있지만, 학부모 집단은 교육활동의 실제적 결과가 어떠하냐에 더 관심을 두는 측면이 강하며, 이러한 관심의 차이가 교사와 학부모 간 갈등 요인이 될 수 있다(이돈희, 2003). 교사와 학부모가 교육에 대해서 기대하는 가치가 다르다면 그 또한 갈등으로 이어질 수 있다. 교사는 교육에 대해 보편적인 기대를 하는 편이지만, 학부모는 예외적인 기대를 한다. 교사는 교육을 바라볼 때 '우리 반'의 시선에서 바라보지만 학부모는 '우리 아이'의 시선에서 바라봄으로써 교육에 대해 다른 기대를 하게 되고(김경아, 2016; 김장철, 2017), 이는 교사와 학부모 간 갈등을 유발할 수 있다.

다음으로는 교사와 학부모 간 권리 확보의 과정에서 유발될 수 있는 갈등을 생각해볼 수 있다. 교육에 대한 학부모의 법적·실제적 권한 확대와 더불어 학부모의 역량도 급격하게 강화되었으며, 이는 학교공동체 내 다른 구성원들이 이전에 직면해보지 못한 새로운 상황에 직면하도록 했다. 이러한 상황은 학부모(집단)와 교사 간 갈등 표출 가능성을 높이는 데 일조했다(박남기, 2003). 이와 관련하여 이종각(2016)은 학부모의 권리 의식이 확장되었음에도 교사가 이를 인정하지 않고 교사의 권리만을 고집하게 된다면 두 권리 간 충돌은 불가피하고, 이는 상호 갈등을 심화시킬 수 있다고 지적한 바 있다.

또 다른 요인으로 교사와 학부모 간 소통의 문제를 꼽을 수 있다. 학부모와 교사는 모두 의사소통의 중요성을 인식하고 있지만 교육공동체로서 배려하고 협력하는 동반자적 파트너십을 형성하는 데는 여전히 서툴다. 비자발적이고 일방적인 소통구조와 소통방식 때문이다. 교사와 학부모의 소통은 '당위는 존재하지만 기능 면에서 체감하지 못하는 소통과 의무적 만남'에 그치고 있다. 협치 또는 학교공동체 구현이라는 당위적 규범의 반복은 오히려 학부모와 교사의 반감을 초래할 수 있다(이기석, 2018). 이러한 소통구조와 방식은 교사와 학부모의 관계를 더욱 어렵게 할 것이며 그로 인한 오해를 증폭시켜 갈등으로 이어질 수 있다. 교사와 학부모 두 주체가 소통의 필요성에 대해서는 공감하고 있으면서도 원활하게 소통하지 못하는 것은 권위적인 학교문화, 고립된 교직문화, 상호 간 불신, 그리고 업무지향적인 학교 분위기와 관련이 있다(김장철, 2017).

마지막으로 교육에 대한 기대와 실제 인식 간 차이, 즉 기대와는 다른 현실 인식 상황을 생각해볼 수 있다. 기대와 인식의 불일치 상황은 상대에 대한 신뢰를 낮춤으로써 갈등으로 이어질 수 있다. 기대와 인식 간 불일치는 개인으로 하여금 내적 갈등을 유발하기도 하지만, 개인 간 갈등을 유발하기도 한다. 후자의 경우, 학부모와 교사는 서로에게 특정 역할수행을 기대하지만 현실에서 인식되는 것은 그 기대와 차이가 있을 수 있으며, 이로 인해 학부모와 교사는 서로를 불신하고 갈등 상황에 놓일 수 있다는 것이다(김대현, 2020).

이처럼 학부모와 교사의 갈등을 유발될 수 있는 미시적 상황은 매우 다양하다. 본 고에서는 교사의 역할수행과 관련한 학부모의 기대와 인식의 불일치 상황이 교사에 대한 신뢰를 낮춤으로써 갈등 상황으로 이어질 수 있다는 점에 주목한다. 학부모는 교사에게 특정한 역할수행을 기대하지만 현실에서 마주하는 교사의 모습은 그러한 기대와 차이가 있을 수 있기 때문이다.

교육의 핵심 주체인 교사와 학부모의 관계 개선에 의미 있는 단서를 포착하기 위해 교사에 대한 학부모의 기대와 인식을 다룬 선행 연구들의 내용을 분석하였다.[1] 특히 학생에 대한 태도, 학생 지도 능력, 학부모와의 관계를 중심으로 학부모가 기대하는 교사의 모습과 실제 현실에서 마주하는 교사의 모습이 어떠한지를 살펴보고, 그에 기반하여 주요 교육공동체인 교사와 학부모가 성찰하고 고민해야 할 지점에 대해 논의하고자 한다.

학부모가 기대하는 교사의 모습

학생의 특성을 잘 파악하고 눈높이를 맞추는 교사

학생에 대한 태도와 관련하여 교사에 대해 학부모들이 기대하는 교사의 모습은 '학생의 특성을 잘 파악하고 눈높이를 맞출 수 있는 교사'이다. 이러한 기대는 초·중·고등학교 학부모에게서 공통적으로 나타나지만, 초등학교 학부모에게서 더 자주 발견된다. '학생의 특성을 잘 파악하고, 눈높이를 맞추는 교사'에 대한 학부모들의 기대는 (학생을) 잘 파악하는, 지지해주는, 배려하는, 신경 써주는, 긍정적으로 수용하는, 다름을 인정해주는, (학생의 말에) 귀를 기울이는, (학생에게) 다가가는, 관심을 가지는, 눈높이를 맞추는 등의 주제어들을 통해

---

1) 학부모의 기대와 인식에 관한 부분은 관련 내용을 다룬 선행연구 중 질적연구의 내용을 분석하여 도출한 결과에 기반한다. 내용분석 대상 논문은 학위논문 2편(김경아, 2016; 김장철, 2017)과 학술논문 8편(김경아, 2016; 김대현, 2020; 김대현·최류미, 2021; 김은영·이강이, 2016; 남부현·오영훈, 2017; 박지혜·라종민, 2016; 오경희·한대동, 2009; 황성희, 2015)이다.

드러난다.

초·중·고등학교 학부모가 가장 기대하는 교사는 '눈높이를 맞춰주는 선생님'이다(박지혜·라종민, 2016). 교사의 태도에 대한 기대는 특히 초등학교 학부모들에게서 더 높은 것으로 나타난다. 초등학교 학부모들은 교사가 갖추어야 할

기본 능력으로 학생을 사랑하는 마음을 가장 중요하게 생각하며(이현화·김회용, 2008), 학습이나 지식과 같은 인지적 영역보다는 아이에 대한 배려나 다정다감함 등 정의적 영역의 역할을 더 기대한다(김창복·이경숙·나성식, 2017; 정혜영, 2003). 학부모들의 변하지 않는 열망 중 하나는 돌봄에 대한 기대이다(오경희·한대동, 2009). 돌봄에 대한 요구가 높은 시기인 초등학생의 경우 학부모들이 교사에게 아동에 대한 관심과 이해를 기대하는 것은 어찌 보면 당연하고도 자연스러운 현상으로 해석된다.

학생 지도에 필요한 전문적 지식과 실력을 갖춘 교사

교사의 능력과 관련하여 학부모들이 기대하는 교사의 모습은 학생을 지도하는 데 필요한 '전문적인 지식과 실력을 갖춘 교사'이다. 이러한 기대는 초·중·고등학교 학부모 전반에서 나타나지만, 학교급이 높아질수록 더 높게 나타난다. 전문적 지식과 실력을 갖춘 교사를 바라는 학부모들의 기대는 유능한, 잘 전달하는, 잘 가르치는, 수업을 잘하는, 수업 지도를 철저히 하는, 역량을 지닌, 능력을 갖춘, 학습동기를 자극하는, 잘 관리하는, 전문적 지식을 가진 등의 주제어 등을 통

해 나타난다.

　　고등학교 학부모를 대상으로 교사에 대한 기대를 탐색한 연구에 의하면, 학부모들은 진로지도 영역에서는 교사가 학생이 필요로 하는 정보를 충분히 가지고 있고 그것을 정확하게 알려주는 교사를 기대하며, 수업 영역에서는 학습지도 능력을 갖춘 실력 있는 교사를 기대한다(김대현·최류미, 2021). 교사의 능력에 대한 이러한 기대는 중·고등학교 학생, 학부모, 교사를 대상으로 기대하는 교사상을 조사한 강성빈(2009)의 연구에서도 확인된다. 기대되는 교사상을 4개의 범주(효율적 학습지도, 교사의 인격·성품, 학생에 대한 관심, 사회변화 능동대처)로 구분하여 조사한 이 연구에 따르면 효율적 학습지도에 대한 기대는 학생, 학부모, 교사 집단 모두에게서 가장 높게 나타났다. 흥미로운 점은 학습지도에 대한 기대는 학부모나 학생 집단보다 교사 집단에서 더 높게 나타난다는 점이다. 이러한 연구결과는 교사들이 학생에 대한 관심이나 사회변화 대처능력보다는 학습지도를 가장 중요한 교사의 역할로 인식하고 있음을 시사한다. 적잖은 교사들이 '가르치는 일'과 교사 전문성을 동일시하는 것도 이러한 인식과 무관하지 않을 것으로 보인다.

수평적·동반자적 관계에서 학부모와 소통하는 교사

　　학부모와의 관계와 관련하여 학부모들이 기대하는 교사의 모습은 '동반자적·수평적 관계에서 소통할 수 있는 교사'이다. 이는 학교급을 막론하고 모든 단계의 학부모들에게서 높게 감지된다. 학교와의 공조를 희망하지만 학교의 벽이 높다고 느끼는 학부모들은 그 벽이 낮아지기를 요구하며 동반자적인 관계 속에서 교사에게 자신들의 의견이나 판단이 반영되길 기대한다(오경희 ·한대동, 2009).

교사가 맺는 인간관계에 대한 강성빈(2009)의 연구에 따르면 학부모는 학부모와의 관계를 가장 강조하는 반면 교사는 동료 교사와의 관계를 가장 강조한다. 이러한 연구결과에 대해 연구자는 각자의 입장에서 당연한 결과일 수 있지만 교육적 맥락에서 학부모−교사 관계가 등한시되어서는 안 되며 교사는 교사−학부모 관계 증진에 대한 학부모의 기대에 부응할 필요가 있다고 지적한다. 교사는 학부모와 우호적인 관계를 맺을 때 교사에 대한 학부모의 신뢰와 공교육 만족도가 높아지며, 교사효능감 역시 높아질 수 있다는 점을 간과해서는 안 될 것이다.

정리하면, 교사의 태도, 능력, 관계와 관련하여 학부모들은 '학생의 특성을 잘 파악하고 눈높이를 맞추는 교사', '학생지도에 필요한 전문적 지식과 실력을 갖춘 교사', '수평적·동반자적 관계에서 소통할 수 있는 교사'를 기대한다. 이러한 기대는 자녀의 학교급을 막론하고 대부분의 학부모에게서 높게 나타나지만 기대의 정도는 자녀의 학교급에 따라 다소 차이를 보인다. 예컨대 초등학생이나 중학생 자녀를 둔 학부모들은 학생에 대한 교사의 사랑, 관심, 배려, 돌봄 등 비인지적 영역에 대한 기대가 높은 반면(김경아, 2016; 김대현, 2020), 고등학교 자녀를 둔 학부모들은 교과나 입시 및 진로지도와 관련한 교사의 지식과 기술 등 인지적 영역에 대한 기대가 높다(김대현·최류미, 2021).

교사에 대한 학부모의 기대는 그들이 처한 맥락에 따라 다소 차이가 있을 수 있으며, 이는 각자의 상황에서 교사를 판단하는 기준점이 될 수 있다. 초등학교 학부모들은 아이에게 관심이 많은 교사를 좋은 교사로 인식하는 반면, 중·고등학교 학부모들은 수업을 잘하는 교사를 좋은 교사로 인식하고 있음(황성희, 2015)이 그러하다. 한편, 교사의 역할수행과 관련한 학부모의 기대가 자녀의 발달단계나 학교급에 따라 다를 수 있음은 교사가 자신의 역할을 수행하는 데 있어서도 이러한 측면을 고려할 필요가 있음을 시사한다.

학부모가 현실에서 마주하는 교사의 모습

학생을 잘 알지 못하는 교사: 관심이 없거나 시간이 없거나

학생에 대한 교사의 태도와 관련하여 학부모들이 인식하는 교사의 모습은 '학생을 잘 알지 못하는 교사'이다. 교사가 학생에 대해 제대로 알지 못하는 것과 관련하여 학부모들은 교사가 학생에게 관심이 없거나(김대현·최류미, 2021; 황성희, 2015) 혹은 시간적 여유가 없기 때문(김대현·최류미, 2021; 남부현·오영훈, 2021)이라고 생각한다. 교사들이 학생 교육보다는 행정업무에 더 치중하는 경향이 있으며, 그로 인해 수업 준비에 소홀하고 학생들에게 충분한 관심을 가지지 못하는 현실에 대해 학부모들은 주요 원인으로 과중한 행정업무를 꼽는다(암부현·오영훈, 2021). 그러나 실제 어떤 업무가 교사에게 부담을 주는지 구체적으로 알지 못하며 단지 교사들의 말과 행동을 통해 행정업무가 많기 때문일 거라고 짐작을 할 뿐이다(김대현·최류미, 2021). 이러한 현상은 학부모들이 교직사회나 교사문화에 대한 충분한 이해가 없기 때문으로 해석된다. 학부모들이 추측과 짐작에 기대어 교사를 대할 때 그만큼의 오해의 소지도 존재한다. 교사에 대한 이해와 공감을 높일 수 있도록 학교에서 교사의 업무에 대한 정보를 제공하는 것도 일정부문 필요하다.

학생에게 실질적인 도움을 주지 못하는 교사
: 교과지도와 입시지도에 미흡한

교사의 학생지도 능력에 대해 학부모들은 교사가 학생에게 실질적인 도움을 주지 못한다고 인식한다. 이러한 인식은 모든 학교급에서 나타나지만 고등학교 학부모들에게서 가장 높이 나타나난다. 자녀가 진로 및 진학 결정을 해야 하는 시기에 있는 고등학

교 학부모들이 교사의 학생지도 능력에 민감하게 반응하는 것은 자연스러운 현상으로 해석된다.

초등학교 학부모들의 경우, 교사의 역할수행에 대해 대체로 긍정적으로 인식하는 것으로 나타난다. 그러나 학습지도에 대해서는 여전히 낮게 평가하고 있다. 저학년보다는 고학년 학부모일수록, 남학생

학부모보다는 여학생 학부모가, 저학력 학부모보다는 고학력 학부모일수록 학습지도에 대한 교사의 역할수행에 대해 부정적으로 인식하는 것으로 나타난다. 교사의 학습 지도 능력에 대한 부정적 인식은 공교육에 대한 불신과 사교육 의존도를 높이는 주요 요인이 될 수 있다(신동길, 2006; 황성희, 2015).

학부모가 도움은 주되 간섭은 하지 않기를 바라는 교사
: 학부모를 교육공동체로 인정하지 않는

학부모와의 관계에 대하여 학부모들이 인식하는 교사의 모습을 관통하는 주제는 '학부모가 도움은 주되 간섭은 하지 않기를 바라는 교사'이다. 학부모들은 교사가 학부모에 대해 도움이 필요할 때만 나타나고 그 외는 사라져 주었으면 하는 존재로 바라본다고 인식하고 있는데(김대현, 2020), 이러한 인식은 학부모로 하여금 자신을 '환영받지 못하는 존재'로 느끼도록 할 수 있다(서현석·김월섭·진미정, 2015). 학부모를 교육공동체로서 받아들이지 못하는 교사들의 낡은 인식(김대현·최류미, 2021), 교사 업무를 보조하는 도우미나 조력자로만 학부모를 바라보는 학교관행 또는 학교문화(김대현, 2020), 그리고 권위주의적인 교사들의 태도(오경희·한대동, 2009) 등은 이러한 인식과 연장선상에 있다.

학부모와 교사 간 협력적 관계는 일방적 관계나 상하 관계가 아닌 상호 등등한 관계로 서로를 인정하는 동반자적 관계가 형성될 때

가능하다(안수민·고재천, 2018; 이종각, 2016). 학부모가 교육공동체의 일원으로 인정받지 못하고 보조적 역할자로서만 인식되는 상황에서 학부모와 교사의 협력적 관계를 기대하기란 쉽지 않다.

기대와 현실 인식 간 불일치, 그리고 불신

분명한 것은 교사에 대한 학부모의 기대와 현실 인식 간에 상당한 거리감이 존재한다는 것이다. 학부모들은 학생에 대한 교사의 태도와 관련하여 교사가 학생에게 관심을 갖고 학생 개개인의 특성에 눈높이를 맞출 수 있기를 기대하지만 실제로 학부모들은 학생에 대한 관심 부족이나 바쁜 행정업무 등으로 인해 교사가 학생에 대해 잘 알지 못한다고 인식한다. 교사의 능력과 관련하여 학부모들은 학생 지도를 위한 전문적 지식과 실력을 갖추기를 기대하지만 현실 속 교사에 대하여 교과 지도나 진로 진학 지도 등에서 전문성이 약하고 학생과 학부모가 요구하는 지점을 잘 파악하지 못한다고 인식한다. 학부모와의 관계와 관련하여 학부모들은 교사와 학부모와 수평적이고 동반자적인 관계를 맺기를 기대하지만 그들이 만나는 교사는 학부모를 조력자나 도우미 정도로만 수용하고자 하며 교육공동체나 교육주체로 인정하는 데 인색하다.

이러한 기대와 현실 인식 간 불일치 상황은 교사에 대한 믿음과 신뢰에 부정적 영향을 미칠 수 있으며, 이는 교사와의 대립이나 갈등으로 이어질 소지가 다분하다. 물론, 교사에 대한 학부모들의 인식은 그들이 어떤 교사를 만나고 어떤 경험을 했는가에 따라 다를 수 있다. 학부모들은 좋은 교사를 만나는 것에 대해 복불복(福不福), 즉 운(運)이 따라줘야 하는 것으로 인식한다(김대현·최류미, 2021). 학부모들이 좋은 교사를 만나는 것을'쉽지 않은 기회'로 인식한다는 것은 그만큼 우리 사회에서 교사에 대한 학부모의 신뢰가 높지 않음을 시사한다.

초등교사의 역할수행에 대한 학부모의 기대와 실태를 비교한 연구에 따르면 학부모들은 모든 영역(인성 및 품성, 일반적 능력, 학습지도, 생활지도)에서 기대에 미치지 못한다고 평가하는 것으로 나타난다(신동길, 2006). 이러한 기대불일치 현상은 생활지도나 학습지도 측면에서 두드러지게 나타난다. 특히 학습지도와 관련하여서 학부모들은 자녀가 고학년일수록, 학부모의 학력이 높을수록, 자녀의 성적이 낮을수록 교사의 학습지도 역할수행에 대해 부정적으로 평가하는 것으로 나타난다.

한편, 교사의 역할수행에 대한 교육공동체의 인식에 관한 연구에 따르면, 학부모의 인식은 교사의 그것보다 낮게 나타나는데, 이는 최근 학부모의 고학력화로 교사의 역할수행을 비판적 안목으로 볼 수 있다는 점과 교사에 대한 신뢰가 떨어진 점 등과 무관하지 않다(신선아, 2011). 교사만큼이나 교육을 받고 배울 만큼 배운 요즘 학부모들은 자신의 기대에 못 미치는 교사를 만나면 학교나 교사에 대한 신뢰를 갖지 않는다(김대현, 2020). 교사의 역할수행이 학부모의 기대에 부응하지 못할 때 교사에 대한 학부모의 신뢰가 낮아질 수 있으며, 이는 교사와의 관계에도 부정적인 영향을 미칠 수 있다.

한편, 학부모는 교사의 전문적 지식과 실력을 강조하기도 하지만 동시에 학생에 대한 관심과 이해에 기반한 교사의 돌봄적 태도에 대한 기대도 높다. 그러나 종종 교사들은 교사의 본업이 가르치는 일에 있음을 강조하면서 돌봄의 역할을 간과하거나 불편하게 생각하는 경향이 있다. 적절한 교육과 더불어 보육을 기대하는 학부모와 보육이 아닌 교육을 하고 싶어 하는 교사 사이에 충돌이 발생하고 이는 학교 기능에 대한 갈등으로까지 확장된다(이지환·강대중, 2021). 교사의 역할에 대한 학부모와 교사 간 기대 차이는 학교 현장에서 학부모 만족도나 평가 등에 영향을 미침으로써 학부모와 교사의 관계에도 부정적 영향을 미칠 수 있음을 배제할 수 없다.

협력적 관계맺음을 향한 교육공동체 내부로부터의 변화

교육공동체로서 학부모와 교사의 협력적 관계가 매우 중요하다는 사회적 인식과는 별개로 실제 현장에서 학부모와 교사는 서로를 불편한 존재로 바라본다. 학부모와 교사의 관계는 점점 더 안 좋은 상황으로 치닫고 있으며 갈등 양상 또한 심각한 수준에 이르고 있다. 이는 우리나라만의 현상도 아니다. 프랑스의 한 시사주간지 ≪차이트 Zeit≫는 "학부모와 교사가 적대 관계에 빠졌다"는 표현을 했는데, 이는 교사와 학부모의 관계가 조화롭기는 쉽지 않음을 보여준다(하이데마리 브로셰, 2012). 학부모와 교사는 자녀(학생)의 교육을 통해 그 정체성이 부여되는 만큼, 교육적으로 중요한 존재이다. 상호 관계를 변화시키기 위한 학부모와 교사 내부로부터의 움직임이 요구된다.

학부모-교사 관계구조의 전환

학부모의 학교참여가 법적·제도적으로 보장되면서 학부모의 학교참여도 확대되고 있다. 더불어 교육공동체로서 학부모의 교육적 지위도 향상되고 있다. 그러나 여전히 학부모와 교사의 관계는 일방적·

수직적 관계에 머물고 있다(이종각, 2016).

학부모가 기대하는 교사는 동반자적·수평적 관계에서 소통할 수 있는 교사이다. 그러나 현실 속 교사는 권위주의적인 교사, 학부모를 파트너로 인정하지 않으면서 도움이 필요할 때만 찾는 교사, 학부모를 교육공동체로 수용하지 않는 교사 등이다. 학교 현장에서 학부모와 교사의 관계구조가 개선되지 못하고 있음을 보여준다. 학부모가 교육공동체의 일원으로서 인정받지 못하고 보조적 역할자로 소외되고 있다는 현실 인식 상황에서 협력적 관계를 기대하기란 쉽지 않다.

파트너십은 함께 교육적 성과를 만들어낼 때 공감되며, 학부모가 학교 외부에 있는 존재가 아니라 내부에서 함께하는 존재라는 인식이 있을 때 가능하다(이기석, 2018). 학부모는 누구보다 학생(자녀)이 잘 되기를 열망하는 존재이며, 학생(자녀)에 대해 가장 많은 것을 알고 있는 '자녀 전문가'라는 점에서 교사의 좋은 파트너가 될 수 있다. 교사는 학생을 객관적으로 관찰할 수 있는 존재이며, 학생 지도를 위해 장기간 전문적 지식과 기술을 훈련받은 '학생 전문가'라는 점에서 학부모의 동반자가 될 수 있다. 학부모와 교사가 서로를 잘 이해하고 원만한 관계를 유지하는 것이 학생에게 도움이 될 수 있다는 것은 누구도 부인할 수 없다. 협력적 관계를 위해 학부모와 교사는 자녀(학생)에 대한 전문가로 서로를 인정하고 동반자로 신뢰할 수 있는 분위기를 만들어가는 것이 중요하다.

새로운 소통문화와 현실적 의사소통 전략

학부모와 교사의 관계구조가 학교로부터 가정으로, 교사로부터 학부모로의 일방적 소통문화와도 밀접하게 연관되어 있는 만큼, 학부모와 교사의 관계구조를 변화시키기 위해서는 소통문화를 변화시키려는 노력도 함께 이루어져야 한다(이종각, 2016).

학부모와 교사는 모두 협력적 관계의 필요성에 대해서는 공감하지만 상호 만남에 대해서는 불편함을 느끼고 서로를 부담스러운 존재로 인식한다. 만남이 불편한 학부모와 교사는 적정선에서 경계를 긋고 거리두기 또는 회피하기 전략을 사용한다(김대현·최류미, 2021; 김대현, 2020; 김장철, 2017; 서현석·김월섭·진미정, 2015; 손준종, 2012). 갈등 상황에서 이러한 소극적 전략은 잠재적으로 갈등을 심화시킬 뿐 학부모와 교사의 관계를 긍정적으로 변화시키는 데는 한계가 있다. 학부모와 교사의 관계를 변화시킬 수 있는 보다 적극적인 대처 전략이 요구된다. 학부모와 교사 사이 간 불신은 서로에 대한 선입견과 오해에서 빚어지며, 이는 소통의 부재 또는 소통의 미숙함에서 기인한다. 학부모−교사 관계의 긍정적 전환을 위해서는 무엇보다 학부모와 교사의 안정적 만남이 이루어질 수 있는 공식적 소통 통로를 구축하고 구체적인 소통 전략을 통한 현실적 접근이 중요하다. 학부모와 교사의 공식적 소통기회 확대 및 소통시간 확보, 학부모와 교사 간 의사소통에 대한 구체적인 자료와 정보의 구축 및 공유, 의사소통 기술과 역량을 강화할 수 있는 교육 및 연수 프로그램, 효과적인 의사소통을 위한 매뉴얼 제공 등을 생각해볼 수 있다.

교사 전문성에 대한 새로운 해석과 이해

학부모는 학생을 지도하는데 필요한 전문적 지식과 실력을 갖춘 교사를 기대한다. 그러나 실제 학교 현장에서 마주하는 교사는 학생에게 실질적인 도움을 주지 못한다고 인식한다. 이러한 인식은 학생의 교과(학습)지도, 입시지도, 진로진학 지도 등 교사가 전문성으로 내세우는 영역에서 특히 두드러지게 나타난다. '가르치는 일'로서 교사 전문성이 학부모로부터 인정받지 못하고 있음을 드러내는 지점이다.

적잖은 교사들이 교직(교사)의 전문성은 수업에 있다고 강조하고 교사로서 자신의 정체성을 가르치는 일에서 찾는다. 전문성은 기대되는 역할을 독보적인 영역에서 뛰어난 수준으로 수행했을 때 인정된다 (이지환·강대중, 2021). 그렇다면 교사는 가르치는 일에서만큼은 누구보다 전문가로 인정받을 수 있어야 한다.

학생과 학부모는 교사 전문성으로 학급담임 운영 및 인성지도 역량을 강조하며 교과지식보다는 학생수준에 대한 이해도를 중시하지만, 교사는 여전히 교과 및 교과지식 중심의 교사 정체성을 고수하고 있다(윤정일·신효정, 2006). 이러한 현상은 한국교총(2010)의 조사 결과에서도 드러난다. 조사에 따르면, 교직의 정체성에 대한 질문에 교사들은 '전문적 지식과 능력으로 학생을 지도하는 직업'(54.5%)과 '단순히 지식과 기술을 전달하는 직업'(26.1%)에 가장 높은 응답율을 보였다. 이러한 응답률은 상당수의 교사들이 교사 정체성을 '가르치는 사람 혹은 지식을 전달하는 사람'으로 인식하고 있음을 극명하게 보여준다. 그러나 교과 지식의 소유 자체가 교사 전문성의 원천이 되기에는 교사들의 지식 독점력이 크게 약화되고 있다(윤정일·신효정, 2006).

생성형 인공지능(AI)의 출현은 본격적인 AI 시대를 예고하고 있다. 학교 역시 AI의 영향력부터 예외일 수 없다. 이미 2021년에 서울의 한 고등학교에서 정규 수업 시간에 AI 교사를 도입한 바 있다(조선일보, 2021). 아직은 시작 단계이지만 머지않아 AI 교사가 수업 장면에서 일정한 역할을 수행한다면 '지식을 전달하는 존재'로서 인간 교사의 정체성이 흔들릴 것은 미루어 짐작할 수 있다. 굳이 학교와 교사가 아니어도 다른 방법으로 지식을 습득할 수 있다는 인식이 사회적으로 확산되고 있다(허주 외, 2018).

교사는 교육을 양보할 수 없는 최후의 보루로 인식하지만, 학부모는 적절한 교육과 더불어 보육을 기대한다(이지환·강대중, 2021). 시대적 맥락과 현실적 요구를 외면한 채 교사의 역할을 가르치는 일로만 제한하고 학생에 대한 관심·이해·돌봄과 같은 여전히 중요한 역할에 대한 관심과 책임을 소홀히 한다면 학교와 교사가 사회적 공감을 얻기란 쉽지 않을 것이다. 미래사회 교사의 전문성과 정체성은 학생·학부모의 교육적 요구에 부합하는 전문적 서비스 의식에 기반해야 할 것이다(이종각. 2021). 교직(교사) 전문성에 대한 새로운 해석과 이해가 요구되는 시점이다.

학부모 문화와 교사 문화에 대한 상호학습

갈등은 서로에 대한 불신에서 비롯된다. 학부모와 교사가 서로를 신뢰하지 못하고 불신하는 기저에는 상대에게 바라는 기대와 실제로 체감하는 현실 인식 간 차이, 즉 기대불일치 상황이 내재되어 있다. 학부모와 교사가 서로 입장 차를 줄이지 못하는 상황을 극복하기 위해서는 서로에 대한 기대가 무엇인지를 파악하고 이를 충족시켜주려는 상호 간 노력이 필요하다. 상대에 대한 이해를 높일 수 있는 방법으로 교사 문화와 학부모 문화에 대한 상호학습을 제안한다.

다른 사람의 입장이 되어 본다는 것은 말처럼 간단하지도, 쉽지도 않다. 어떤 학부모들은 교사를 매우 특별한 사람들로 여긴다. 그래서 보통 사람들에게는 거의 기대하지 않는 일을 교사에게는 기대한다.

교사도 인간이다. 학부모는 교사도 보통 사람과 다르지 않음을 인정하는 것이 중요하다. 교사의 잘못을 지적할 수는 있지만 무작정 비난하는 것은 관계에 아무런 도움도 되지 않는다. 교사는 학부모가 자신을 지원한다고 지각할수록 교사효능감이 높아진다(임성택·주동범, 2009). 학부모는 교사에 대한 학부모의 지지가 자녀교육에도 도움이 될 수 있다는 사실을 알고 교사를 만날 필요가 있다.

교사들은 학부모들이 다양한 스펙트럼을 지닌 집단임을 인지할 필요가 있다. 교사 집단은 비슷한 교육 수준과 사회경제적 수준을 가진 집단이고, 그래서 어쩌면 비슷한 경험에 노출되어 있을 수 있다. 그러나 학부모 집단은 매우 이질적인 특성을 지니고 있다. 계층도 다양하고 교육 수준도 다르며 교육 경험도 상이하다. 그래서 자녀교육 방식도, 학교에 오는 이유도, 교사를 대하는 방식과 태도도 각기 다를 수 있다. 교사는 학부모라는 집단이 한마디로 정의하기도 어렵고, 일반화하기도 힘들다는 사실을 알고 학부모를 대할 필요가 있다.

교사와 학부모 모두 학교에서 마주하게 되는 상대가 나와는 전혀 다른 경험과 삶의 방식을 가진 한 명의 개인이라는 사실을 아는 것이 매우 중요하다. 막 교직에 입문한 초임 교사들이 가장 당황스러워하는 것 중 하나가 교직에 입문하기 전에는 그 영향력을 예측하지 못했던 학부모와의 관계이다(이주연·정혜연, 2003). 학부모에 대한 지식이나 정보가 충분하지 않은 상황에서 매번 새로운 학부모를 만나는 것이 얼마나 어려운 일인지를 어렵지 않게 가늠할 수 있다. 교사양성과정에서 학부모 관련 교과를 개설하여 예비교사들이 학부모에 대한 지식을 학습할 수 있도록 함으로써 추후 학교 현장에서 학부모와 만나게 될 때를 대비시킬 필요가 있다. 학부모에게도 교직 사회와 교사의 일상을 경험할 수 있는 다양한 환경을 조성하여 교사에 대한 이해를 확장할 수 있도록 하는 것도 필요하다. 교사 문화와 학부모 문화에 대한 상호학습 기회가 학부모와 교사를 '그들에서 우리'로 함께하는 교육공동체로 나아갈 수 있는 디딤돌이 될 수 있을 것이다.

강성빈(2009). 학습자, 학부모 및 교사가 기대하는 교사상 분석. 한국교원교육연구, 26(3), 412-437.

김경아(2016). 초등학교 1학년 담임교사 역할에 대한 교사와 학부모의 인식 비교. 석사학위논문. 서울교육대학교 교육전문대학원.

김대현(2020). 초중등학교 교사에 대한 학부모의 신뢰 형성. 교육혁신연구, 30(2), 151-177.

김대현·최류미(2021). 학부모는 교사를 신뢰하는가: 평범한 고등학생 자녀를 둔 학부모를 대상으로. 수산해양교육연구, 33(5), 1207-1229.

김장철(2017). 초등학교 교사-학부모 갈등에 대한 상호 간의 인식 및 대응 전략 연구. 석사학위논문. 서울교육대학교 교육대학원.

김창복·이경숙·나성식(2007). 초등학교 1학년 학부모의 학교교육에 대한 인식. 열린유아교육연구, 12(6), 403-427.

김한별·정여주(2018). 초등학교 저학년 학부모의 담임교사 상담 경험에 관한 질적 연구. 학습자중심교과교육연구, 18(16), 489-508.

남부현·오영훈(2017). 학부모 관점에서 바라본 고등학교 학교교육의 현실과 과제. 문화교류, 6(1), 75-97.

박남기(2003). 교육공동체의 갈등 요인과 구조. 한국교육행정학회 학술연구발표회논문집. Vol. 2003. No. 12.

박지혜·라종민(2016). 교원능력개발평가 자유기술식 응답을 통한 동료교원, 학생, 학부모가 기대하는 교사의 역할 분석. 교육문제연구, 29(1), 21-41.

배한동(2007). 교육공동체의 갈등 해소 방안. 윤리교육연구, Vol. 0 No. 12, 73-92.

서현석·김월섭·진미정(2015). 학부모-교사 간 협력관계 증진을 위한 교사

연수의 방향. 학습자중심교과교육연구, 15(10), 283－307.

신동길(2006). 초등학교 교사의 역할에 대한 학부모의 기대와 실태에 대한 연구. 석사학위논문. 경기대학교 교육대학원.

신선아(2011). 초등교사의 역할수행에 대한 교사와 학부모의 인식에 관한 연구. 석사학위논문. 공주교육대학교 교육대학원.

손준종(2012). 편안한 협력자 또는 불편한 감시자: 초등학교 교사의 학부모에 대한 감정 연구. 한국교육, 39(3), 33－57.

신혜진(2020). 교육공동체 관점에서 본 교사－학부모 간 협력과제: 학부모의 교육관여를 중심으로. 학부모연구, 7(3), 1－18.

안수민·고재천(2018). 초등학교 교사가 인식한 학부모 협력 관계 형성의 제약 요인 탐색. 학습자중심교과교육연구, 18(21), 185－210.

오경희·한대동(2009). 학부모들의 학교교육에 대한 인식과 열망에 대한 이해. 열린교육연구, 17(3), 127－148.

윤정일·신효정(2006). 교사 전문성에 관한 교사, 학생, 학부모의 인식 연구. 한국교원교육연구, 23(2), 79－100.

이기석(2018). 초등학교 교사－학부모 의사소통 탐색: 행동경제학의 적용. 학부모연구, 5(3), 69－92.

이돈희(2003). 교직사회의 분열과 갈등, 어떻게 극복할 것인가. 사학, 106호, 11－16.

이세용(2003). 학부모 학교참여가 학교 및 교사평가에 미치는 영향. 교육사회학회, 13(2), 185－208.

이종각(2016). 2차교육혁명기의 교사－학부모 관계구조 변혁의 과제. 학부모연구, 3(2), 1－22.

이종각(2021). 학부모 역할 증가와 민주적 교육발전의 길 그리고 학부모 학문 전략: 교육시민에 대한 지원 전략. 교육사회학연구, 31(4), 1－32.

이주연·정혜연(2003). 초등 초임교사의 교직생활에 대한 인식과 정서, 교육과학연구, 34(1), 125－143.

이지환·강대중(2021). 학부모 정체성과 교사 정체성의 갈등과 협상: 초등학생 자녀를 둔 초등학교 여성 교사를 중심으로. 학부모연구, 8(2), 45－66.

이현화·김회용(2008). 초등학교 교사에 대한 학부모와 학생의 요구 분석. 교육연구, 18권, 109－138.

임성택·주동범(2009). 초등학교 교사가 지각한 학생과 학부모 특성과 교사효능감의 관계. 한국교원교육연구, 26(3), 39－57.

조선일보(2021. 05. 27). 고교 정규수업 'AI 교사' 첫 도입. 공부가 학교서 끝나요. https://news.v.daum.net/v/20210527030424431 (검색일: 2022. 06. 05)

하이데마리 브로셰(2012). 교사가 알아야 할 학부모 마음 학부모가 알아야 할 교사 마음. 이수영 역. 서울: 시대의 창.

한국교총(2010). 교육공동체 인식 설문조사.

황성희(2015). 중산층 학부모의 학교교육 인식과 사교육 선택. 학부모연구, 2(1), 93－117.

허주·김갑성(2021). 역량교육 실천에 있어서의 고등학교 교사 역할 탐색. 학습자중심교과교육연구, Vol 21, N0. 19, 251－264.

허주·이동엽·김소아·이상은·최원석·이희현·김갑성·김민규·이슬아(2018). 교직환경 변화에 따른 교원정책혁신과제(II): 교사 전문성 개발 지원 체제 구축 방안 연구. 한국교육개발원 연구보고서 RP 2018－13.

02
교사가 인식하는 학부모

강문정_세명초등학교 교사

교사와 학부모의 간격

교사와 학부모는 학생의 성장이라는 공동의 목적을 가진 교육주체이다. 학부모가 교육의 수혜자로 명명된 이래로 교육정책에서는 학교와 가정, 교사와 학부모의 파트너십을 꾸준히 강조하였다. 학부모의 학교 참여는 학부모가 교육의 한 주체로서 마땅히 누려야 할 권리이자, 자녀들의 교육적 성취에 도움을 주고자하는 교육적 활동으로 이해된다(백병부, 2013).

특히 코로나19는 교사와 학부모의 소통 방식을 바꾸어 놓았다. e알리미, 클래스팅, 하이클래스 등과 같은 온라인 채널을 활용하여 학교와 학급에 관한 정보를 교사와 학부모가 쉽게 공유하게 되었다. 공개수업과 학급총회도 온라인으로 진행하면서 학교방문이 어려웠던 학부모들의 실시간 참여가 가능해졌다.

교사와 학부모의 소통은 이전보다는 훨씬 자유로워졌으나, 교사와 학부모는 여전히 갈등관계로 묘사된다. 교사들은 교직생활의 어려움 중 하나로 학부모와의 관계를 꼽고 있으며, 학부모들의 과도한 요구와 무관심에 따른 스트레스와 교권 침해를 문제로 지적한다(한국교원단체총연합회, 2022). 학부모들도 권위적인 교사들의 태도와 무기력한 교사들을 비판하며, 교육주체로의 실질적인 역할과 대화의 장을 제공하지 않는다는 점을 불만으로 토로한다.

역사적으로는 5·31 교육개혁으로 학부모는 학교교육의 수요자, 교사는 학교교육 서비스 공급자라는 대입적인 관계로 불리게 되었으며, 다양한 교육 욕구가 분출되는 과정에서 교사의 권한과 역량이 이에 미치지 못한다는 점에서 교권이 추락하기도 했다(김정래, 2014). 또 촌지 관행과 교사의 과외지도 등 누적된 교육부패를 해결하기 위해 이른바 김영란법이 교사와 학부모 관계에도 적용되었으며, 예방적인 차원의 거리두기는 오히려 교사와 학부모가 서로에 대해 배타적인 내부 결속력을 강화하는 결과를 초래하기도 했다(이지환·강대중, 2020). 최근에는 학생인권에 비해 위축된 교육활동의 자율성과 학부모의 교권침해가 교사와 학부모 간 갈등을 야기하는 원인으로도 지적되고 있다.

교사와 학부모의 상반되는 입장과 서로에 대한 불만을 개선하기 위해서는 교사는 학부모를 어떻게 바라보고 있는지, 학부모는 학교와 교사를 어떻게 생각하는지, 서로에 대한 간극을 살펴보는 데에서부터 시작해야 한다. 이 장에서는 교사에게 학부모는 어떤 존재인지, 교사와 학부모와 관계를 교사의 학부모 경험을 다룬 연구물에서 드러난 교사의 인식을 중심으로 살펴보고자 한다.

거리를 유지하고 싶은 협력자

학생의 안정적인 학교생활을 위해 교사와 학부모가 협력해야 한다는 당연한 사실이다. 학교 정보와 학급 생활에 대한 친절한 안내, 자유로운 소통과 주기적인 상담, 서로에 대한 지지와 신뢰는 학생의 학교생활을 뒷받침하는 이상적인 교사와 학부모의 관계를 보여준다. 김지영·이강이(2020)연구에서 교사가 인식하는 교사와 학부모 관계는 학생의 학교생활 적응에 가장 큰 영향을 미치는 것으로 나타났다. 특히, 교사와 학부모 관계 좋은 집단의 학생들은 학부모의 교육 참여와는 관계없이 더 높은 학교적응 수준을 보여주었다. 이러한 결과는 학생의 성장과 발달, 안정적인 학교 적응을 위해서 교사와 학부모의 긍정적인 관계가 중요하다는 기존 연구들의 결과와 상당부분 일치한다.

학생의 성장과 학교적응에 학부모와의 협력이 필수적이라는 것은 자명한 사실이지만, 교사들이 학부모에게 학생에 대해서 솔직하게 털어놓고 친밀하게 소통하는 것은 쉽지 않다. 학생들의 잘못이나 문제행동을 학부모에게 알렸다가 우리 아이를 나쁘게 생각한다는 학부모의 걱정과 볼멘소리를 들어야 할지도 모르며, 학급 사진을 공개했다가 수업활동에 대한 지적이나 자녀의 사진이 적다는 민원을 받기도 한다. 숙제가 많고 적다는 불만과 자정이 가까운 시간에 준비물을 문의하는 연락을 받고 나면 활짝 열어두었던 마음의 문은 서서히 닫히게 된다.

교사들은 학생들의 문제행동을 지도하는 데 학부모들의 참여를 꺼리는 경향을 보인다(최진오, 2009). 가정에서의 관찰과 지속적인 지도를 통해 학생의 변화를 기대하며 학부모들에게 도움을 요청하지만, 예측할 수 없는 다양한 학부모들의 반응이 기다리고 있다. 대부분은 가정에서의 지도를 약속하지만, 일부 학부모들은 학생의 문제행동의 원인을 교사의 탓으로 돌리기도 하고, 매해 같은 문제로 교사들에게 연락을 받았던 학부모들은 의욕을 잃고 교사의 상담을 피하기도 한다. 때문에 교사들은 학기 초 학부모의 관심과 참여도를 파악해서 학부모와의 협력관계를 구축할 것인지 아니면 철저히 교사 혼자 교실 안에서 학생의 변화를 감내할 것인지를 결정한다. 교사들이 학생들의 성장과 변화를 위한 귀중한 자원인 학부모의 지원과 협력을 포기하게 된다는 것은 안타까운 현실이다.

일반계 고등학교 담임교사의 학급경영 전략을 연구한 김훈호(2016)에서도 교사들은 일부 학부모들의 무례한 태도와 과도한 요구를 종종 경험하고 있으며, 학부모들보다 나이가 어린 경우에는 굳이 강하게 대응할 수 없다고 답했다. 교사의 입에서 입으로 전해지는 이런 저런 학부모 괴담들은 나도 그런 학부모를 만날지 모른다는 두려움에 교사들을 움츠리게 만들고 학부모와의 협력 의지를 꺾어버린다. 교사들은 학부모와의 민원과 갈등을 직·간접적으로 경험하면서 학부모와 적극적인 협조관계를 형성하기보다 학부모와 적당한 거리를 유지함으로써 학부모와의 갈등을 미리 예방하고자 한다.

교사에 대한 낮은 신뢰와 점차 줄어드는 관심과 참여

한국교총의 교원인식조사 자료(20014년~2016년)를 분석한 조석훈(2016)연구는 교직의 신뢰모델을 공교육에 대한 신뢰는 낮은 반면, 교원에 대한 신뢰는 유지되는 '갈등형'으로 진단했다. 교사들은 신뢰가 낮아지는 원인으로 교사, 학생, 학부모의 갈등을 야기하는 정책과 제도, 책임감보다는 각자의 권리만 강조하는 경향 확산에 높은 응답을 했다. 박은수(2015)연구에서도 교사들은 학생과 학부모와의 관계에서는 큰 문제가 없다고 인식하고 있으나, 교사의 권위가 점점 떨어지고 있다고 보았다. 교사들이 느끼는 학교와 교사에 대한 학부모들의 낮은 신뢰와 교사에게 과도하게 전가되는 광범위한 책임에 대한 억울한 감정이 누적되면서 교원의 사기는 매년 역대 최하위점을 기록하고 있다(한국단체총연합회, 2022).

흥미로운 점은 우리나라 성인남녀를 대상으로 한 한국교육개발원 교육여론조사(KEDI POLL 2022)의 결과를 살펴보면, 교사의 능력과 자질에 대한 신뢰도를 묻는 문항에서 학부모들은 일반 전체 응답자에 비해 교사를 신뢰한다는 응답이 높았으며, 신뢰에 대한 응답은 전년대비 높아졌다고 보고했다(권순형 외, 2022). 특히, 초등학교 교사의 능력과 자질에 대해 초등학교 학부모들의 경우, 40.2%가 '신뢰한다', 42.0% '보통이다'라고 응답했으며, '신뢰하지 못한다'는 응답은 17.7%에 그쳤다. 지난 10년간 학부모와 일반 국민들이 인식하는 교사에 대한 신뢰도가 크게 낮아지지 않았음에도 불구하고, 교사들이 현장에서 느끼는 신뢰도는 이보다 훨씬 더 낮았다. 이러한 결과는 다양한 소통의 창구들이 불만과 민원을 제기하는 학부모들의 목소리에 집중되어 왔기 때문으로 보인다. 한편으로는 잘못된 촌지문화와 관행들을 없애는 과정에서 불필요한 오해를 차단하기 위해 교사에 대한 고마움을 표현했던 소소한 문화까지 없어진 학교현장과도 무관하지 않다.

또 교사들은 학교와 담임교사에 대한 학부모의 관심과 호감이 자녀의 학교급과 학년에 따라 점차 떨어진다고 보았다. 단적으로 학부모 공개수업과 총회, 정기상담 등과 같은 학교의 학부모 관련 행사의 참여도는 자녀가 고학년으로 올라갈수록 현저히 낮아진다. 학생들과 학부모들이 학교생활에 익숙해지고, 입시준비로 인해 학교에 대한 관심이 사교육과 성적으로 옮겨지는 것이 자녀의 학년과 학교급이 올라갈수록 학교에 대한 학부모의 관심이 낮아지는 원인으로 볼 수 있다. 이 때문에 고학년 담임교사들은 학생에 대해 깊이 있는 이야기를 하고 싶지만, 학부모들이 학교에 별로 관심이 없기 때문에 학부모 상담보다는 학생들의 생활지도에 집중하는 방법을 택한다(손형국·양정호, 2013).

불합리한 요구와 무례한 태도는 스트레스 원인

학부모와의 관계는 교사의 직무스트레스와 소진의 다양한 요인 중에 하나이다. 학부모들의 불합리한 요구와 지적, 언어폭력과 무례한 태도, 근무시간 이후의 소통과 사생활 침해 등이 학부모로 인해 교사가 겪는 스트레스의 원인으로 꼽힌다.

몇 해 전부터 모든 고객센터에 문의전화를 걸면 상담원에 대한 배려를 당부하는 안내 말이 나온다. 얼굴이 보이지 않는다는 점을 악용해서 욕설이나 무례한 요구를 하는 고객들로부터 상담원들의 직무스트레스와 인권을 보호하고자 한 조치였다. 이제 교사들은 자신들을 상담원과 비슷한 고충을 겪는 감정노동자로 부른다. 학부모들과의 소통이 이전보다 자유로워지면서 그냥 지나갈 수 있는 사소한 일부터, 긍정적인 반응뿐만 아니라 부정적인 감정에도 더 많이 노출되고 있는 것이다. 자녀의 학교생활에 대한 불안, 걱정, 속상하고 억울한 감정, 분노와 화, 심지어 퍼붓는 욕설까지 쏟아내는 학부모들을 견디고, 이들의 감정까지 헤아려 큰 일이 벌어지지 않도록 조치를 취하는 것이 교사들이 짊어져야 할 역할이 되었다. 이제 학교 전화에도 콜센터의 안내멘트가 필요하다는 우스갯소리가 일부 학교에서는 현실로 이루어졌다.

학부모에 대한 초등교사의 감정을 분석한 손중종(2012)의 연구에서 교사들은 자신의 수업 전문성을 존중하는 학부모로부터는 긍정적 감정을 느꼈으며, 반면 교사의 일에 지나치게 개입하고 요구하는 학부모로부터는 부정적 감정을 경험했다. 교사들은 학부모에 대해 불편함, 두려움, 불신, 화, 상실감 등과 같은 감정들을 자주 경험했다. 연구에서 교사들은 학부모들에 대한 부정적인 감정을 극복하기 위해 "교직은 감정적으로 중립적이다.", "학부모와의 관계는 장기적이다.", "학부모는 협력자이자 감시자이다."라는 규칙을 내면화하여 자신의 다양한 감정들을 조절하고 통제했다.

특히, 저경력 교사들은 주로 학부모보다 어린 연령 때문에 부정적인 감정을 경험한다(박종필, 2008, 황수아·최한올, 2014). 학부모보다 나이가 어린 교사들은 "결혼은 했느냐?", "아이를 키워봤느냐?"와 같은 무례한 언행과 무시, 결혼과 육아경험 여부로 전문성을 쉽게 의심받으면서 부담감과 불편한 감정을 느낀다. 교사의 학부모와의 관계에서 조차도 나이를 중시하는 우리사회의 서열중심 문화가 반영되어 저경력 교사들이 학부모와 동등하게 관계를 맺고 자녀의 교육에 대해 논의하는 것이 쉽지 않다.

한편 근무시간 이후의 연락과 사생활 침해도 교직 스트레스의 대표적인 사례로 들 수 있다. 교사들은 늦은 밤이나 휴일, 수업 중 같은 부적절한 시간에 오는 학부모의 연락이나 자기 자녀의 편의만을 요구하는 연락을 받을 때 스트레스를 경험했다(이윤주·김갑성, 2017). 휴대

전화 번호와 연동된 SNS를 통해서 학부모가 교사의 사생활을 간섭을 하거나 친구요청을 하는 경험을 겪으면서 휴대폰 번호를 공개하는 데 부담을 느꼈다. 최근에는 이러한 문제를 해결하기 위해 학교 전화 설비를 개선하거나 업무용 투넘버 서비스를 지원하는 교육청이 늘고 있다. 또 클래스팅, 하이클래스와 같은 학급 소통 채널을 활용하여 교사의 개인정보를 학부모에게 알리지 않고 근무시간 내에 연락을 할 수 있도록 교사와 학부모 간 소통의 방식을 개선하고 있다.

교권침해 가해자

한국교총의 2021년도 교권보호 및 교직상담 활동 지침서에 따르면, 2021년도 학부모에 의한 피해는 전체 437건 중 148건(33.87%)으로 두 번째로 높은 수치를 기록했다. 피해사례에 대해 한국교총은 학부모의 '아님 말고식'의 아동학대 신고가 증가하고 있음을 지적한다. 구체적인 사례를 살펴보면, 체험활동 시간에 본인 자녀를 방임했다는 주장, 일기장을 다른 아이들과 비교했다는 주장, 복도에서 뛰는 아동에게 걷도록 지도하는 것에 대한 이의제기 등 교사의 교육활동 과정에서 문제행동에 대한 학생지도 언행을 문제 삼아 정서적 아동학대로 신고하거나 이슈화하는 사례가 보도되었다. 또 모욕과 욕설, 거짓 성추행 신고 등 학생지도에 대한 불만을 넘어 교사들을 향한 명예훼손도 갈수록 증가하고 있다. 억울한 누명을 쓰고 정신적 고통과 교육 현장에 대한 자괴감으로 교단을 떠나는 교사들의 사연이 연일 언론에 보도되면서 교권침해에 대한 대책이 필요하다는 여론도 높아지고 있다.

그러나 더 안타까운 점은 교사가 학부모로부터 교권침해 및 폭력을 당하더라도 결국 교사와 학부모 개인 간의 문제로 여겨지기 쉽다는 점이다. 학부모로부터 언어폭력을 당하고 트라우마에 시달렸지만 사건을 덮으려는 관리자로부터 배신감을 느꼈다는 교사, 교권보호위원회를 여는 것이 결국 동료교사에게 업무적 부담을 주는 것 같아서 포기했다는 교사, 사비로 변호사를 고용하여 무고를 변호해야만 했다는 교사의 경험담 모두 학부모의 교권침해에 교사 개인이 대응하고 있는 현실을 보여준다.

교권침해에 대한 학교나 교육청 차원에서의 지원과 대비가 부족하다 보니 교사들의 교권침해보험 가입률은 매년 증가하고 있다(동아일보, 2022). 학부모들의 학생지도에 대한 불만을 넘어 교사를 향한 모욕과 명예훼손이 증가하고 있는 현실에서 교사들을 보호해주는 장치는 사실상 전무하다보니 교사 개인이 교권침해보험에 가입하고 있는 것이다. 피해교사 보호와 무고성 고소 고발 방지대책을 위한 법적 논의와 공적차원의 예방과 지원 대책 마련이 시급하다.

교사의 효능감과 인식의 차이

교사효능감이란 교사가 스스로 효율적으로 학생들을 가르칠 수 있다는 신념, 학생들에게 적용할 수 있는 전문적 지식을 가지고 있다는 신념을 의미한다(Hoover-Dempsey, Bassler & Brissie, 1987). 학생을 교육하는 데 학부모의 지원과 협력이 중요해지면서 학부모를 교사의 효능감에 영향을 미치는 요인으로 주목하고 있다. 임성택·주동범(2009)의 연구에서 교사는 학부모를 '자녀에 대한 지원'과 '교사에 대한 지원'이라는 두 차원으로 지각하였다. 학부모의 교사에 대한 지원 정도는 교사 효능감과 정적인 관련이 있었으며, 교사의 심리적 소진을 완화시키는 데에도 더 긍정적으로 작용하는 것을 확인했다.

또 박주호 외(2020) 연구에서는 학교의 변화 지향적 풍토가 높은 경우, 교사와 학부모 교류 정도와 교사들의 전문성 개발활동 참여 간의 영향 관계는 긍정적으로 작용하고 있음을 확인하였다. 즉, 학부모의 관여 정도가 높은 학교의 교사들은 학부모의 높은 요구나 압력에 대응하기 위해 교사들이 적극적으로 행동하고 협력하는 것으로 해석된다. 이는 우리가 학부모를 교사의 효능감과 전문성을 향상시키는 요인으로 보고, 앞으로 교사와 학부모의 긍정적인 관계 개선을 위해 노력해야 하는 근거가 되기도 하다.

한편, 학부모에 대한 인식의 교사의 근무지역, 경력과 발달단계, 교사 개인의 경험 등 따라 차이가 있다. 예컨대 백병부(2013)연구에서는 교사의 근무지역에 따라 학생의 학업성취 정도와 교육격차 감소에 대한 학부모 학교 참여 영향을 다르게 인식했다. 윤지희(2017)연구에서는 교사의 경력단계에 따라 학부모 리더쉽 중요도 인식에 차이가 있었다. 특히, 교사의 출산과 육아 경험은 학부모에 대한을 인식과 태도를 변화시킨다(최형미·김한별, 2016; 이지환·강대중, 2020).

개인의 경험에 따라 교사에 대한 학부모들의 인식이 다양하듯, 교사들도 학부모 경험에 따라 학부모에 대한 인식에 차이가 있다. 앞서 살펴본 교사들의 여러 경험과 인식들을 모든 교사들의 일반적인 학부모 개념으로 받아들이는 것은 경계해야 한다. 다양한 교사와 학부모를 각각 하나의 집단으로 인식하고 이들을 대립과 경쟁의 관계로만 규정하는 것은 지양해야 할 것이다.

교사 개인의 몫이 아닌, 공동의 노력을 기대하며

지금까지 교사의 학부모 경험을 다루고 있는 연구물을 중심으로 교사의 학부모 인식을 살펴보았다. 연구물에서는 교사와 학부모와의 갈등 사건을 위주로 서술되어 대부분은 "학부모와의 관계가 불편하고 어렵다.", "무례하고 이기적인 학부모로 인해서 힘들다."로 수렴된다. 교사들의 담론 속에서 학부모는 부정적인 존재로서 "힘들지만 협력해야만 하는 존재", "직무 스트레스와 감정소진의 원인제공자", "교권침해 가해자"로 의미화되고 있다.

사실 대부분의 학부모들은 보이지 않는 곳에서 묵묵히 교사를 지지하고 협력해왔다. 학급 안내를 꼼꼼히 확인하고 과제와 준비물 챙겨 자녀가 수업에 잘 참여할 수 있도록 지원하고, 학교 봉사활동에 참여하여 학교와 교사에게 긍정적인 마음을 갖도록 자녀들을 보듬어왔다. 이와 같이 교사와 학부모의 보이지 않는 협력으로 학생들의 안정적인 학교생활을 지원해왔다.

그럼에도 불구하고 교사들은 일부 학부모들의 불만과 부정적인 목소리에 위축되어 있다. 건강한 교육공동체 구축을 위해 마련된 다양한 소통의 창구들이 불만과 민원을 제기하는 학부모들의 목소리에 집중되고 있으며, 잘못된 촌지문화와 관행들을 없애는 과정에서 불필요한 오해를 차단하기 위해 교사에 대한 고마움을 표현했던 소소한 문화까지 차단되었다. 이로 인해 교사들이 학부모들의 긍정적인 반응을 느끼고 교사로서의 보람을 느끼는 기회가 현저히 줄어들었다. 또 학부모와의 소통이 강조되는 분위기 속에서 학교 밖에서 일어나는 학생과 학부모들 간의 관계나 다툼들까지도 교사들의 생활지도 범위에 포함되면서 광범위하고 모호해지는 교사의 과도한 역할과 책임은 교사로서의 효능감과 사기를 흔들기도 한다. 여기에 유별난 학부모들의 민원과 동료교사의 어려움을 지켜보고 나면 학부모와 좋은 관계를 유지해온 교사들까지도 마음 한켠에 나도 언제가 "나도 당할 수 있다"는 불안한 감정이 싹튼다.

그렇다고 해서 교사들이 학부모들을 경계하고 멀리하는 것도 결코 올바른 해결 방법은 아니다. 학부모와 긍정적인 관계를 유지하는 것이 교사의 효능감과 전문성, 학생의 성장과 발전에 영향을 미치는 요인이라는 점에서 관계의 걸림돌을 파악하고 발전적으로 한 발짝 나아가야 한다.

위축된 학부모에 대한 교사의 사기와 효능감을 높이기 위해서는 교사와 학부모의 관계와 소통을 지원하는 학교와 교육청의 역할을 점검해야 한다. 그러기 위해서 가장 먼저 선행되어야 하는 것은 무엇보다도 학부모와의 관계를 맺고 의견을 조율하는 것이 교사 개인의 역량으로 보는 것을 경계해야 한다. 교사와 학부모들이 건강하게 소통할 수 있는 문화와 시스템을 구축하는 것, 교권을 침해하고 학교폭력을 가하는 일부 학부모로부터 교사들을 보호하는 것, 학부모와의 관계에서 필요한 노하우를 함께 공유하는 것은 결코 교사 혼자가 짊어져야 할 몫은 아니기 때문이다. 학교와 교육청은 교사와 학부모의 적절한 만남과 소통의 기회를 마련하고 서로가 지켜야 할 학칙을 미리 상세하게 제공해야 한다. 성공적인 사례와 긍정적인 피드백을 활발하게 공유하는 것과 동시에 교권을 침해하는 일부 학부모로부터 교사를 보호할 수 있어야 한다. 따라서 교사와 학부모의 협력적인 관계 구축을 위해서는 학교와 교육청의 지원과 역량을 점검하고 보완하는 것이 요구된다.

참고문헌

권순형·도재우·민윤경·양희준·이강주·이쌍철·이정우·이희현(2022). 한국
　교육개발원 교육여론조사, 한국교육개발원.

김정래(2014). 기획특집: 교권과 학생 인권 : 권리와 권위의 차원에서 본 교권
　의 의미. 한국교육철학회, 52, 1－27.

김지영·이강이(2020). 어머니의 교육참여가 초등학교 1학년의 학교적응에 미
　치는 영향: 교사－학부모 관계의 상호작용효과. 열린부모교육연구, 12(1),
　81－103.

김훈호(2016). 일반계 고등학교 담임교사의 학급경영 전략 연구. 한국교원교
　육연구, 33(4), 329－355.

박은수(2015). 경남지역 인문계 고등학교 영어교사의 교직 활동에 관한 인식
　연구. 교과교육학연구, 19(4), 961－981.

박종필(2009). 초등학교 신규 교사의 교직 경험에 관한 연구. 한국교육학연
　구, 15(3), 131－157.

박주호·여수경·정혜연(2020). 교사의 학부모와 교류정도, 학교의 변화 지향
　적 풍토 및 전문성 개발 활동 간의 관계. 한국교육, 47(1), 5－31.

백병부(2013). 학업적 보상과 교육격차 감소에 대한 학부모 학교참여의 영향.
　한국교원교육연구, 30(1), 105－132.

손준종(2012). 편안한 협력자 또는 불편한 감시자. 한국교육, 39(3), 33－57.

손형국·양정호(2013). 초등학교 6학년 담임교사의 교직생활 탐구. 한국교원
　교육연구, 30(2), 413－437.

윤지희(2017). 초등교사 경력단계에 따른 교사리더십 중요도와 발휘수준 차
　이 분석: 영역별 속성을 중심으로. 한국교원교육연구, 34(2), 281－310.

이윤주·김갑성(2017). 학부모와의 휴대전화 의사소통으로 인한 초등교사 스

트레스에 관한 사례 연구. 한국교원교육연구, 34(1), 25-50.

이지환·강대중(2020). 학부모 정체성과 교사 정체성의 갈등과 협상: 초등학생 자녀를 둔 초등학교 여성 교사를 중심으로. 학부모연구, 8(2), 45-66

임성택·주동범(2009). 초등학교 교사가 지각한 학생과 학부모 특성과 교사효능감의 관계. 한국교원교육연구, 26(3), 39-57.

조석훈(2016). 교원의 인식을 통해 본 교직의 현상과 향후 전망. 한국교원교육연구, 33(3), 1-26.

최진오(2009). 중·고등학교 교사들의 문제행동 중재방법. 특수교육저널 이론과 실천, 10(4), 179-202.

최형미·김한별(2016). 중등 여교사의 삶에서 '엄마 됨' 경험의 의미. 한국교원교육연구, 33(4), 1-22.

한국교육개발원,

황수아·최한올(2014). 심층면담을 통한 초등교사의 감정노동에 대한 인식 및 실태에 관한 연구. 30(1), 59-91.

Hoover-Dempsey, K. V., Bassler, O. C. & Brissie. J. S. (1987). Parent Involvement: Contributions of Teacher Efficacy, School Socioeconomic Status, and Other School Characteristics. American Educational Research Journal. 24(3), 417-435.

한국교원단체총연합회, 2022. 5. 13 교원인식 설문조사 결과 발표

동아일보, 2022. 10. 7 https://www.donga.com/news/article/all/20221007/115840440/1

03

교사와 학부모의 의사소통과 엇갈린 해석
: 세 가지 사례

김은정_공주교대 교수
박혜원_한율초등학교 교사

교사와 학부모, 당연한 시각차

초등학교 입학식은 어린 학생에겐 긴장되는 줄서기인 반면 학부모에게는 자녀의 인생에 중요한 관문을 시작하는 축제의 날이다. 자녀를 초등학교에 입학시켰다는 것은 뿌듯함과 설렘 그리고 자랑스러움 등을 느끼는 벅찬 순간인 것이다. 초등학교 입학은 곧 이전 보육 기관과는 다른 교육의 시작을 의미한다. 일단 자녀의 신분부터 원생이 아닌 학생으로 바뀐다. 또한 공교육 테두리 안의 자녀 생활이 '학교생활기록부'로 기록된다. 아직 어리기만 한 아이를 공교육 기관에 보내야 하고, 학교생활에 잘 적응하도록 관리해야 하는 입장에서 학부모는 자녀보다 더 긴장하게 된다.

부모에게는 아직 어리기만 한 아이가 학교생활을 잘하는 게 참 어렵게 생각된다. 학습을 잘한다고 해도 교우 관계가 원만할지 알 수 없고, 교우 관계가 좋아도 수업 태도나 생활 태도가 바를 것이라는 보장이 없다. 선생님이 내 아이를 사랑의 눈으로 바라보아 주실까, 미숙한 아이의 행동에도 야단치지 않고 격려와 지지로 아이를 달래 주실까 염려와 기대가 교차된다. 학부모는 최소한 '아이가 학교생활을 원만하게 잘 하는' 소박한 바람을 가진다.

학부모는 이 소박한 바람을 성취하는 데 상당 부분이 '교사'에 의해 좌우된다고 생각하는 경우가 많은 것 같다. 아이는 아직 어려서 처음 시작하는 학교생활이 어설플 것이고, 모든 상황을 파악하기 힘들며, 학습이나 활동을 자기주도적으로 하기 어려울 것이기 때문이다. 실제로 아이는 아직 교사에게 의존할 수밖에 없는 존재이다.

이처럼 아이가 학습이나 생활 전반을 교사에게 배우고 의존하게 되므로, 학교에서 자녀가 힘든 일이 생길 경우에 학부모들은 교사에게 호소하거나 갈등을 표출한다. 교사와의 내적 갈등이 심한 경우, 학부모는 속으로 삭혀온 불만이나 갈등을 나름대로 참다가 임계치에 달할 때 이를 외적으로 표출한다. 교사들은 이러한 속사정을 미처 모르고 있다가 학부모의 감정이나 불만이 밖으로 표출될 때 이 갈등을 알게 되어, 당황스럽고 난처한 상황에 직면하게 된다. 더욱이 최근에는 학부모가 교사에게 어려움을 호소하거나 갈등을 표출하는 방식이 점점 더 직접적이고 그 횟수도 빈번하게 나타나고 있어서, 교사들은 심지어 자신을 을(乙)의 위치에 있는 '약자'라고 생각(김장철, 2017)하기도 한다.

반대로 학부모는 교사 - 학부모 관계에 있어서 교사는 갑(甲)이고 학부모가 '약자'인 을(乙)이라고 생각해 왔다. 교사는 함부로 대할 수 없는 존재이며, 자녀를 '볼모'로 잡고 있기 때문에 만약 갈등이 있을 때 대항하는 것은 '계란으로 바위치기'(김장철, 2017)라고 여긴다.

이러한 시각의 차이는 어디에서 비롯된 것일까? 우선 학부모가 학생의 이야기를 통해 듣는 자녀의 학교생활을 자신의 학창 시절 학교를 배경으로 상상한다는 점을 들 수 있다. 아무리 학교의 변화가 늦는다고 해도 학교 현장은 학부모의 학창시절에서 30년 이상 지나 있어서 많이 바뀌어 있는 것이 사실이다. 학부모가 이를 고려하지 않고 자녀의 학교 문화를 이해한다면 오해가 생기기 쉽다.

또 다른 이유는 아이의 학교생활이나 교우관계에 대해 학부모와 교사가 서로 다른 시각을 가질 수밖에 없다는 것이다. 학부모는 모든 사안을 자신의 자녀 편에서 바라볼 수밖에 없지만, 교사는 학생들에 대하여 중립적인 위치에서 여러 학생의 입장을 종합적으로 고려해야 한다.

학부모 입장에서는 자녀의 정보를 상세하고 직접적으로 알고 싶지만, 교사는 교육부의 지침이나 학교생활기록부 작성 요령에 따라 아이의 행동에 대해 표현을 완화시켜 작성해야 하는 입장 차가 존재한다.

또한 학교 시스템 자체에 대한 학부모와 교사의 정보의 격차도 서로 다른 시각을 갖는 원인이 된다.

다음에서는 아이의 학습과 학교생활에 대한 교사와 학부모의 시각의 차이를 세 가지 사례를 통해 살펴보고자 한다. 이하에 제시되는 이름은 모두 실제 이름이 아닌 가상의 이름이다.

사례 1: 성적과 학습

성적을 받은 학부모

은별이 엄마는 오늘 마음이 매우 뿌듯하다. 자녀 은별이가 1학기에 아주 좋은 성적을 받았기 때문이다. 1학기를 무사히 마친 은별이는 '생활통지표'를 받아와 부모님께 전달했다. 생활통지표에는 수행평가 성적이 있었는데 '잘함' 항목이 8개, '매우 잘함' 항목이 4개였다. 요즘 신경을 좀 썼더니 성적이 좋았다. '매우 잘함'을 받은 항목은 체육교과와 음악교과였다.

성적을 기록한 교사

은별이 담임선생님은 1학기말 성적처리를 앞두고 너무 고민이 많았다. 은별이의 수행평가 결과를 이대로 기록한다면 '노력 요함'과 '보통' 항목에 체크해야 할 것이다. 담임선생님은 은별이 성적을 올려보고자 은별이를 불러다가 일주일간 매일 수행평가를 보게 했다. 잘 못 푼다 싶으면 풀이법을 알려주고 다음 날 다시 풀게 했다. 이렇게 되풀이하여 연습시키자, 은별이의 성적을 두 번째 등급인 '잘함'으로 올려줄 수 있게 되었다. 그러나 아직 은별이의 성적은 불안정한 성적이기에, 담임선생님은 아무래도 은별이가 방학 기간 동안 학습을 보충하는 것이 좋겠다 싶었다. 선생님은 은별이 엄마께 전화를 걸어 방학 동안 가정에서의 학습 지도가 필요하다고 조언하였다.

성적과 교사의 조언에 대한 학부모의 생각

성적표에 온통 '잘함'이라고 기록되어 있는데, 학습을 보충하라니? 은별이 엄마는 담임선생님의 말씀이 잘 이해되지 않았다. '잘함'이 잘했다는 의미가 아닌 건지? 또한 학습을 어떻게 보충하라는 건지 막막하였다.

요즈음 초등학교 현장에서는 '성장중심평가'로도 불리는 '과정중심평가'(2023년 기준)가 시행되고 있다. 이는 학부모의 학창 시절 평가와는 완전히 다른 방식이다. 학부모 세대의 학창 시절에는 결과만을 중점적으로 평가하는 결과중심평가였다. 이 결과중심평가에서는 단순히 학생의 학습 결과인 지식만을 평가했지만, 현재의 과정중심평가는 학생의 생각이나 행동 변화에 초점을 맞추어 평가한다. 또한 평가의 과정에서 학생들의 성취를 더 끌어올리고자 한다. 결과중심평가에서는 점수로 결과가 통지되어 비교적 명확하게 아이의 수준을 알 수 있었다. 반면 과정중심평가에서는 공식적인 통지표가 제공되기는 하지만, 상대평가도 아니고 '잘함', '보통' 등으로 제시되는 평가가 명확한 점수가 아니기 때문에 위의 사례와 같은 혼란이 발생한다.

　학교에 따라 사정이 다르지만 몇몇 초등학교의 경우에는 과정중심평가에서 마지막 결과만을 고지하는 경우가 있다. 위의 사례에서 은별이가 수학 연산 시험을 보았을 때, 처음에는 10개 중에 1개를 맞아 4단계인 '노력 요함'이었는데 그 시험지로 지속적으로 연습한 결과, 3단계인 '보통'이 되고, 결국 2단계 '잘함'까지 갔다고 가정해보자. 학교에서 마지막 결과만을 학부모에게 고지한 경우, 학부모는 학생의 학습 수준이 항상 '잘함'인 것으로 생각하게 될 것이다.

　또한 위 시험에서 은별이는 여러 번의 연습을 통해 성취도가 향상되어 '잘함' 수준이 되었지만, 다른 유형의 시험지로 평가했을 때에도 '잘함'이 될 수 있을지는 보장할 수 없다. 위 시험지의 성적이 일반적 학습 수준을 대표하는 것이 아니고 아직 은별이의 실력은 완전히 '잘함'으로 보기엔 불안정한 상태이기 때문이다.

　학부모가 과정중심평가 결과의 '잘함'에 자신의 학창시절 성적을 대입해서 생각하는 경우, '잘함'의 수준을 예전의 '수'나 '우', A나 B에 대입해서 생각하는 오류를 범할 수 있다. 또 '잘함'이라는 말이 주는 어감도 학부모가 오해하는 이유 중 하나이다.

> "우리 애가 항상 단원평가는 100점을 맞는데 왜 평가에 '보통'이 나오느냐? 왜 쟤는 우리 애보다 시험을 못 봤는데 '우수함'이 나오느냐?
> 다른 엄마들한테 단원평가랑 상관없다고 얘기는 하죠. 얘기는 하는데 학부모님들은 모르시니까. 거기에서 오해가 생기고 갈등이 생기는 거 같아요."(김장철, 2017)

학교의 공식적 평가와는 별도로, 학급 내에서 교사가 비공식적 시험을 치르기도 한다. 이는 아이들의 실력을 중간 중간 평가하여 수업에 활용하기 위해서이다. 교사는 공식적인 수행평가를 치르기 전이나 후에 주요 교과목에 대하여 '단원 평가'라는 비공식적 평가를 실시한다. 이는 비공식적인 시험이기 때문에 교사는 학부모에게 별도 공지를 하지 않는 경우가 많다.

그런데 간혹 이 시험의 결과가 가정으로 통지되는 경우, 학부모는 평가에 대하여 혼란을 느낄 수 있다. 위의 인터뷰 내용처럼 가정으로 보내진 단원 평가지의 점수와 실제 생활통지표의 수행평가 등급이 다른 경우가 생기기 때문이다. 이때 학부모는 교사의 평가 결과 기록에 대한 불신을 갖게 되고, 이는 오해와 갈등의 소지가 된다.

사례 2: 학교생활기록부 '행동특성 및 종합의견'

학부모가 받은 생활통지표의 '행동특성 및 종합의견'

은별이는 3학년을 무사히 마치고 4학년에 올라가게 되었다. 3학년 마지막 날인 종업식 날 은별이가 받아온 생활통지표의 '행동특성 및 종합의견'란에는 은별이에 대한 선생님의 의견이 적혀 있었다.

은별이 엄마는 적혀 있는 내용이 상담 때와 다른 내용이어서 당황스러웠다. 선생님이 학생 모두를 챙기기가 버거워 복사-붙여넣기 한 것은 아닐까 하는 생각도 해 보았다. 긍정적 내용으로 가득 차 있는 생활통지표였지만, 은별이의 학습이나 생활 태도를 명확하게 알 수 없고 어떤 점에서 뛰어나고 부족한지 알기 어려웠다. 구체성이 떨어지는 문장들이 은별이 엄마에게는 크게 와닿지 않았다.

교사가 작성하는 '행동특성 및 종합의견'

이선생님은 학교생활기록부 작성 기한이 지났으나 아직도 작성을 미루고 있다. 아무리 생각해도 아이들의 '행동특성 및 종합의견'란을 어떻게 써야 할지 고민하고 있기 때문이다. 사실대로 구체적으로 쓰자니, 자녀의 부족한 점이 드러난 문구에 부모님의 마음이 쓰리실 것 같고 또 아이들에게 평생 남는 기록이라고 생각하니 좋은 말 위주로 써 주는 게 낫겠다는 생각이 들었다. 여러 상황을 종합하여 아이들의 특성을 표현할 수 있는 적절하고 부드러운 표현을 찾고자 하니, 시간이 많이 걸렸다. 이선생님은 은별이의 강점을 부각하는 방법으로 행동특성 및 종합의견을 마무리했다.

생활통지표에 대한 신뢰를 잃은 학부모

사실 은별이 엄마는 은별이 생활통지표에 좋은 말이 많은 것을 보고 다행이라는 마음이 들기는 했다. 하지만 한편으론 아이의 부족한 점도 명확히 알려줘야 가정에서도 지도하기 편할 텐데, 선생님들이 너무 좋은 말들만 형식적으로 적어주는 게 아닐까 생각하며 내용에 신뢰가 가지 않았다. 이런 마음에 이후 받아온 은별이 동생의 생활통지표는 대강 성적만 보고 집어넣었다.

학생의 학교생활기록부는 원칙적으로 당해 연도에 공개하지 않도록 되어 있다. 이는 교사의 작성 권위를 보장하기 위함이다. 하지만 초등학교의 경우 '생활통지표'를 통해 학교생활기록부 내용의 일부를 발췌해 가정에 보내고 있다.[1] 아마도 교사의 작성 권위보다는 학부모와 학생의 알 권리를 우선하는 문화 때문으로 생각된다. 결국 학교생활기록부는 학년의 수업이 끝나는 마지막 날, '생활통지표'라는 문서로 학부모와 학생에게 공개된다. 즉, 은별이가 은별 엄마에게 가져온 '생활통지표'는 곧 은별이의 '학교생활기록부'의 일부인 것이다.

[그림 1]에 제시된 학교생활기록부의 여러 항목 중 교사와 학부모가 가장 주목하는 항목은 '행동특성 및 종합의견'이다. 교육부가 2023년에 발간한 '초등학교생활기록부 기재요령'에 따르면, '행동특성 및 종합의견'은 학생의 학습, 행동, 인성 등 학교생활에 대한 기록을 바탕으로 다양한 분야를 종합적으로 기재해야 한다. 장단점은 사실에 근거하여 입력하여야 하는데, 단점을 입력하는 경우에는 변화 가능성

---

1) 박영혜의 부산교육대학교 교육대학원 석사학위논문, "초등학교생활통지표 항목 분석 및 수요자 요구조사", 2011.

학교생활세부사항기록부(학교생활기록부 II)

졸업대장번호			
학년	반	번호	담임성명
1	3	23	김철수

1. 인적·학적사항

학생정보	성명: 박혜원 성별: 여 주민등록번호: 151234-4123456
학적사항	2022년 03월 02일 한국초등학교 제1학년 입학
특기사항	

2. 출결상황

학년	수업일수	결석일수			지각			조퇴			결과			특기사항
		질병	미인정	기타	질병	미인정	기타	질병	미인정	기타	질병	미인정	기타	
1	190	·	·	·	·	·	·	·	·	·	·	·	·	개근

3. 창의적 체험활동상황

학년	창 의 적 체 험 활 동 상 황	
	영역	특기사항
1	자율활동	독후활동에 적극적으로 참여하여 책을 읽고 난 후의 느낀 점을 글과 그림으로 잘 표현함.
	동아리활동	(1-3) 학예회를 위해 자신이 친구들에게 소개하고 싶은 마술을 찾아 열심히 연습함. (폴짝폴짝줄넘기(1-3): 방과후학교스포츠클럽 18시간)
	진로활동	관심있는 직업을 정하고 정보를 탐색하여 그림으로 표현할 수 있음. 자신의 장단점을 파악하고 이에 알맞은 직업이 무엇인지 살펴봄.
	안전한생활	언어폭력, 따돌림 등에 대해 알아보고 학교폭력 발생 시 대처방법을 알 수 있음.

학년	봉 사 활 동 실 적				
	일자 또는 기간	장소 또는 주관기관명	황동내용	시간	누계시간
1	2022.04.19.	(학교) 한국초등학교	환경정화활동	1	1
	2022.05.07.	(학교) 한국초등학교	교내정화활동	1	2
	2022.09.08.	(학교) 한국초등학교	교실정리정돈	1	3
	2022.10.01.	(학교) 한국초등학교	교내캠페인활동	1	4

4. 교과학습발달상황

학년	교과	세부능력 및 특기사항
1		국어: 문장에 따라 알맞은 문장부호를 잘 알고 있으며 느낌과 분위기를 실려 짧은 이야기를 잘 읽음. 수학: 100까지의 수 계열을 이해하고, 수의 크기를 잘 비교함. 주변에서 삼각형, 사각형 등을 찾고, 여러 가지 모양을 이용해 작품을 만듦. 바른생활, 슬기로운 생활, 즐거운 생활: 이웃의 모습과 생활을 다양하게 표현하고 나눔 장터에 즐겁게 참여함. 우리와 북한이 같은 민족임을 알고, 통일 의지를 지님. 겨울 놀이를 알아보고 팽이를 만들어 친구들과 즐겁게 놂.

5. 행동특성 및 종합의견

학년	행 동 특 성 및 종 합 의 견
1	호기심이 많으며 이를 풀기 위해 노력하는 편임. 자신이 모르는 것을 배울 때 이해가 될 때까지 질문하는 습관을 가지고 있음. 마음이 따뜻하고 친구에게 도움을 잘 주는 동시에 도움을 잘 받음. 좋아하는 친구에게 표현을 잘하며 그 누구와도 잘 어울림. 꾸준한 학습 습관을 들인다면 학교생활을 더 즐겁게 할 수 있는 상쾌한 학생임.

그림 1 초등학교 1학년 학생의 학교생활기록부 표본 예시

생활통지표

2022학년도 1학기

▸ 기본학적사항

학년	6	반	1	번호	23	성명	박혜원	담임명	김철수

▸ 교과평가

교과	영역	평가요소	평가
국어	문학, 쓰기	시를 읽고 비유하는 표현을 찾아 그 효과를 설명하기	매우 잘함
	듣기·말하기, 문법	자신의 듣기·말하기 활동을 돌아보고 바른 언어생활을 실천하고 있는지 점검하기	매우 잘함
사회	일반사회	민주적 의사결정 원리에 대해 설명하고 민주적 의사결정 원리에 따라 공동체의 문제를 해결하는 방법에 대해 발표하기	매우 잘함
	역사	우리나라의 경제성장 과정과 까닭을 설명하고 경제성장과정에서 나타난 다양한 문제점과 해결방안 설명하기	매우 잘함
도덕	자연·초월과의 관계	올바른 삶을 살아가기 위한 나의 좌우명을 정하고 발표하기	매우 잘함
수학	수와 연산	'(자연수)÷(자연수)'에서 나눗셈의 몫을 분수로 나타내고 과정을 설명하기, 분수의 나눗셈의 계산 원리를 이해하고 분수의 나눗셈이 필요한 문제를 해결하기	매우 잘함
	도형	각기둥과 각뿔의 구성요소와 성질을 이해하고 꼭짓점의 수, 면의 수, 모서리의 수 사이의 규칙을 찾고 스스로 점검하기	매우 잘함
	규칙성	비의 개념을 이해하고 두 양 사이의 관계를 비의 개념으로 설명하고, 여러 가지 비율을 백분율로 나타내기	매우 잘함
과학	물질의 성질	산소와 이산화탄소를 발생시키는 방법을 알고 산소와 이산화탄소의 성질 비교하고 설명하기, 기체의 성질을 이해하고 기체에 가한 압력과 부피 사이의 관계를 설명하고 일상생활에서 이와 관련된 사례 찾기	매우 잘함
	생명	뿌리, 줄기, 잎, 꽃의 구조와 기능을 설명하기, 열매의 생김새를 관찰하고 씨가 퍼지는 다양한 방법을 설명하기	매우 잘함
실과	가정생활	가정일을 담당하고 있는 가족원의 역할을 탐색하고, 가정일 실천 후 느낀 점 이야기하기	매우 잘함
	기술의 세계	생활 속의 농업 체험을 통해 지속가능한 생활을 이해하고, 실천 방안 익히기	매우 잘함
체육	도전	표적/투기 도전과 관련된 여러 유형의 활동에 참여해 자신의 성공 수행을 높일 수 있는 기본자세와 동작을 이해하고 도전 상황에 적용하기	매우 잘함
	경쟁	배구형 게임의 기본기능을 탐색하고 게임 상황에 맞게 적용하기	매우 잘함
음악	감상	제재곡「미뉴에트」를 듣고 목관악기에 대해 이해하여 플루트의 음색 이야기하기	매우 잘함
미술	표현	적절한 이미지를 효과적으로 활용하여 자신의 생각을 포스터나 영상 광고 만들기	매우 잘함
	감상	김홍도「서당」의 시대적 배경과 특징 찾아 이야기하기	매우 잘함
영어	읽기	날짜를 묻고 답하는 표현과 기대를 나타내는 표현을 읽고 이해하여 알맞은 그림/낱말/어구 고르거나 연결하고 이유를 설명하기	매우 잘함
	듣기	물건의 가격을 묻고 답하는 표현을 듣고 이해하여 알맞은 그림/낱말/어구 고르거나 연결하고 이유를 설명하기	매우 잘함

▸ 출결상황

수업일수	결석일수			지각			조퇴			결과			특기사항
	질병	미인정	기타	질병	미인정	기타	질병	미인정	기타	질병	미인정	기타	
100	1	·	·	1	·	·	·	·	·	·	·	·	감기(1일)

▸ 행동특성 및 종합의견

행동특성 및 종합의견
승부욕이 있으며 자신의 자아를 잘 살필 줄 아는 학생임. 수업 시간에 교사의 말을 잘 듣고 이행하고자 노력하며 태도가 바른 편임. 좋아하는 일이 있으면 열정을 다해 하고 그 일에 대한 공부를 많이 함. 친구들과 사이좋게 노는 편이며 놀이에 대한 규칙을 익히고자 노력하며 이를 잘 지키며 놀이함. 1년 중에 학급에서 가장 발전이 많은 학생이며 꾸준한 노력이 동반된다면 더욱 큰 발전이 있으리라 생각됨.

그림 2 초등학교 6학년 학생의 생활통지표 표본 예시

을 함께 입력해야 한다.[2]

학교생활기록부의 '행동특성 및 종합의견'란은 이러한 지침을 지켜 작성된다. 따라서 교사는 학생에 대한 평가를 적을 때 단점을 다소 완화하고 긍정적인 변화를 고려하여 적게 된다. 또한 생활기록부 작성 내용은 동료 교사의 검토를 받게 되고 생활통지표를 통해 학부모와 학생에게 공개되므로, 교사는 학생의 '행동특성 및 종합의견'을 더 조심스럽게 작성하기 마련이다.

은별이의 '행동특성 및 종합의견'의 경우에도, 담임선생님은 은별이 부모님 기분과 은별이의 장래를 고려하고 자신의 문구가 동료 교사에게 검토될 것까지 감안하여 작성하였다. 또한 교육부의 '행동특성 및 종합의견' 기재요령까지 맞추기 위하여 긴 시간 노력하였다.

그럼에도 불구하고 부모님은 담임선생님이 행동특성 및 종합의견'을 성의 없게 작성하였다고 오해하였다. '행동특성 및 종합의견'에 대해 학부모와 교사의 해석은 어떻게 달랐던 것일까?

> (3학년) 수업 시간에 하는 활동 중 자신이 관심 있는 활동에는 매우 적극적으로 참여함. 수업 내용과 관련하여 생각나는 것이 있을 때에는 전달력 있는 발표를 함. 좋은 언어 능력을 바탕으로 전교과에서 어려움 없이 공부하고 있음. 평소 밝고 씩씩하여 친구들과도 원만하게 지내며, 가끔 친구들과 갈등이 있을 때 부정적인 감정이 들어도 부드럽게 해결하고자 하는 모습이 기특함.

---

2) 교육부의 "2023학년도 학교생활기록부 기재요령(초등학교)", 2023.

위 생활통지표의 '행동특성 및 종합의견'을 제시하였을 때, 한 학부모는 다음과 같이 해석하였다.

"전 교과 다 잘하고 친구들과의 관계도 원만하다는 거가 눈에 띄네요. 강점은 골고루 잘한다는 거 같아요. 특별히 뭔가를 잘한다거나 이 친구가 뚜렷이 어디에 강점이 있다는 정확히 모르겠어요.(학부모 A)"[3]

반면 이를 읽은 한 교사는 다음과 같이 해석하였다.

"일단 '관심 있는 활동에는 매우 적극적으로 참여함'이것은 전반적으로 집중력이 떨어진다는 얘기고요. '생각나는 것이 있을 때에는 전달력 있는 발표를 함'이것도 발표 참여도가 자기가 관심 있거나 집중이 될 때(를 말하는 것이죠). '좋은 언어 능력을 바탕으로 전교과에서 어려움 없이 공부하고 있음.' 이건 진짜 전교과에서 큰 어려움이 없다는 그냥 평범하다는 얘기 같고요. '밝고 씩씩하게 원만하게 지내며 가끔 갈등이 있을 때 부드럽게 해결하고자 하는 모습이 기특함.' 이거는요, 안 한 적이 있는 거죠, 그렇게. 부드럽게 해결하지 않은 적이 있죠. 여기 '하고자 하는'이라잖아요. '해결함'이 아니라. 노력해서 기특하다는 거예요.(교사 B)"[4]

---

3) 박혜원의 한국학부모학회 추계학술대회발표를 위한 면담 내용 전사지 참고, "초등학교생활기록부의 행동특성 및 종합의견 텍스트에 대한 교사와 학부모의 해석 비교", 2022.
4) 위와 동일

위의 '행동특성 및 종합의견'에 대해, 학부모 A는 해당 학생이 공부도 잘하고 교우관계도 좋다고 해석한 반면, 교사 B는 이 학생에 대하여 학습 성취 수준이 뛰어나지 않고 교우관계도 원만한 편은 아니라고 해석했다. 학부모와 교사의 텍스트 해석이 완전히 다른 것이다. 모든 경우가 위 사례와 같이 두 집단의 해석 차이가 극단적이지는 않을 것이다. 다만, 소수의 사례도 같은 텍스트에서 이렇게 다른 해석을 낳는다는 점을 눈여겨 볼 필요가 있다.

'행동특성 및 종합의견'의 경우, 교사들은 총체적으로 학생을 이해할 수 있는 종합의견을 문장으로 입력해야 한다. 이를 쓸 때, 교사는 부정적인 내용은 긍정적 느낌이 들게 순화하여 기록하게 된다. 만약 학업 성취도가 낮고 공부하는 습관이 형성되지 않았다고 평가되는 학생이 있다면 '꾸준한 독서 습관과 스스로 학습하는 태도를 기른다면 학습 면에서 더 많은 향상을 기대할 수 있겠음'으로 적는 것이다.[5] 이 문장은 조건문을 달아 미래지향적으로 작성되었기 때문에 현재의 학습 성취도를 직설적으로 알려주지는 않는다. 이와 같이 학습 성취도가 낮은 학생의 행동특성 및 종합의견란에는 이렇게 '…한다면'과 같은 조건문의 문장이 들어가는 경향이 있다. 학부모가 이 경향성을 알고 있다면 정보 제공 측면에서 도움을 받을 수 있을 것이다.

담임선생님은 은별이의 부정적인 특성을 적기보다는 긍정적인 언어 속에 은별이만의 강점과 앞으로 더 노력하면 좋겠는 점 등이 내포되게 적었다. 그러나 은별이 어머니는 은별이의 종합의견란이 긍정적이고 추상적 언어로 가득하여 성의가 없다고 생각했다. 위의 사례와

---

5) 정상원의 진주교육대학교 대학원 석사학위논문, "초등학교 학생들의 평가와 성적기록 하기:교사들의 현상학적 체험들", 2014.

같이, 동일한 텍스트에 대해서도 어떠한 입장에서 이를 소화했는지, 읽는 사람이 어떤 정보를 어느 정도 깊이로 가진 상황인지 등에 따라 다른 해석이 가능함을 이해할 필요가 있다.

사례 3: 학교생활에서 발생한 문제 상황

학부모가 보는 문제 상황

은별이 엄마는 학교에서 전화가 오자 가슴이 덜컥 내려앉았다. 은별이가 또 무슨 문제가 있나 싶어 두려운 생각이 들었지만, 얼른 전화를 받았다. 선생님과의 통화에서 은별이가 친구 소연이와 다투었다는 이야기를 들었다. 소연이에게도 미안하고 선생님께도 죄송했지만 이런 일로 전화를 받으니 너무 속이 상했다. 은별이 엄마는 상황 설명을 더 듣고 싶었지만 선생님은 바삐 전화를 끊었고, 집에 온 은별이가 전해준 상황은 선생님의 설명과는 달랐다. 은별이 엄마는 선생님이 아이들 간 갈등 중재를 무성의하게 하시는 것 같아 속상했다.

교사가 겪는 문제 상황

담임선생님은 지속되는 은별이와 친구들의 갈등에 고민이 깊다. 오늘 일은 사소하다 하더라도 은별이가 친구들과 잦은 갈등 상황이 있다는 사실 자체는 부모님도 알고 계시는 게 좋겠다는 생각이 들었다. 은별이 부모님이 놀라실 수도 있으니, 우선 오늘 소연이와의 다툼만 객관적 사실로 간결하게 전달하고자 전화를 드렸다.

은별이 부모님과의 통화 중에 은별이와 다툰 소연이 부모님의 전화가 왔다. 이 학생은 이전에도 지속적으로 은별이와 갈등이 있던 터였다. 담임선생님은 은별이 부모님과의 전화를 서둘러 마무리하고 바로 소연이 부모님의 전화를 받았다. 담임선생님은 학생들이 다투어 이런 일이 생기니 자신의 학급경영에 자신감이 없어졌다.

화가 난 학부모, 지친 교사

은별이 엄마는 담임선생님에게 전화를 걸었다. 이번 통화로 제대로 된 상황 설명을 듣고 싶었다. 담임선생님은 몹시 지친 목소리로 이번 사건과 더불어 지금까지 은별이가 친구들과의 어떤 갈등에 놓였었는지 이야기했다. 은별이 엄마는 기대했던 답변이 아니었을 뿐더러 선생님이 부정적 말투로 은별이 탓을 하는 것처럼 느껴져 기분이 안 좋았다. 또, 선생님이 은별이를 나쁜 아이로 점찍어놓고 상황을 해석하는 것 같아 화가 났다.

이 경우, 학부모와 교사가 갈등하는 원인은 무엇일까? 선생님은 여러 학생들 간에 문제 상황이 발생하면, 그 학생들의 입장을 종합적으로 판단하여 중재해야 하는 입장에 있다. 반면 학부모는 자기 자녀 중심으로 생각할 수밖에 없다. 이러한 입장 차이는 좁힐 수는 없는 것이기에 학부모와 교사 간의 갈등이나 오해가 빚어질 수 있는 것이다.

또한 초등학생은 학교에서의 상황을 자기중심적으로 부모에게 전달할 수밖에 없다. 거기에는 상대방 친구의 감정이나 입장, 자신의 잘못이 생략 혹은 축소되기도 한다. 이러한 가능성은 학부모도 잘 알고 있다. 그러나 학교의 상황이 제대로 그려져 있지 않은 상태에서 자녀 이야기를 듣게 되면, 그 말에 주관성이 들어가 있는 것을 알면서도 자녀의 입장에서 생각할 수밖에 없게 되는 것이다. 더구나 학부모는 교사의 짧은 설명만으로는 자신의 자녀가 한 행동을 전체적으로 이해하기 어렵다고 느낀다. 더구나 자기 자녀가 잘못했을 경우, 학부모가 자녀의 잘못을 인정하고 이해하기 위해서는 다른 경우보다 더 확실하고 많은 데이터가 필요할 것이다.

교사는 학생의 잘못된 행동에 대한 정보를 모두 적나라하게 제공했을 때 부모 마음이 어떨지 헤아리게 된다. 또한 교사 입장에서는 자녀에 대한 부정적 정보를 학부모에게 주었을 때 학부모가 교사의 중립성을 의심할 수도 있다고 생각하므로, 학생에 대한 부정적 이야기를 전달하는 것이 더욱 조심스럽게 된다. 이러한 경우에 대해 김장철(2017)의 연구에서는 학부모를 대상으로 한 인터뷰를 소개하고 있다.

> "아이들은 또 상황을 자기중심적으로 각색을 하잖아요. 그럼 엄마 입장에서는 애들의 억울한 면이 전달되고 우리 애의 말을 그대로 들을 수밖에 없어요. 피는 물보다 진하잖아요(○○ 어머니)."
> "상대방 아이 엄마한테 연락하기는 어려우니까, 아무래도 아이의 얘기를 들을 수밖에 없는 입장이니까. 아이 입장에서도 학부모 입장에서도 '왜? 우리애가 뭘 잘못했는데? 선생님은 무슨 생각으로?' 그렇게 받아들이는 거 같아요(□□ 어머니)."

실제로 교사는 학부모가 학생 발전을 위해 상호 협력하길 바라는 마음에 학습 방법이나 교우관계에 대해 전문가로서 학부모와 의견을 공유하는 경우가 있다. 예를 들어, 학생의 학습을 보완하기 위한 좋은 방법을 제시한다든지 교우관계 개선을 위한 해결법을 학부모와 같이 고민하고자 하는 경우이다. 하지만 이 경우들에도 학부모로부터 늘 좋은 호응이 있는 것은 아니다. 학부모로부터 부정적인 반응을 경험한 교사들은 이러한 경험을 통해 학부모 집단에 대한 불신이나 갈등을 겪게 된다. 실제로 학생에 대해 개선할 점을 교사가 이야기하면 학부모는 문제점을 지적한다고 생각을 하기 때문에 방어적이 되기도 한다(김장철, 2017).

사실 서로 간의 갈등 관계는 잘 중재되었을 때 오히려 상호 신뢰로운 관계가 형성될 수 있다. 하지만 대부분 이 갈등은 표면화되지 않고 내적인 형태로 머무르는 경우가 많다. 이러한 갈등이 지속된 채로 학년이 끝나면 학부모와 교사는 갈등을 마음속으로 간직한 채 다음 학부모, 다음 선생님을 만나게 되는 것이다. 이와 같은 상호 불신 관계는 새로운 교사 혹은 학부모와의 시작에도 좋은 영향을 끼치지 못한다.

소통 그리고 신뢰로 풀어가기

지금까지 아이의 성적과 학습, 생활통지표, 학교생활에서 발생하는 문제 상황에 대해 살펴보았다. 세 가지의 사례를 통해 교사는 어떤 과정을 거쳐 생활통지표를 작성하고 학부모에게 보내는지, 학부모는 교사의 조언과 성적을 어떻게 이해하고 받아들이는지 분석해 보고자 하였다. 아이들을 지도하기 위한 교사들의 고민과 노력은 학부모들에게 읽히는 과정에서 다르게 해석될 수 있다. 즉 교사의 본래 의도와 학부모의 해석 간에는 간격이 발생한다.

이 간격은 과연 해소될 수 있을까? 이는 어떻게 보면 소통에 관한 문제라고 생각된다. 위 세 가지 사례 모두 학부모와 교사 간 원활한 소통이 있었다면 서로 더 부드럽게 해결될 수 있었을 것이다. 학부모는 학교 여러 사정을 잘 알지 못하기 때문에 정보 부족에 의한 불만이 생기고, 교사는 학부모의 정보 부족에 의거한 불만을 인지하지 못하는 경우가 많다. 학부모가 불만을 갖게 되면 처음에는 교사나 학교를 상대로 한 내적 갈등으로 시작되지만 나중에 가서는 큰 외적 갈등으로 발전할 수 있다.

이런 갈등 상황에 학부모와 교사가 처음부터 긍정적 마음으로 소통을 시도한다면 큰 갈등 없이 좀 더 원만하게 풀릴 가능성도 많다고 생각된다. 학부모가 아이에 대해 혼자 염려하고 상상하기보다는 많은 시간 학교에서 함께 생활해 여러 복합적 상황을 잘 알고 있는 교사와 소통한다면 갈등을 보다 쉽게 해소할 수 있을 것이다.

학부모와 교사의 소통을 어렵게 하는 요인에는 사회와 학교 환경의 변화, 학부모와 교사의 심리적 거리감 등 여러 가지가 있다. 이 요인들을 극복하기 위해서는 교사의 전문성 그리고 상호에 대한 신뢰가 크게 작용한다.[6]

교사가 시도할 수 있는 방법의 하나는 교사의 전문성을 보여주는 일이다. 교사가 학부모에게 먼저 적극적으로 다가감으로써 소통의 문을 여는 노력도 교사 전문성의 한 부분일 것이다. 만약 1대 1의 소통 상황이 부담된다면 1대 다(多)의 형식으로 소통 창구를 여는 것도 좋은 방법이다. SNS나 가정통신문을 통해 교사가 먼저 학부모와의 대화를 시작한다면 학부모는 교사의 전문성을 인정할 수 있을 것이다.

학부모가 할 수 있는 좋은 방법은 교사를 신뢰하는 모습을 보여

---

6) 김장철의 서울교육대학교 교육전문대학원 석사학위논문에서 발췌, "초등학교 교사-학부모 갈등에 대한 상호간의 인식 및 대응 전략 연구", 2017.

주는 것이다. 일단 학부모는 교사와 어떠한 갈등이 발생했을 때, 이는 교사 개인 때문에 발생한 문제라기보다는 상황을 바라보는 관점과 해석이 서로 달라서임을 고려해볼 필요가 있다. 그러면 문제가 생겼을 때, 무조건 교사에게 책임 소재를 돌리는 것이 아니라 상황을 더 객관적으로 바라보고자 노력하게 될 것이다. 이렇게 학부모가 상황에 대한 정확한 인지를 하고자 할 때, 교사는 그 학부모에 대한 신뢰가 생기게 될 것이다. 무조건적으로 교사를 탓하는 충동적인 학부모가 아니라는 생각에 교사는 마음을 열고 더 많은 정보를 제공해줄 수 있을 것이다.

우리는 살아가며 여러 사람들을 만나게 된다. 그리고 서로 이해하고 존중하며 사람들의 각기 다른 다양성을 존중하자고 쉽게 말하곤 한다. 하지만 중간에 아이들이 끼어 있는 상황이라면 이야기는 달라진다. 문제상황 속에 있는 교사와 학부모에게는 다양성이라는 가치가 서로 합치되기 어려운 버거운 가치로 느껴질 수 있다.

서로의 관점과 입장 차이를 좁히기 어려운 경우, 다시 기본으로 돌아가려는 노력이 필요할 것이다. 즉 어떤 다양성 속에서도 가장 소중한 것은 아이들이고, 아이들이 보호받도록 노력하는 것을 의미한다. 교사와 학부모는 서로가 이를 위해 노력하는 존재라는 점을 인정해야 한다. 이것을 인정할 때 교사와 학부모는 서로를 신뢰할 수 있을 것이다. 이 신뢰가 기반이 될 때, 교사와 학부모는 마음을 열고 소통할 수 있으며, 서로를 이해하고 존중할 수 있을 것이다. 이 글은 그 노력의 작은 일환이다. 이 글이 교사와 학부모가 이러한 일들을 마주칠 때, 서로의 입장을 이해하는 데 작은 열쇠가 되기를 바란다.

참고문헌

교육부(2023). 2023학년도 학교생활기록부 기재요령(초등학교).

김장철(2017). 초등학교 교사-학부모 갈등에 대한 상호 간의 인식 및 대응 전략 연구. 석사학위논문. 서울교육대학교 교육전문대학원.

박영혜(2011). 초등학교 생활통지표 항목 분석 및 수요자 요구 조사. 석사학위논문. 부산교육대학교 교육대학원.

박혜원(2022). 초등학교 생활기록부의 행동특성 및 종합의견 텍스트에 대한 교사와 학부모의 해석 비교. 한국학부모학회, 2022 한국학부모학회 정기학술대회 자료집, 67-90.

정상원(2014). 초등학교 학생들의 평가와 성적기록 하기: 교사들의 현상학적 체험들. 석사학위논문. 진주교육대학교 교육대학원.

04
교사의 교사 - 학부모 관계, 그 속사정*

강진아_서울대학교 교육연구소 객원연구원, 태장초등학교 교사

교사 - 학부모 관계의 필연성

　대부분의 학부모는 자신의 아이를 학교에 보낸다. 교사는 학교에
온 그 아이를 가르친다. 교사와 학부모는 아이를 연결고리로 하여 필
연적으로 관계를 맺게 된다. 나 또한 2011년부터 초등교사로 일한 이
래로, 많은 학부모들과 직간접적으로 관계를 형성해왔다. 또, 나의 동
료교사들이 학부모들과 상호작용하는 모습과 그 과정에서 겪게 되는
일들을 그들 곁에서 보고 들어왔다. 교사로서의 나의 체험 속에 교사
－학부모 관계가 뿌리 깊게 자리잡고 있듯, 아마도 교사라면 누구든
이제까지 학부모와 관계를 맺어왔고, 지금도 맺고 있으며, 앞으로도
맺을 것이다.

---

* 이 글은 「학부모연구」 제10권 제1호에 게재된 논문을 수정·보완한 것임

교사 - 학부모 관계에 대한 가치판단 1: 긍정적 단면

교사의 체험 속에 자리 잡은 교사-학부모 관계에 대해 가치판단을 한다고 할 때, 개중에는 원만하고 이상적이며 바람직한, 좋은 교사-학부모 관계도 있다. 나는 학부모를 만나게 되는 기회에 교사-학부모 관계를 잘 맺기 위해 진심을 담아 충실히 준비를 하는 교사들, 학부모가 토로한 어려움에 공감하고 학부모를 도울 해결 방안을 백방으로 찾으려 하는 교사들, 아이들의 교육과 성장을 도모하기 위한 교사-학부모 협력 아이디어를 창출해내는 교사들을 많이 보았다.

또 아이가 학교생활을 잘할 수 있게 가정에서 정성으로 보살피고 가르쳐 교사에게 보내주는 학부모들, 교사의 교육활동을 신뢰하고 지지하며 다양한 방식으로 교사에게 감사를 표현하고 사랑을 베푸는 학부모들, 심지어는 아이를 어떻게 그렇게 잘 길렀는지 비법을 묻고 싶을 만큼 교육적으로 존경스러운 학부모들도 적잖이 만났다. 이러한 교사와 학부모들의 모습을 통해 교사-학부모 관계의 심미성을 깨닫기도 했다.

교사-학부모 관계에 대한 가치판단 2: 일반적 · 부정적 단면

그러나 모든 교사-학부모 관계가 위에서 언급한 것처럼 아름다운 것만은 아니다. 기본적으로 교사의 일상에는 가치판단에 앞서 당연시되며 일반적으로 이루어지는 교사-학부모 관계 양상이 광범위하게 깔려 있다. 그와 더불어, 그리고 그 안에, 상대적으로 부정적이라고 가치판단할 만한 교사-학부모 관계 양상도 적잖이 찾아볼 수 있다.

교사로서 나는 교사들 사이에서 의식화되지 않은 채 헐벗은 형태로 반복되고 있는 교사─학부모 관계가 있다는 것, 교사들이 교사─학부모 관계로 인해 고통 ─ 두려움, 아픔, 분노, 체념 등 ─ 을 느낀다는 것, 그리고 이러한 교사들의 체험들이 모이고 쌓여 담론을 형성하게 되었다는 것을 알고 있다.

그런데 무엇보다도 염려스러운 것은, 교사들 사이에서 교사─학부모 관계에 대한 긍정적 담론에 비하여 일반적인 혹은 부정적인 담론이 제대로 검토되지도 않은 상태에서 혼재된 채 일파만파 펼쳐지고 있으며, 그러한 담론이 지닌 힘이 너무나도 강력하여 우리 교육 현장 속 교사─학부모 관계의 현실태를 압도하거나 좌지우지하는 것 같다는 점이다.

우리는 이러한 사태를 직시하고, 교사들 사이에서 공유되는 교사─학부모 담론을 제대로 짚어가며 비판적으로 살펴볼 필요가 있다. 그래야만 교사─학부모 관계의 개선점을 찾아 고치고, 보다 나은 교사─학부모 관계를 구축할 수 있을 것이기 때문이다.

교사-학부모 관계에 영향을 미치는 요소
: 관계규정과 관계상황, 그리고 구조

교사들 사이에서 공유되는 교사─학부모 담론을 살펴보기 위하여, 이 글에서는 관계규정과 관계상황을 커다란 두 축으로 삼으려 한다. 학부모와의 관계를 규정하는 교사의 독특한 방식, 그리고 교사가 학부모와의 관계를 그러한 방식으로 규정하게 만드는 독특한 상황으로 인해, 교사─학부모 관계의 양상이 특정한 방식으로 펼쳐지기 때문이다.

여기에서, 관계규정이라 함은 A와 B 사이에서 관계가 형성될 때 A는 무엇이고/어떠하고 B는 무엇이며/어떠하며 A와 B의 관계는 이러이러하다/이러이러해야 한다에 대하여 나름대로 이해하여 내린 정의라고 할 수 있다. 더불어, 관계상황이라 함은 A와 B 사이에서 관계가 형성될 때 A 혹은 B가 처해있는 분위기와 그에게 주어진 여건 및 맡겨진 책임 등을 포괄하는 것이라 할 수 있다.

관계규정과 관계상황에 더하여, 그것들의 토대에는 교사들이 그러한 상황 속에서 그러한 방식으로 교사-학부모 관계를 규정하게끔 한 우리 사회 및 학교교육의 구조가 자리 잡고 있기도 하다. 이러한 구조가 지니는 특이점과 미비점은 언뜻 보기에는 교사-학부모 관계와는 그다지 긴밀하지 않은 듯하지만, 알고 보면 교사-학부모 관계에 근원적 결정적으로 영향을 미치는 것이라 할 수 있다.

그럼 지금부터 내가 교사라는 정체성을 지닌 내부자이기에 겪고, 보고, 말할 수 있는 교사의 교사-학부모 관계 이야기를 시작해보려 한다. 그리고 교사로서 내가 체험한 교사-학부모 관계 이야기 속에서, 관계규정과 관계상황 그리고 우리 사회와 학교교육의 구조를 중심으로 하여 교사-학부모 관계와 관련한 속사정을 미력하게나마 제시하도록 하겠다.

첫 번째 이야기: 배경으로서의 학부모

몇 년 전 2학년 친구들을 맡아 가르쳤을 때였다. 어느 날 통합교과 여름 1단원 '이런 집 저런 집'의 11-12차시 '오순도순 우리가족' 주제와 관련하여 우리 가족 인형을 만드는 활동을 하게 되었다. 우리

반은 종이컵 하나마다 한 사람의 가족 구성원을 표현하기로 정하였고, 가족 인형을 다 만들고 나면 완성된 작품을 사물함 위에 전시하기로 했다. 우리 반 24명의 아이들은 약속에 맞춰 각자의 가족 인형을 만들어서 사물함에 올려두었다. 그런데 아이들의 모든 작품이 완성되어 100개에 가까운 종이컵이 사물함 위를 바글바글 채운 것을 보자, 나는 그 각각의 종이컵들이 아이들 곁에 있어온 가족 구성원들을 은유하며 그들의 존재를 가시화하고 있음을 새삼스럽게 상기하게 되었다. 그리고 이어서 나는 내 눈에 보이는 아이들의 저편 보이지 않는 곳에, 아이들 수의 배 가량이나 되는 학부모들이 늘 항상 존재해왔음에 불현듯 충격을 받게 되었다.

물론 교사들이 학부모들의 존재를 전적으로 모르는 것은 아니다. 교사들이 학부모들의 존재를 무시하는 것도 아니다. 다만, 교사가 자신의 몸이 머무는 학교의 공간 안에서 정신없이 바쁘게 수업을 진행하고 업무를 추진하며 일상을 살아갈 때, 교사의 의식이 향하는 주요 대상이 학부모가 아닐 뿐이다. 마치 요리사가 요리를 할 때, 자신의 레스토랑에 찾아온 손님들에게 직장 동료나 가족 등의 지인이 있을 것이라는 사실을 예상할 수는 있을지라도, 정신없이 바쁘게 요리를 해서 손님상에 올리는 영업시간 중에 손님 지인의 존재를 주된 것으로 의식하지는 않는 것처럼 말이다.

교사들의 의식이 향하는 다양한 대상들이 있겠지만, 교사-학부모-학생이라는 교육주체로 그 범위를 한정해본다면, 교사들이 학교에서 교육활동을 하는 상황에서 교사들의 의식이 주로 향하는 대상은 학생 즉 아이들이다. 교사의 시선에는, 아이들과 학부모가 총체성을 이루고 있기는 하되, 아이들이 전경(figure)으로 부각되어 있고 그 옆에 배경(ground)으로 물러난 학부모가 의식되지 않은 채 있다. 교사가 직접적으로 책무감을 느끼며 수행해야 할 일은 아이들과 함께 그날 하루를 잘 보내며 수업을 하는 것이지 그 밖의 다른 무언가는 아니기 때문에, 교사들은 학부모를 주요하게 떠올리지 않는다. 그리하여 교사에게 있어 학부모는 그 자체로서 즉자적으로 존재하나, 학부모가 교사 자신에게 있어 유의미한 관계 속에 놓인 대타존재임을 상정하지는 않는 것이다.

교사의 의식이 학부모의 존재에 주목하게 되는 순간들이 없는 것은 아니다. 때때로 교사들은 아이들이 학교에서 생활하며 하는 말이나 행동 또는 아이들이 산출해낸 작품 등을 통하여 학부모의 존재를 지각한다. 그리고 때로는 아이들과 관련된 일처리를 하는 과정에서 텍스트화된 매체나 통신수단을 통해 학부모의 존재를 지각하기도 한다. 이러한 경우의 공통점은 교사들이 학부모들의 존재를 직접 대면하지 않고 학부모의 모습을 연상하거나 추측함으로써, 그리고 학부모 그 자체가 아닌 특정 사안에 대한 학부모의 응답이나 반응만 포착함으로써 간접적이고 협소하게 학부모를 지각한다는 것이다.

그렇다고 교사들이 학부모들을 늘상 직접 대면하는 편이 더 바람직하고 좋다고 여기느냐 했을 때, 꼭 그런 것도 아니다. 교사의 입장에서 학부모는 전경으로 드러나지 않는 편이 더 나은 경우도 많다. 무소식이 희소식이라는 옛말처럼, 기본적으로 학부모가 전경으로 드러나지 않는다는 것은, 실제로 그렇든 그렇지 않든, 교사가 맡은 일이 비교적 매끄럽게 잘 진행되고 있다는 의미, 교사가 부대적으로 처리해야만 할 일이 없다는 의미, 궁극적으로는 교사가 다른 것 신경 쓸 필요 없이 편안한 마음으로 아이들을 가르치는 일에만 집중할 수 있다는 의미로 해석되기 때문이다.

지금까지 이야기한 내용을 정리하자면, 기본적으로 교사의 시선이 학부모들을 향하지 않는 것은, 교사의 시선 안에 아이들이 우선적으로 포착되기 때문이다. 교사의 시선이 자신의 몸이 놓인 곳과 같은 곳인 학교 안의 아이들에게로 향함으로써, 가정에 있을 학부모는 자연스레 교사의 눈에 보이지 않게 된다. 그렇지만 전경인 아이들과 배경인 학부모들은 결국은 하나의 총체이며, 교사에게 있어 보이지 않는 것인 학부모는 궁극적으로 보이는 것인 아이들 안에 녹아들어 있다. 그렇기에 교사가 아이들을 보는 것은 어떤 의미에서는 보이지 않는 학부모를, 아이들 안에 감싸여 들어있는 학부모를 함께 보는 것인 셈이다. 더 나아가, "보이는 것이 [... 곧 ...] 긍정적인 것이 아니[듯], 보이지 않는 것이 논리적인 의미에서 부정일 수 없으므로"(Merleau–Ponty, 1964) 교사가 아이들을 위주로 주목하여 학부모를 주목하지 않는 것이 꼭 학부모를 부정하고자 함은 아닌 것이다.

이 지점에서 우리는 교사에게 있어 학부모는 언제나 배경일 수밖에 없는지, 만약 교사에게 있어 학부모가 전경으로 등장한다면 어떤 모습인지/어떤 모습이어야 하는지에 대한 질문을 떠올려볼 수 있다.

두 번째 이야기: 교사도 학부모가 필요하다?

교사의 일상에서 학부모가 배경으로 물러나 있는 경우가 많고 교사들 또한 그러한 상황에 익숙해하며 그것을 더 편안하게 느낀다 하더라도, 교사가 학부모의 직접적, 적극적 참여를 원하게 되는 순간들이 있다. 그것은 학교 차원에서 학부모가 협력해주어야만 실현 가능한 업무가 교사에게 주어지는 경우, 혹은 학년에서 협의된 교육활동 추진이나 학급의 특색활동의 운영 등과 관련하여 학부모의 동의, 판단, 손길이 가미되어야 하는 사안이 생기는 경우이다. 이러한 경우에 교사들은 학부모를 필요로 하게 된다.

일단, 학교 업무 차원이든 교사의 교육활동 차원이든, 모두를 가능하게 만들기 위해서 필요한 학부모의 기본적인 역할이 있다면, 그것은 응답자와 규칙 준수자의 역할이다. 먼저 교사가 응답자로서 학부모를 필요로 한다 함은, 학부모에게 설문 요청이 갔을 때 조사하는 내용에 대하여 회신을 하는 것, 교사가 전화를 걸었을 때 받는 것, 교사가 문자를 보냈을 때 답장을 해주는 것 등을 말한다. 다음으로 규칙 준수자의 역할은 요청한 것에 응해주는 것, 기한에 맞춰 제때 응답하는 것, 양식에 알맞은 문서를 제출하는 것 등을 말한다.

학교 업무 추진을 위하여 교사가 필요로 하는 학부모의 역할은 크게 내방자, 대표자, 봉사자로 구분해볼 수 있다. 먼저 내방자로서 학부모를 필요로 한다 함은 학부모 총회나 학부모 연수와 같이 학교에서 행사가 개최될 때 학교에 방문하여 해당 행사에 자리하는 것 등을 말한다. 다음으로 대표자로서 학부모를 필요로 한다 함은, 소속된 학년이나 학급에서 "대표 엄마", 즉 학부모 대표나 녹색학부모회 대표 등 보직을 맡는 것을 의미한다. 마지막으로 봉사자로서 학부모를 필요로 한다 함은 녹색학부모로서 정해진 날짜에 정해진 위치에서 교통안전지도를 한다든지, 어머니폴리스나 사서도우미 혹은 급식 모니터링 위원 등의 활동을 하는 것을 의미한다.

학년이나 학급의 차원에서 교사의 교육활동 시 교사가 필요로 하는 학부모의 역할은 크게 아이의 보조자, 동료 교수자, 아동 개선을 위한 협력자로 구분해볼 수 있다. 먼저 아이의 보조자로서 학부모를 필요로 한다 함은 아이가 혼자 할 수 없는 과업을 아이의 곁에서 도와주는 것이다. 다음으로 동료 교수자로서 학부모를 필요로 한다 함은, 학부모에게 맡겨진 가정 내 교수자의 역할을 수행함으로써 수업의 완성에 일조하는 것이다. 마지막으로 아동 개선을 위한 협력자로서 학부모를 필요로 한다 함은, 아이의 생활, 학업, 교우관계 등의 영역에서 교사의 힘만으로는 컨트롤하기 어려운 문제가 발견되었을 때, 그것을 보충하거나 해결하기 위해 가정에서 지도를 해주는 것이다.

그런데, 교사가 필요로 하는 방식으로 학부모가 역할을 해주지 않을 시 특히 문제가 되는 경우들이 몇몇 있다. 이럴 때 교사들은 어떠한 상황에 처하게 되며, 어떠한 조치를 취해야만 할까? 먼저, 학교 차원에서 필수적으로 조사해야 할 사안인데 한두 명의 학부모라도 기한 내에 제대로 응답을 하지 않으면, 교사는 해당 일처리를 마무리할 수 없다. 또, 학부모가 양식에 맞지 않은 문서를 제출했을 경우, 그것은 오류이기 때문에 정정해야만 하는데, 그것을 교사 임의로 처리할 수가 없다. 학부모와의 관계에서 추진되어야 할 일처리가 제대로 되지 않으면 계속 정신이 분산된 채 혹은 찝찝하고 불안정한 상태에서 수업 또는 수업준비, 그리고 새로이 밀려 들어오는 일처리를 해야 하므로, 교사들은 되도록 빠르게 그리고 차질 없이 학부모가 역할 수행을 완료해주기를 바란다. 그래서 교사들은 해당 학부모에게 처음 시도했던 것과는 다른 방식으로 재차 연락을 하여 응답을 받아내려 하거나, 아이를 통해 혹은 학부모에게 직접 알맞은 양식으로 다시 제출해줄 것을 부탁하거나, 양식 자체를 새로이 출력하여 아이 편에 전달하기도 한다.

만약 학급 대표나 녹색학부모회 대표를 해주겠다는 학부모가 없다면, 교사는 난처한 상황에 처하게 된다. 전교의 모든 학급에서는 학급 대표 및 녹색학부모회 대표를 선출하여 배부된 명단 안의 칸을 채워야 하는데, 자신의 반만 빈칸으로 남겨두면 안 된다는 압박감을 받게 되기 때문이다. 이런 상황이 생기면, 교사는 자기 학급 소속 학부모들 중에서 대표를 맡아줄 수 있을 것으로 기대되는 학부모를 찾아 일일이 전화를 걸어 읍소를 하게 된다. 또, 종종 녹색학부모 활동 기한이 임박하여 갑작스럽게 활동이 불가함을 밝히는 학부모가 나타기도 하는데, 이 경우 교사는 누락된 활동 인원을 메워야 한다는 부담감을 덩달아 짊어지게 된다. ○반 담임이라면 ○반에서 일어나는 문제의 성격이 어떠하든 그것들에 대한 모든 일차적인 책임을 무조건적으로 짊어져야 하는 것처럼 되어 있기 때문이다. 그렇기에 녹색학부모회 대표 학부모 선에서 문제 해결이 어려우면 교사는 자신이 직접 학급 학부모들에게 연락을 돌려 대체자를 물색하기도 한다.

교사의 구체적인 교육활동과 관련하여 학부모가 필요에 맞게 움직여주지 않을 경우, 정해놓은 수업 일정에 차질이 생긴다거나, 수업의 질이 떨어진다거나, 아동의 성장이 저해된다거나 하는 문제가 생긴다. 그러나 이와 관련하여서는 문제가 덜 발생하는 편인데다, 교사들 또한 학부모가 필요에 따라 움직여주지 않더라도 상대적으로 유하고 관대하게 반응하는 편이다. 문제가 덜 발생하는 까닭은, 학부모들이 이러한 사안들과 관련하여서는 "자기 애들한테 필요하다고 생각하니까" 대부분 협조를 잘 해주기 때문이다. 그리고 혹여나 학부모들이 충분히 협력하지 않더라도 동료교사들 및 학급 아이들과의 협의, 협력 과정에서 문제 해결의 실마리를 찾는 것이 가능하며, 교사 자신만 불만족스럽고 말면 그만이라 다른 사람—대표적으로 관리자와 업무추진 교사─의 눈치를 볼 일도 그들에게 피해를 줄 일도 없기 때문에, 덜 곤란하게 느끼고 덜 예민하게 반응하는 것이다.

지금까지 살펴본 바, 교사들은 학부모가 손안의 '도구'와 같은 존재가 되기를 바라는 마음으로 학부모를 필요로 한다. 즉 교사 자신에게 주어진 무언가를 하기 위해 학부모 존재의 "유용성, 기여성, 사용성, 편의성[손에 익음]"(Heidegger, 1927)을 따지는 것이다. 특히나 교사에게 있어 학부모가 '가치 있는' 존재가 될 수 있는 때는, 학부모가 '순전한' 채로 있을 때가 아니라 학교라는 세계에서의 도구적 '지시연관' 속에 있을 때이다. 교사가 이러한 방식으로 학부모를 이해하는 까닭은, 교사가 학부모와 관련하여 완수하도록 지시받은 과업, 완성하도록 지시받은 제작물이 있기 때문이다. 이것은 교사가 학교라는 세계 안에서 교사인 채로 학부모와 공존해야 하기에 어찌할 수 없는 일이며, 오히려 근원적인 일이라고까지 볼 수 있다.

그런데 때로 학부모는 교사의 '손에 맞지 않고', '손에 닿는 데 있지 않으며', 심지어는 교사의 지시연관 자체를 방해하기도 한다. 이 경우 학부모는 교사의 저항감을 불러일으킨다. 그러나 역설적으로 이런 사태를 통해서 교사는 학부모에게 자신의 관점을 덮어씌우는 것의 한계를 깨닫고, 학부모가 자신의 구미에 딱 맞게 움직여주기를 바라는 것이 욕심이며 불가능한 일임을 겸허히 받아들일 수밖에 없게 된다. 비로소 학부모 존재의 풍부함을 보다 온전히 느끼게 되는 것이다.

이 지점에서 유념할 점이 두 가지가 있다. 하나는, 주체로서의 교사와 학부모에 대한 것이다. 교사가 도구의 관점에서 학부모들을 마주하게 될 때, 교사 자신과 학부모를 인격적 정체성을 지닌, 그리고 그것을 드러내기 위해 행위하는 인간 주체로서 여기고 있는 것이 맞는

지, 혹시 용도를 지닌 '사물'이나 사물을 만들어내는 '제작자'로서만 여기고 있는 것은 아닌지 검토해볼 필요가 있다는 것이다.

다른 하나는, 교사가 몸담은 세계와 교사가 학부모와 맺고 있는 도구적 지시연관의 성격에 대한 것이다. 세계는 일차적으로 교사에게 주어지고 교사는 세계에서 살아가게 되며, 교사가 '세계-내-존재'로서 학부모와 도구적 지시연관을 맺는 것이 피할 수 없는 일이라면, 교사에게 세계가 어떠한 모습으로 주어지기에 교사가 그러한 방식으로 학부모와 도구적 지시연관을 맺을 수밖에 없으며, 그것이 과연 교육적 측면에서 얼마나 유효하고 유의미한가에 대한 논의가 필요하다는 것이다.

세 번째 이야기: 갑을관계의 진짜 의미

교사들은 종종 자신들이 "을"이고 학부모가 "갑"의 위치에 있다고 표현하곤 한다. 소위 "갑"과 "을"이라는 표현은 지배 구조와 관련하여 지배자와 피지배자 양측 각각을 일컬을 때 주로 사용되곤 하는 용어이지만, 가만히 들여다보면 교사가 교사-학부모 관계에 대해 일컫는 "갑"과 "을"이 꼭 그러한 속성만을 표현하고자 하는 것은 아닌 듯하다. 더불어 그것은 사회 지위의 고하나 경제력 등과 관련된 학부모의 비교우위를 나타내는 것 또한 아니다. 그것은 오히려 교사가 필요로 하는 방식—앞서 언급했던—이 아닌 방식으로 학부모가 그 존재를 드러낼 때, 즉 교사-학부모 간의 소통과정에서 교사가 예상하지 않았거나, 납득하기 어렵거나, 감당 불가능한 방식으로 학부모가 움직일 때, 교사가 느끼는 불편함과 난처함 그리고 어찌할 수 없음으로부터 오는 무력감을 상징하는 표현에 가깝다.

그 구체적인 예들은 교사가 아동 관련 모종의 일로 인해 학부모와 연락을 주고받을 때, 교사가 학부모 상담을 진행할 때, 학부모가 학교에서 제공되는 복지를 활용하기를 바라며 교사가 그것을 중개해야 할 때 주로 등장한다. 각 사례에는 여러 가지 유형의 관계 양상들이 복합적으로 작용하여 깔끔하게 정리하기 어려운 면이 있지만, 크게 다음 다섯 가지 유형의 관계 양상을 중심으로 예를 덧붙여가며 교사가 어떠한 측면에서 학부모와의 관계에서 불편함과 난처함 그리고 무력감을 느끼게 되는지 제시하도록 하겠다.

첫 번째 유형은, 학부모가 기본 예절을 지키지 않는 경우이다. 가령, 몇몇 학부모들은 교사의 퇴근 시간이 한참 지난 밤, 또는 근무일이 아닌 주말에 거리낌 없이 교사에게 연락을 한다. 또 문자를 보낼 때 인사말 없이 혹은 자신이 어떤 아이의 학부모인지 밝히지 않은 채 용건만 보내기도 한다. 또, 지각 혹은 결석 등 아이의 출결에 갑작스러운 변경이 생겨도 교사가 먼저 연락을 취하기 전까지 아무런 연락조차 없는 학부모들도 있다. 때로는 학부모가 교사에게 반말이나 욕설을 섞어 말하기도 한다.

교사들은 이러한 상황이 벌어졌을 때 무례하다고 여기지만, 그것을 학부모에게 지적하지는 못한다. 어떻게 보면 사소한 일이라 할 수 있는 지점인데다, 어린아이도 아니고 다 큰 성인인 학부모에게 학부모의 태도에 따른 자신의 불쾌감을 들먹이며 예의범절의 시시비비를 지적하기도 좀 뭐하기 때문이다. 그래서 교사들은 불쾌감이 들더라도 참고 넘어가거나, 동료교사에게 하소연을 하여 속풀이를 하거나, 애초에 불쾌감이 느껴지는 상황을 만들지 않기 위해 업무용 핸드폰을 따로 두고 학교에서만 사용하는 등의 방안을 택한다.

두 번째 유형은, 학부모가 교사를 탓하거나 부정적으로 평가하는 경우이다. 가령, 담임교사인 당신이 사전에 중재를 못 해주어서 우리 아이가 "학폭"가해자가 된 것이라며 교사에게 책임을 전가하는 학부모, 어떤 교사의 교수 역량이 부족하다고 흉보는 말을 그 교사의 동료교사인 다른 교사 앞에서 하는 학부모, 소수이지만 교원능력평가에서 "평점 테러"를 하거나 교사를 비난하는 말을 남기는 학부모 등이 있다.

이런 상황에서 교사들은 보통 학부모와 맞서 싸울 수 없다고 여기며, 학부모가 표현한 감정과 주장에 맞받아치는 것을 삼간다. 그리고 학부모로부터 원치 않는 자극을 받는다고 할지라도 그것에 유하게 반응하거나 노련하게 넘기는 등, 교사를 향한 원망이나 비난에 의연히 대처한다. 그렇지 못한 경우 교사들은 앞서 제시한 바 있는 것처럼 동료 교사에게 하소연하며 속풀이를 하거나 조언을 구하기도 한다. 어떤 교사들은 학부모로부터 상처를 받아 사기가 꺾이는 상황을 피하고자, 학부모와의 소통을 최소화하거나 학부모의 교원능력평가를 아예 열람하지 않는 등의 소통 단절을 선택하기도 한다. 또, 왜 교사만 일방적으로 익명의 학부모로부터 평가를 받아야 하는지, 왜 같은 교육주체라면서 역으로 교사는 학부모를 평가할 수 없는지에 대한 불만을 담은 글을 온라인 커뮤니티 상에 올리기도 한다.

세 번째 유형은, 학부모가 학사 운영에 의구심을 표하거나 교사의 교육활동에 대해 월권을 하는 경우이다. 교사가 자신의 교육 목표와 여건에 따라 수업을 조정할 수 있는 자율권을 지님에도 불구하고 주간학습안내에 적힌 바와 다른 수업이 진행되었을 때 민원을 넣는 학부모, 방송부나 각종 대회 등 학생 대표 선발 과정에서 자기 아이가 꼭 선발이 되었으면 좋겠다는 압박 아닌 압박을 넣는 학부모, 학기 말 학급 배정에서 자신의 아이와 특정한 아이를 붙여달라거나 떼어달라고 요청하는 학부모가 그 예라 할 수 있다.

이러한 상황에서 교사들은 항변하거나 대처해야 하는 처지가 된다. 그리하여 학교에서 공식적으로 배부되는 문건 상에 해당 사안이 교사 고유의 권한임을 에둘러 밝혀 싣거나, 해당 사안이 교사 자신의 선에서 자의적으로 결정할 수 없는 문제임을 학부모와의 대화 중에 넌지시 밝히기도 한다. 교사들이 학부모의 입장을 이해하지 못하는 것은 아니지만, 교사들은 학교의 공통 원칙과 규정에 준하여 이루어지거나 교사들 간의 협의를 거쳐 추진되는 업무에 학부모가 개입하는 것을 불편하게 여긴다. 그리고 학부모의 의견을 받아들여줘야 하는지 아닌지에 대해 혼란을 느낀다. 자신의 요구를 관철시키려는 특정 학부모의 입장만 반영하여 그에게 유리하게 일처리를 하는 것이 공정성에 어긋나며, 교사 고유의 권한을 침범한다고 생각하기 때문이다.

네 번째 유형은, 학교의 제도와 여건이 학부모에게 최적화되어야 하는 경우이다. COVID-19 당시 이루어져야 했던 긴급돌봄, 이른 등교 아동을 위한 도서관 세이프존 운영, 근래에 이슈가 되었던 모듈러 교실 등, 학교의 제도나 여건이 학부모의 편익과 관련되어 운영될 때, 그 운영 과정에서 교사들은 아무런 권리도 주장하지 못한 채 "교육"과 연관되었다는 이유로 당연하다는 듯 실무 인력으로 동원된다. 학교의 제도와 여건이 학부모에게 최적화되게 만드는 일련의 과정에서, 교사들은 학부모의 불평불만을 최전선에서 듣고, 학교와 학부모 사이를 조율하며, 학부모가 문제 삼는 일들을 해결해야 할 책임을 짊어진다.

이런 일들은 교사 입장에서는 자신이 맡은 학급을 잘 운영하고 수업을 잘 진행하는 것과 다소 거리가 있는 성격의 노동을 추가적으로 게다가 무보수로 하는 것이 된다. 게다가 이러한 일이 생기면, 정작 교사 자신이 맡은 학급 아이들을 위한 교육활동에 집중하여 써야 할 교사의 에너지와 시간은 분산되거나 할애된다. 교사의 이러한 사정들은 해당 학부모들에게는 크게 중요치 않다. 해당 학부모에게 중요한 것은 자신과 자신의 아이가 불편함을 겪지 않고 원하는 대우를 얻는 일이기 때문이다.

다섯 번째 유형은, 학부모가 자신의 옳음을 주장하며 교사에게 방어적으로 나오거나 공격적으로 나오는 경우이다. 교사가 발견한 아이의 개선점을 학부모 앞에서 언급할 경우, 적지 않은 학부모들은 그것을 받아들이기 힘들어한다. 그리고 교사의 지적에 자신의 아이 혹은 자기 자신을 두둔하거나 교사에게 적개심을 드러낸다.

이러한 학부모의 모습을 마주했을 때, 교사들은 학부모를 납득시키려고 진심을 담아 더욱 간곡하게 호소해보기도 하지만, 학부모 설득하기를 포기하고 학부모의 의견에 표면적으로 공감을 표하거나 화두를 돌리기도 한다. 교사의 해석을 관철시키는 데에 한도가 있다고 생각해서이다. 왜냐하면 결국 아이의 책임자는 근본적으로 학부모이고, 교사 자신이 아이의 인생을 끝까지 책임질 수도 없는데, 오지랖 넓게 굴며 아이의 삶에 과도하게 개입할 수는 없는 노릇이기 때문이다.

여섯 번째 유형은, 학부모가 자신의 권한을 과용하는 경우이다. 때로는 학부모가 학교나 다른 학부모를 향해서 자신의 의견이나 입장을 강경하게 주장하기도 하는데, 학교운영위원회 위원, 학부모회 소속 임원, 녹색어머니회 대표 등, 대표를 맡은 소수의 학부모가 학교의 정황을 고려하지 않고 다른 학부모들의 의견을 충분히 수렴하지도 않은 채 자신들의 입장이나 의견을 마치 학교나 학부모 전체의 것인 것처럼 제시하는 경우를 들 수 있다.

이 경우 관리자는 주로 학부모의 만족을 최우선시하기에 업무 담당교사에게 어떻게 해서든 학부모들의 요구나 불만을 처리하라고 명하곤 한다. 그러면 담당교사는 방방곡곡 수소문을 해가며 해결 방안을 찾아야 하는 책임을 지게 된다. 때로는 다른 학부모들이 해당 대표 학부모에 대한 불만을 교사에게 쏟아놓기도 하는데, 이때 교사는 이러지도 저러지도 못하는 난감한 상황에 빠지게 된다. 이럴 때 교사들은 학부모의 불만을 공감하며 수용적으로 들어주기는 하되, 적극적으로 나서지는 않는다. 교사들 선에서 마땅히 개입하기 어렵기도 하고 교사에게 큰 위해가 되는 문제는 아니기 때문이다.

이제까지 살펴본 갑으로서의 학부모와 을로서의 교사가 맺는 관계에서, 교사가 취하는 행위를 검토하고 평가하기 위해 Harbermas의 행위 개념의 네 가지 유형 — 목적론적 행위 개념, 규범에 의해 규제되는 행위 개념, 극적 행위 개념, 의사소통적 행위 개념 — 을 그 잣대로 활용해볼 수 있다. 각 유형에 따른 교사 행위의 성격과 긍정적 측면 및 부정적 측면은 다음과 같이 구분해볼 수 있다.

① **목적론적 행위 개념에 따른 교사의 행위:** 교사는 자기 개인의 상황과 원칙에 따른 목적 달성을 최우선 과제로 삼고, 효용의 극대화를 위해 계산적·전략적으로 학부모를 상대한다. 교사는 자신에게 부과된 학부모 관련 업무의 추진 요령을 알고, 해당 과업을 노련하게 수행할 수 있다. 반면, 학부모의 상황이나 원칙이 교사 자신의 그것과 다름을 간과하기 쉽고, 자신의 목적 달성에 부합하지 않는 학

부모를 수용하기 어려워하게 된다.

② **규범에 의해 규제되는 행위 개념에 따른 교사의 행위:** 교사는 자기 자신과 학부모가 동일한 사회집단의 구성원으로서 정해진 역할을 수행할 것을 기대하며, 자신과 학부모를 규범준수자 또는 규범위반자로 판단한다. 교사는 교사로서의 자신에게 주어진 소임을 충실하게 수행하며, 학부모 또한 그렇게 할 수 있도록 장려한다. 반면, 학교 사회에서 적용되는 규범과 배치되는 학부모의 모습을 부정하거나 도외시하게 된다.

③ **극적 행위 개념에 따른 교사의 행위:** 교사는 학부모를 관객으로 상정하고, 연출된 페르소나를 통해 자기 주관성의 일부만을 의도적으로 노출함으로써, 자기 고유 영역이 침범받는 것을 차단한다. 이경우 교사는 학부모와의 갈등 발발과 갈등의 표면화를 최소화할 수 있다. 반면, 교사와 학부모가 공동체라는 의식을 갖지 못하며, 학부모에 대한 방어적 태도로 인해 학부모와 진실하고 깊이 있는 소통을 하지 못하게 된다.

④ **의사소통적 행위 개념에 따른 교사의 행위:** 교사는 자기 자신과 학부모 모두가 주체로서 상호작용 능력을 가진다고 보며, 교사와 학부모가 서로 다른 입장에 처해있음에도 불구하고 서로를 이해하기위해, 나아가서는 상호주관적으로 충분히 타당하고 합의 가능한 상황정의를 얻기 위해, 언어를 매체로 삼아 협의한다.

　앞서 제시된 교사의 행위들이 네 가지 유형의 행위 개념 중 어떤 것에 부합하는지 혹은 그렇지 않은지의 여부를 따져보았을 때, 아마도 교사의 행위 중 현실에서 가장 적게 드러나면서도 역설적으로 가장 필요하다고 볼 수 있는 것은, 아마도 의사소통적 행위로서의 교사의 행위라고 볼 수 있을 것이다. 널리 알려져 있다시피, Harbermas 또한 여러 유형의 행위 중 가장 이상적인 행위의 형태로서 의사소통적 행위를 제시하며 그것에 천착한다.

그런데, 교사들이 학부모들과 소통할 때, 의사소통적으로 행위하고 싶지 않은 것은 아닐 것이다. 그렇다면 왜 교사들은 학부모와의 소통에서 의사소통적으로 행위하지 못하는 것일까? 교사의 의사소통적 행위를 저해하는 문제적 상황이 있다. 그중 하나는 교사가 학교 시스템 안에서 계산적이고 형식적인 합리성을 지닐 것을 요구받는다는 점이다. 재화 및 서비스 제공과 이용의 장으로서의 학교는 교사에게 자본주의 경제의 성립을 위한 계산적인 합리성을 요구하며, 행정 체제의 일환으로서의 학교는 교사에게 관료적 국가 행정조직의 존립을 위한 형식적인 합리성을 요구한다. 이러한 요구 속에서, 교사가 인간의 상호이해를 위한 의사소통적 합리성을 갖추고 그것을 교사─학부모 관계에서 우선적으로 발휘하는 것은 쉽지 않다.

다른 하나는, 의사소통적 행위가 교사─학부모 관계의 이상적 모델 중 하나일 수는 있겠지만 과연 그것이 현실적으로 가능한지에 대해서는 의문의 여지가 있다는 점이다. 모든 인간의 일이 그러하듯 교사와 학부모 사이에서 벌어지는 일은 그리 쉽게 단순화할 수 없고, 그들 간의 대화가 마냥 온건하며 타협적이리라는 보장 또한 없다. 그리고 교사─학부모 관계에서 이루어지는 대화 중 어느 선까지를 공적 화용─의사소통적 합리성을 보증하는 대화로서 진리성·정당성·진실

성의 범주에 해당하는 대화—이라고 인정할 수 있는 것인지도 불분명하다. 또, 그러한 식의 합리성을 상정하는 것이 혹시 '유토피아적인 전체주의'(비상식적이고 비이성적이며 비정상적인 것으로 여겨지는 주체(집단) — 그것이 교사이든 학부모이든—의 배제 혹은 주변화)로서 비판받을만한 일이 되지는 않을지에 대해서도 고민해볼 필요가 있다.

네 번째 이야기: 빈말 vs 진심 어린 대화

교사와 학부모 사이에서 교육과 관련한 진솔하고 속 깊은 대화는 어느 정도 가능할까? 불가능한 것은 아니겠지만, 쉬운 일 또한 아닌 듯싶다. 적어도 교사의 입장에서는 말이다. 동료교사들과 대화를 하다 보면, 그들은 학부모에게 어떤 말을 정말 하고 싶었는데 그럴 수가 없었다는 말을 빈번하게 하곤 한다.

교사가 학부모를 만났을 때, 진심으로 나누고 싶은 대화는 무엇일까? 이제까지 겪어본 바, 그것은 대부분 아이의 성장을 위해 학부모가 알았으면 하는 것과 관련된 대화이다. 주제는 보통 두 가지인데, 하나는 교사가 지켜본 아이의 현 실태에 대한 것이다. 상술하자면 인성, 생활태도, 언어습관, 또래관계, 학습능력, 건강 등과 관련하여 아이가 학급 내 역동 속에서 이러이러한 모습을 보여주었고, 그것이 학급의 분위기와 교육활동에까지 연관된다는 것이다. 다른 하나는 학부모에게 이렇게 해주셔라 하는 부탁이다. 아이의 변화와 성장이 이루어졌으면 하는데, 학교에서 교사의 힘만으로는 되지 않는 부분이 있으니 가정에서의 협력과 지도가 있었으면 한다는 것이다.

이 주제들과 관련하여, 교사가 판단하기에 사안의 심각성이 크지 않다면 교사들은 전하고 싶은 바를 요령껏 잘 전달한다. 그러나 사안이 다소 중차대하고 예민한 성격을 띤다면, 교사들은 학부모에게 대화 요청하는 것을 꺼린다. 그러다가 어찌어찌하여 계기가 생기거나 계기를 만들어 전하고 싶은 바를 학부모에게 잘 전하는 날이 오면, 나의 동료교사들은 뭔가 해야 할 도리를 했다거나 드디어 성공했다는 투로 큰 기쁨을 표하곤 했다. 아이와 관련하여 학부모들 귀에 쓴소리를 하는 것이 교사에게 굉장히 힘든 일인 것이다.

반면, 교사가 큰 고민 없이도 학부모에게 어렵지 않게 건넬 수 있는 말들이 있다. 첫째는 아이에 대한 칭찬의 말로, 아이가 드러내는 여러 면 중에서 "아이의 좋은 점만" 말하거나, 좋은 점 위주로 말하거나, 좋은 점부터 말하는 것이다. 둘째는 곁다리를 짚는 이야기로, 아이의 외양 변화나, 재미있는 에피소드 등을 학부모에게 언급해주며, 자신이 아이의 사소한 부분까지 이 정도로 관심을 갖고 있음을 학부모에게 어필하는 것이다. 셋째, 자신의 프로페셔널함이나 인간적인 됨됨이를 드러내는 말로, 학교 생활 매뉴얼이나 수업 및 과제 관련된 안내를 치밀하게 제시한다거나, 학부모의 마음을 움직일 만한 감성적인 "썰"을 풂으로써, 학부모가 직관적으로 교사 자신을 유능하고 친절한 좋은 사람이라고 느끼고 "[교사 자신의] 편이 될 수 있게" 말을 하는 것이다.

그렇다면 교사들은 왜 학부모들과 진심으로 나누고 싶은 대화는 하기 어려워하면서, 위와 같은 말들을 위주로 대화하게 되는 것일까? 그 이유를 크게 네 가지 측면에서 제시해보려 한다.

첫째, 교사 자신과 학부모 사이에서 벌어질 갈등과 그로 인한 피해를 피하기 위함이다. 교사들은 자신의 말로 인해 학부모의 기분이 나빠지는 것을 염려하여 진정으로 할 말을 하지 못한다. 기본적으로 교사들은 자신이든 상대방이든 부정적인 감정 상태에 놓이는 것을 좋아하지 않는 경향이 있다. 또 교사가 학부모들에게 쓴소리를 했을 때 그것이 행정 민원이나 사법적 고소의 소지가 되어 교사를 난처하게 만들고 괴롭힐 가능성이 있음을 안다. 교사 입장에서는 자신의 발언에 대한 아무런 보호장치도 없는데 불편함과 위험을 무릅써가며 학부모와 진심 어린 대화를 나눌 이유가 없는 것이다.

둘째, 학부모로 인해 교사 자신의 자긍심을 훼손당하고 싶지 않기 때문이다. 교사들은 보통 자기 나름의 도덕적 직업적 완벽주의(옳음과 무결함)를 표방한다. 그럼에도 불구하고 교사에게 인간으로서 지니는 본연의 나약함과 미흡함이 없을 수는 없으며, 때로는 교육 실천의 장면에서 교사 개인의 수준에서는 감당하거나 해결할 수 없는 문제상황에 봉착하기도 한다. 그러나 학부모에게 있어 교사의 이러한 면모들은 쉽게 수용되지 않으며, 좌우지간 교사의 무책임이나 무능력으로 해석되곤 한다. 학부모에게 포착된 교사의 빈틈은 교사에 대한 학부모의 불신, 비난, 월권[1] 등의 화살이 되어 돌아오는 경우가 많은 터라, 교사들은 학부모와의 대화 시 아이를 가르치는 과정에서 맞닥뜨리게 된 자기 이면의 나약함과 미흡함, 자신이 처한 상황의 부조리함과 그로 인한 곤란함을 무의식적으로 회피하거나, 의식할 경우라도 그것을 학부모에게 최대한 드러내지 않으려 하는 것이다.

셋째, 교사가 학부모의 정황과 속내를 파악하는 데에 한계가 있기 때문이다. 우선 시대적 흐름에 따라 사생활 침해 및 개인정보 보호가 민감하게 다루어지고 COVID-19로 인하여 대면 활동이 위축되면

---

1) 교사에게 꼭 필요한 것일지 모를 학부모의 조언임에도 불구하고 이런 식으로 해석하는 경우 또한 있다.

서, 교사가 아이의 가정 상황과 학부모에 대하여 알 수 있는 정보들이 대폭 줄어들었다.[2] 그러니, 교사─학부모 간 깊은 이해를 바탕으로 한 상호작용은 일어나기 어렵게 되었다. 또, 학부모가 교사 앞에서 자신의 모든 모습을 드러내는 것은 아니다. 교사 앞에서의 모습과 교사가 없는 곳에서의 학부모의 모습이 다른 것이다. 이에, 교사들은 학부모를 "언제든 수틀리면 등 돌릴 수 있는 존재"라 상정하고, 학부모에 대해 막연한 불신과 불안감을 가지며, 학부모에 대한 경계를 내려놓지 못한 채 학부모를 상대하는 것이다.

넷째, 교사와 학부모가 공유 및 교류 가능한 교육의 장이 부족하기 때문이다. 학교에서 펼쳐지는 학부모 참여의 장은 대다수의 교사에게 있어서 나 또는 우리의 장이 아닌 그들의 장으로 여겨지곤 한다. 일단 교사의 니즈와 학부모의 니즈가 완전히 동일할 수 없는데 위의 장들이 학부모의 니즈를 충족시키기 위해 열리는 경우가 대부분인데다, 학교 내 학부모 참여의 장들이 교육 외적인 목적으로 ─ 특히 학부모의 법적, 제도적, 행정적, 정치적, 사회복지적, 의학적, 정보 획득적 참여를 보장하는 것 위주의 목적으로 ─ 열리는 경우가 많고, 이러한 장에서는 교육공동체 구성원들의 교육활동을 미시적 실제적으로 통찰, 반성, 개선하는 것과 관련된 대화가 이루어지기 어렵기 때문이다.

이러한 까닭에, 학교 현장에서 교사와 학부모들 간에 이루어지는 대화는 주로 다소 가볍고 형식적이고 표면적인 형태로 이루어진다. 진솔하고 속 깊은 대화를 나누기 어려운 교사와 학부모 사이에서는 '빈

---

2) 물론 가정과 학부모에 대한 정보들은 선입견을 만들 우려가 있지만, 그 선입견이 마냥 부정적인 성격을 띠어 아이에게 낙인을 찍는 방식으로 활용되는 것만은 아니다.

말(Gerede)'만이 맴돌고 퍼진다. 오고 가는 '빈말' 속에서 교사와 학부모는 "교육"을 이야기하지만, 설령 그것이 '거짓'은 아닐지언정 진정한 의미에서의 '교육'에 대해서는 이야기하지는 못하게 된다.

그러나 교사와 학부모 사이에서 이루어지는 '빈말'을 무조건적으로 없앨 수도 없고, 그래야만 하는 것도 아니다. '빈말'은 그 한계에도 불구하고 가능성 또한 지니고 있다. 진정한 의미에서의 '교육'에 대한 대화는 일상적으로 주고받는 '빈말' 안에서, '빈말'로부터, 그리고 빈말에 대항하여 생성되기 때문이다. 그리고 무엇보다 중요한 것은 그러한 가능성을 개진할 수 있는지의 여부는 결국 교사들 그리고 학부모들의 손에 달려있다는 것이다.

새로운 교사-학부모 관계를 위하여

지금까지, 교사-학부모 관계와 관련한 교사의 속사정을 살펴보았다. 이 글에서 등장한 문제적 현상들을 자세히 들여다보면, 우리는 교사-학부모 관계에서 발생하는 문제들이 단순히 개별 교사의 노력 부족이나 무능력 혹은 무책임 등 미시적 차원의 결함으로 인한 것이라고만 보기는 어렵다는 것을 알 수 있다. 교사-학부모 간의 문제는 모종의 구조적 한계를 지닌 우리 사회와 학교교육 시스템 및 제도가 조장하고 양산하는 관계 상황으로 인해 불거질 수밖에 없는 문제이며, 그렇기에 교사-학부모 관계 개선을 위해서는 교사가 직면하는 관계 상황에 영향을 미치는 우리 사회의 성숙과 학교교육 시스템 및 제도의 개편 등 거시적 차원의 구조 변화가 동반되어야 한다.

그러나 그렇다 하여 이 연구가 단순히 구조와 주체 중 구조의 우위와 주체의 열세를 이야기하고자 하는 것은 아니다. 즉, 교사－학부모 관계 관련 초등교사 문화가 그러한 것은 우리 사회, 그리고 학교교육 시스템 및 제도 탓이므로 미약한 교사의 힘으로는 어찌할 수 없는 일이라고 체념하고 합리화한다거나, 교사－학부모 관계에서 교사가 취한 판단과 선택을 무비판적, 일방적으로 옹호하려는 것은 아니다.

우리가 함께 고민하여 이룩할 지점은, 앞서 언급한 어찌할 수 없음에도 불구하고 교사－학부모 관계 관련 초등교사 문화의 새로운 가능태(potentiality)를 찾는 것, 더 나은 교사－학부모 관계를 구축해나가기 위하여 우리의 의지로 무언가를 할 수 있고 해야만 한다면 그것이 무엇인지 찾고 행하는 것일 터이다. 이를테면, 교사－학부모 관계에 대한 생성적이고 긍정적인 담론을 구축하고자 하는 학술적 노력, 그러한 담론의 구축을 가능하게 만드는 교사 주체 및 학부모 주체의 출현과 그들 존재의 발견을 위한 실천적 노력이 필요한 것이다.

조용환(2014). 좋은 질적 연구자가 되기 위한 자기 점검. 2014 한국교육인류학회 하계워크숍 자료집.

조광제(2013). 존재의 충만, 간극의 현존2: 장 폴 사르트르의『존재와 무』강해. 서울: 그린비.

Flyvbjerg, B. (2014). *Making social science matter : why social inquiry fails and how it can succeed again.* New York : Cambridge University Press.

Heidegger, M. (1927/1979). *Sein und zeit.* Tubingen: Max Niemeyer Verlag GmbH. 이기상 역. (1997). 존재와 시간. 서울: 까치글방.

Heidegger, M. (2003). *Holzwege.* 신상희 역. (2007). 숲길. 파주: 나남.

Harbermas, J. (1981/1987a). *Theories des kommunikativen Handelns: Handlungsrationalitat und gessellschaftliche Rationalisierung.* Berlin: suhrkamp verlag. 장춘익 역. (2006). 의사소통행위이론 1: 행위합리성과 사회합리화. 파주: 나남.

Harbermas, J. (1981/1987b). *Theories des kommunikativen Handelns: Handlungsrationalitat und gessellschaftliche Rationalisierung.* Berlin: suhrkamp verlag. 장춘익 역. (2006). 의사소통행위이론 2: 기능주의적 이성 비판을 위하여. 파주: 나남.

Merleau−Ponty, M.(1964). *Le visible et l'invisible.* Paris: Gallimard. 남수인·최의영 역. (2004). 보이는 것과 보이지 않는 것. 서울: 동문선

05
학부모와 교사
- 현장에서의 느낀 점을 중심으로

양윤호_청라초등학교 교사

올해도 무사히

과거부터 유교문화권인 대한민국에서는 교사의 역할과 존재감이
꽤나 높았다. 군사부일체(君師父一體)라는 말에서도 알 수 있듯이 교사
는 존중받는 직업으로 여겨졌다. 그러나 최근 몇 년간 교사와 학부모
간의 갈등이 점점 심화되고 있는 모습을 볼 수 있다. 이러한 갈등 현
상은 대한민국뿐만 아니라 다른 국가의 교육 현장에서도 종종 발생하
는 문제이다.

과거 70~80년대에는 학부모들이 학교의 교육과정에 대해 교사에
게 전권을 일임하고, 학교에 대한 관심을 가지지 않는 경우가 많았다.
학생들을 학교에 보내면 교사들이 적절한 교육을 제공할 것이라 믿고
있었고, 학부모들이 학교에 방문하는 경우는 학생들이 문제상황에 처
한 경우에 한정되었다. 학부모들이 학교에 오는 행사는 주로 운동회나
학부모 공개수업 정도였다. 30대 초등교사인 필자 또한 90년대에 학

창시절을 보냈는데, 그 당시에는 제 부모님께서 학교에 오는 일은 매우 드물었다. 학교에서 제공하는 교육이 충분하고 학생들의 성적이 좋다면 학부모들은 추가적인 개입 없이 교사들에게 교육을 맡기는 것이 일반적이었다.

그러나 최근 몇 년간 학부모들의 교육에 대한 요구와 기대가 증가하면서 교사와 학부모 간의 갈등이 더욱 심화되고 있다. 학부모들은 자녀의 교육에 적극적으로 개입하고자 하며, 자녀의 학업 성취도와 행복감을 높이기 위해 교사들에게 더 많은 책임과 결과를 요구하는 경향이 있다. 이는 교사들에게 부담이 될 수 있으며, 때로는 갈등을 야기하기도 한다.

이러한 교사와 학부모 간의 갈등은 교육 현장에서 중요한 문제로 인식되고 있으며, 이를 해결하기 위해 교육 당국과 학부모, 교사, 학생들이 협력하여 노력해야 한다. 상호 간의 이해와 소통을 강화하고, 교육 목표와 가치를 공유하는 공간을 마련하는 등의 노력이 필요하다. 교사와 학부모는 서로의 역할과 책임을 인식하고 협력하여 학생들의 성장과 발전을 도모하는 데 힘써야 한다.

최근 학교 내부의 동향을 살펴보면, 학부모들이 학교 교육과정에 더 많이 참여하고 다양한 학교 행사에 참여할 수 있는 기회가 늘어나고 있다. 이로 인해 다양한 문제가 발생하고 있는 것으로 보인다. 교사와 학부모 간의 갈등의 양상이 점점 다양해지고, 감정적인 대화와 충돌이 빈번해지고 있는 것으로 보이는데, 특히 작년인 2023년은 이러한 갈등들이 본격적으로 수면 위로 드러났던 한 해였다. 작년에는 전국적으로 지역을 막론하고 학부모의 민원 문제, 아동학대로 인한 무분별한 고소, 불법 녹음과 수업권 침해 등 다양한 분야에서 교사들의 불만이 표출되었다. 이러한 문제들은 교사들에게 큰 부담과 스트레스를 야기할 수 있으며, 교육 현장의 조화롭고 효과적인 운영을 방해할 수 있다. 이러한 갈등과 문제들을 해결하기 위해서는 상호 간의 이해와 소통이 필요하다. 학부모와 교사는 서로의 입장과 역할을 존중하고 이해하며, 상호간에 소통 경로를 개선하고 갈등을 조정할 수 있는 방안을 모색해야 한다. 교육 당국은 이러한 갈등 상황을 인식하고, 학부모와 교사 간의 원활한 소통을 지원하고 지원 체계를 구축하는 등의 역할을 수행해야 한다. 또한 학교 내부에서는 학부모들의 참여를 활성화시키면서도 교사들의 업무 부담을 완화할 수 있는 방법을 모색해야 한다. 이를 위해서는 교육 현장의 다양한 이해관계자들과의 협력과 지원이 필요하다.

필자가 주장하고 싶은 바는 학생들의 학습과 성장을 최우선으로 하는 마음가짐으로 학부모와 교사가 협력해야 한다는 것이다. 이를 통해 교육 현장에서의 갈등을 최소화하고, 학생들이 품격 있는 교육을 받을 수 있는 좋은 환경을 조성할 수 있을 것이다.

10년차 교사가 된 지금, 학년을 마치면 '올해는 운이 좋았다'라며 덜 민감한 학부모님들을 만나게 되는 것에 감사하며, 학부모들과의 관계가 악화되어 동료 교사들이 떠나보낸 사례들은 운이 좋지 않았던 것 같다고 생각해왔다. 그러나 이러한 상황이 전국적으로 대다수의 교사들에게 발생하고 있으며, 기존의 사회 구성원들이 갖고 있는 '선생님이니까 참아야지'라는 성직관에 입각한 말로는 이미 전국의 많은 교사들이 받은 상처를 더 이상 봉합하기 어려운 상황이다.

이러한 문제를 해결하기 위해 주변 사례와 교사 커뮤니티 등에서 올라온 교사와 학부모 간의 갈등 사례를 조사하여 왜 이러한 갈등이 발생하고 있는지, 교사들이 어떤 문제에 특히 어려움을 겪고 있는지, 그리고 갈등을 해결한 좋은 사례에는 어떤 것들이 있는지 알아보고자 한다. 다음에 등장하는 세 가지 상황들은 주변에서 수집한 사례이며, 특정 지명이나 이름 등은 직접적인 관련이 없고 독자의 이해와 편의를 위해 1인칭 시점으로 기술되었음을 밝힌다. 이를 통해 교사와 학부모 간의 갈등에 대한 이해를 높이고, 문제 해결을 위한 방안을 모색하고자 한다.

연중무휴[年中無休] 콜센터

늦은 오후 11시, 밤의 적막을 깨우는 벨소리가 방을 울렸다. 피곤한 몸을 일으키고 전화를 받으니 우리 반에서 가장 불만이 많다고 알려진 김○○학생의 어머니의 목소리가 전화기 너머에서 들려왔다. "선생님, 늦은 시간에 죄송합니다. 아이가 도무지 말을 듣지 않아서요. 이 시간에 휴대폰을 하는 것은 잘못된 행동이라고 선생님께서 야단쳐 주세요."

이런 일이 처음이 아니었다. 김○○ 학생의 어머니는 맞벌이로 인해 늦게 집에 오시는 편인데, 아이를 제대로 훈육하지 못하고 계셨다. 특히 작년에는 아이를 혼내다가 경찰에게 아동학대로 신고를 당하셨던 일이 있어서 더욱 신경이 쓰이는 상황이었다. 이런 상황에서도 교사로서 나는 아이를 어루만지고 달래며 중재자 역할을 하게 되었다.

최근 학교에서는 투넘버 시스템을 도입하여 교사들에게 두 개의 전화번호를 제공해주고 있다. 이러한 시스템은 학부모들과의 소통을 최소화하게 하기 위한 것이지만, 역설적이게도 오히려 휴대폰을 두 개

가지고 다녀야 한다는 어긋난 결과를 초래하였다. 퇴근 시간 이후에도 연락을 받지 말라는 취지의 제도와는 어긋나는 상황이다. 물론, 학부모들이 자신의 아이가 친구에게 폭력을 당하거나 심각한 상황을 겪게 된다면 다음 날을 기다리는 것은 어려울 것이다. 그러나 교사 개개인이 모든 민원을 책임지는 현재의 시스템에서는 24시간 콜센터가 된 것처럼 항상 대기하고 있어야 학부모들의 불만을 잠재울 수 있다는 것이 현실이다. 교사 각자가 학생들의 안전과 학부모들과의 소통을 담당하는 역할을 수행하면서도 교육 업무를 수행해야 하는 어려움이 있다.

이러한 상황에서는 학교 측에서 학부모들과의 소통을 위한 대안을 모색해야 한다. 예를 들어, 학부모들에게 긴급 상황이 발생했을 때 연락할 수 있는 비상 연락망을 제공하거나, 문제 상황에 대한 사전 계획 및 대응 방안을 학부모들과 공유하는 등의 조치를 취할 수 있다. 또한, 학교와 학부모 간의 소통을 원활하게 할 수 있는 온라인 플랫폼이나 앱을 활용하여 학부모들과의 소통을 간편하게 할 수도 있다. 이러한 조치를 통해 학교와 학부모 간의 소통과 역할 분담을 강화하면서, 학부모들의 불만을 줄일 수 있을 것이다. 학부모들과의 소통과 협력은 학생들의 좋은 방향으로의 발달과 안전한 교육 환경 조성을 위해 매우 중요하다. 따라서 학교 측에서는 학부모들과의 소통을 위한 적절한 대안을 마련하고, 교사와 학부모들이 서로 협력하여 학생들의 안전과 발달에 힘쓸 수 있도록 지원해야 한다.

교사 외의 다른 민원을 받는 직종들은 대부분 당직 근무자가 있어 근무 시간 외의 각종 민원에 대응하는 시스템을 가지고 있다. 그러나 학교 시스템은 끊임없이 학부모와 교사가 연결되어 있기를 바라고 있다. 학급 SNS 개설이 학기 초에 가장 먼저 이루어지는 것은 최근 교육 트렌드를 반영하고 있다고 할 수 있다. 물론 SNS를 활용하는 것은 많은 장점을 가지고 있다. 학교의 교육 활동을 따로 홍보하지 않아도 학부모들에게 효과적으로 전달할 수 있으며, 개개인에게 연락을 돌릴 수고도 공지글 한 번으로 전달할 수 있게 된다. 이러한 편리함으로 인해 교사들은 학부모들과 쉽게 소통하고 교육 정보를 공유할 수 있다. 하지만 반대로 교사의 개인적인 시간 또한 굉장히 많이 침해를 받을 수 있다. 특히 환절기나 감염병이 유행하는 시기에는 아침마다 휴대폰의 알람 대신 아침 일찍 울리는 결석 통보 전화에 마땅한 휴식시간마저 보장받지 못하기도 한다. 따라서 이런 문제를 해결하기 위해 교육 당국은 교사 개인의 시간과 휴식을 보호하기 위한 대안을 모색해야 한다. 학교 측에서는 교사의 휴식 시간을 존중하고, 교사 개인의 휴대폰이 아닌 다른 매체를 통해 중요한 통보나 긴급 사항을 전달할 수 있는 시스템을 구축할 필요가 있다. 또한, 학부모들에게 교사의 개인 시간을 존중하는 역할을 강조하고, 긴급 사항이 아닌 경우 적절한 시간에 문의하도록 안내하는 등의 조치를 취할 수 있다. 교사 개인의 시간과 휴식을 존중하면서도 학부모들과의 소통과 협력을 유지하는 방안을 모색해야 한다. 학교와 학부모 간의 소통은 중요하지만, 교사의 개인적인 시간과 휴식 역시 중요한 요소이다. 학교 측에서는 교사와 학부모들이 서로 존중하며 상호 협력하는 교육 환경을 조성하고, 교사 개인의 시간을 보호하는 조치를 취해야 한다.

학교에 출근을 한다고 해서 교사들이 연락들로부터 자유로워지는 것은 현실적으로는 어렵다. 교사는 한 명이지만 학부모들은 다수이기 때문에 수업 시간에도 종종 연락을 받게 된다. 실제로 교사들은 수업 중에도 학부모들로부터 연락이 오는 경우가 흔히 발생한다. 과거에는 연락을 잘 받지 않는다는 이유로 교육청에 민원이 자주 접수되었고, 이에 따라 교사들 사이에서 스마트 워치(시계형 스마트 기기)를 구매하여 알림을 잘 확인할 수 있도록 웃지 못 할 유행이 돌기도 했었다. 그러나 이제는 이러한 대응도 효과가 떨어지는 상황이 되었다. 교사들은 한 명이지만 학부모들은 다수이기 때문에 연락을 받는 시간이나 상황에 제약을 받을 수밖에 없다.

교사들은 교대 근무를 할 수 없는 상황임을 알고는 있지만, 이른 아침부터 늦은 시간까지의 연락은 교사들이 휴식할 수 있는 시간에도 제대로 쉴 수 없도록 만든다. 현재의 구조는 교사들에게 체력적이나 정신적인 스트레스를 가하고 있으며, 필요한 연락임에도 불구하고 학부모들에게 연락이 올 때 거부감과 부담감을 느끼게 된다. 이러한 상황은 교사들의 체력과 건강에 영향을 미치고, 부담감과 스트레스를 유발할 수 있다. 교사들은 교육과 업무에 충실하면서도 개인적인 휴식과 복지를 보장받을 수 있어야 한다. 학교 시스템은 교사들의 휴식 시간과 개인적인 시간을 존중하고 보호하기 위한 대안을 마련해야 한다. 교사들이 충분한 휴식과 복지를 받을 수 있도록 조치를 취하고, 교사와 학부모들 간의 소통 방식과 시스템을 재고하여 교사들의 부담을 덜어줄 필요가 있다. 학교 시스템은 교사들의 건강과 복지를 중요시하며, 교사들이 자신의 업무를 집중할 수 있도록 지원해야 한다.

지역에 따라 학부모와의 연락을 근무 시간 외에 제한하는 시스템이 구축되어 있는 경우도 있다. 그러나 이런 지역이라고 해서 학부모 민원에 대한 스트레스가 전혀 없는 것은 아니다. 실제로 시간을 제한해 둔 지역에서도 교사들은 학부모와의 문제를 해결하기 위해 상급기관으로 문제를 이관해야 하는 경우가 많이 있다. 이로 인해 교사들은 추가적인 스트레스를 받게 된다. 또한, 수업 시간에 학부모와의 연락으로 인해 다른 학생들의 수업이 침해되는 경우도 있다. 이러한 문제는 주로 출결과 관련된 사안이나 학생 생활에 대한 문제(주로 학교 폭력 사안)로 발생하는 경우가 많다. 이러한 문제를 해결하기 위해서는 현행의 시스템을 개선할 필요가 있다. 최근에는 학교마다 민원 전담팀을 구성하여 담당 교사가 아닌 전담팀이 학부모와의 연락을 대신 받는 방식을 도입하고 있다. 그러나 민원 전담팀도 24시간 운영되는 것은 아니기 때문에 현재 상황에 대한 임시적인 대책일 뿐이며 근본적인 해결책이 되지는 않고 있다. 근무 외 시간에 연락이 오는 문제 중 학급 준비물이나 숙제 내용 확인과 같은 내용은 학급 SNS나 알림장을 통해 안내할 수 있도록 하고, 출결 문제는 학교 내외에서 시스템을 구축하여 교사들의 부담을 줄여주는 조치가 필요하다. 이러한 개선 방안을 통해 교사들의 부담을 줄이고, 학부모와의 소통과 민원 처리를 효율적으로 관리할 수 있도록 학교 시스템을 개선하는 것이 필요하다. 교사들의 업무에 집중할 수 있도록 도움을 주는 동시에 출결 문제와 같은 일상적인 관리 사항을 보다 효과적으로 처리할 수 있는 시스템을 구축하는 것이 중요하다.

마지막으로, 이러한 의사소통의 일방적인 관계로 인해 발생하는 갈등을 해소하고 교사와 학부모의 관계를 회복하는 것이 매우 중요하다고 생각한다. 이를 위해 학생의 성장이라는 공통된 목표를 가지고 교사와 학부모가 1년 동안 협력해 나가는 체계를 구축하는 것이 필요하다.

교사와 학부모는 상호 간의 이해와 존중을 바탕으로 학생의 발달과 교육을 위해 협력해야 한다. 이를 위해 교사와 학부모들은 서로를 동등한 파트너로 인식하고, 학생의 성장과 발달을 위해 함께 노력하는 것이 중요하다. 각자가 주고받는 연락이 서로를 이해하고 지지하는 의미를 가지며, 공통된 목표인 학생의 성장을 위해 하는 것이라는 인식이 정착되어야 한다. 이를 위해 교사와 학부모 간의 소통과 협력을 강화하는 체계를 구축해야 한다. 교사와 학부모 간의 정기적인 회의, 상담 시간, 학교 행사 참여 등을 통해 서로의 의견을 공유하고 상호간의 이해를 도모해야 한다. 또한, 교사와 학부모들은 서로의 역할과 책임을 인식하고, 함께 노력하여 학생의 바람직한 발달과 교육을 위한 환경을 조성해야 한다. 물론 처음에는 정착하기 어렵겠지만 이러한 노력을 통해 교사와 학부모 간의 관계는 점차 성숙해지고, 상호 간의 신뢰와 존중을 기반으로 한 협력적인 관계를 구축할 수 있을 것이다. 이는 학생의 성장과 발달에 긍정적인 영향을 미치며, 교사와 학부모들이 함께하는 교육 공동체를 형성하는 데 도움이 될 것이다. 학생의 성장을 위해 학부모와 교사가 서로 협력하고 지지하는 관계를 구축하는 것은 교육의 핵심 가치를 실현하는 중요한 과정이 될 것이라고 믿어 의심치 않는다.

보육인가, 교육인가?

최근에는 저학년 아이들을 교육하면서 보육과 교육의 경계가 희미해지는 경우가 많이 보인다. 특히, 과거에는 '가정교육'이라고 불리는 기본적인 생활 습관 교육이 가정에서 주로 이루어졌지만, 이제는 가정에서 이러한 교육이 부족한 것으로 보인다. 이러한 문제는 저학년뿐만 아니라 고학년에서도 종종 나타나며, 사회적으로 큰 이슈가 되는 사건들이 발생할 때마다 학교에서 새로운 교육 내용을 추가하려는 경향이 있다. 예를 들어, 세월호 참사 이후 생존수영 교육이 교육과정에 도입되었고, 마약과 관련된 뉴스가 늘어나면서 관련 교육이 이루어지기도 한다. 이러한 사회적 이슈에 따라 학교에서는 계속해서 새로운 교육 내용을 추가하고 있다. 학교는 학생들의 올바른 발달을 위해 필요한 교육을 제공하는 공간이지만, 일부 학부모들은 이제는 가정에서 해야 할 교육까지도 학교에 의존하는 경향이 있다. 물론 가정에서 이런 교육이 제대로 이루어지는 것은 현실적으로 어려움이 있을 수 있는데 가정에서의 어려움에 대해 몇 가지 주요한 이유를 살펴보겠다.

첫 번째로 시간과 일상의 제약을 이유로 들 수 있다. 현대 사회에서 학부모들은 바쁜 일정과 업무로 인해 충분한 시간을 가정에서의 교육에 할애하기 어려울 수 있다. 업무와 가정 생활의 균형을 맞추는 것이 어려워서 가정에서의 교육에 충분한 시간과 노력을 투자하기 어렵다는 것이다.

두 번째로 부모의 교육 지식과 자원이 부족하다는 점이다. 일부 학부모들은 자녀의 교육에 대한 충분한 지식과 자원을 갖지 못할 수 있다. 교육 방법이나 적절한 학습 자료를 활용하는 방법에 대한 정보나 자원이 부족하여 가정에서의 교육을 어렵게 만들 수 있다.

마지막으로 경제적인 어려움이 있는 가정이 있을 수 있다. 가정의 경제적인 어려움으로 인해 교육 자원을 구비하기 어려울 수 있다. 학습 자료나 교육에 필요한 도구, 교육 프로그램 등을 구매하는 것이 어렵거나 제한되는 경우, 가정에서의 교육이 부족해질 수 있다. 이러한 이유들로 인해 가정에서의 교육이 부족해지는 경우가 있다. 이러한 문제들을 인식하고, 학부모들을 지원하고 교육 자원을 제공하는 제도나 프로그램을 개발하여 가정에서의 교육을 강화할 필요가 있다. 또한, 학교와 가정 간의 소통과 협력을 강화하여 가정에서의 교육이 보다 효과적으로 이루어질 수 있도록 돕는 것도 중요하다.

교육이 가정에서 충분히 이루어지지 않는 경우, 학생들에게 여러 가지 부정적인 영향을 미칠 수 있다. 다음은 일반적으로 나타날 수 있는 영향이다. 우선 학업 성취도가 낮게 나올 수 있다. 가정에서의 교육이 부족하면 학생들이 필요한 학습 지원과 도움을 받기 어려울 수 있다. 이는 학업 성취도의 저하로 이어질 수 있으며, 학생들이 필요한 기초적인 학습 기술과 지식을 습득하는 데 어려움을 겪을 수 있다. 또한 생활 습관이 제대로 형성되지 못한다. 가정에서의 교육은 생활 습관 형성에 큰 영향을 준다. 따라서 가정에서 적절한 교육이 이루어지지 않으면 학생들이 규칙적인 일상 생활, 청결 및 건강 관리 등의 기본적인 생활 습관을 제대로 형성하지 못할 수 있다. 사회적, 동료 관계에서도 어려움을 겪을 수 있게 된다. 가정에서의 교육이 부족한 경우, 학생들은 사회적인 교류 및 동료 관계 형성에 어려움을 겪을 수 있다. 적절한 사회 교육이 이루어지지 않으면 친구들과의 관계 형성, 협력과 소통 능력 등 사회적 기술을 습득하기 어려울 수 있다.

마지막으로 문제 해결 및 창의적 사고 능력에 악영향을 미친다. 가정에서의 교육은 학생들의 문제 해결 및 창의적 사고 능력을 발전시키는 데 중요한 역할을 한다. 가정에서의 교육이 부족하면 문제 해결 능력과 창의력의 발달에 제약이 생길 수 있다.

이러한 부정적인 영향들은 학생들의 문제 행동을 유발하고, 이로 인해 학부모와 교사 간의 책임 소재 문제로까지 번질 수 있다. 특히 현재 교사들이 학생의 행동을 교정하는 데 제한이 많아지면서, 학생의 문제 행동 하나가 반 전체에 영향을 미치고 많은 피해자를 만들기도 한다. 이러한 학생들의 행동 교정을 위해 교사와 학부모는 서로 책임을 회피하는 것이 아니라 해결 방안을 마련하고, 함께 노력해야 한다. 이를 위해 몇 가지 방안을 제시해보고자 한다.

교사와 학부모는 문제 행동을 보이는 학생들의 교정에 대한 책임을 공유해야 한다. 서로 협력하여 문제 행동의 원인을 파악하고, 개별적이고 조정적인 대응 방법을 찾아야 한다. 교사는 학생들의 행동을 관찰하고 평가함으로써 문제 행동의 패턴과 원인을 파악할 수 있다. 학부모는 자녀의 가정환경과 개인적인 요인을 고려하여 문제 행동을 이해하고, 학교와의 소통을 통해 문제 해결에 기여할 수 있다.

또한, 학교와 학부모 간의 소통과 협력을 강화해야 한다. 교사와 학부모는 정기적인 회의나 상담을 통해 학생의 문제 행동에 대한 정보를 공유하고, 함께 대응 방안을 모색할 수 있다. 학부모는 학교에서 제공하는 지원 프로그램이나 교육 자료를 활용하여 가정에서의 교육을 보완할 수 있고, 교사는 학부모의 관찰과 의견을 수용하여 학생들의 행동 교정에 도움을 받을 수 있다.

마지막으로, 학생의 행동 교정을 위해 학교와 학부모는 학생들에게 적절한 지도와 지원을 제공해야 한다. 학생들에게는 문제 해결과 감정 조절, 사회적 기술 등을 습득할 수 있는 교육 프로그램이나 활동을 제공하여 자기 조절 능력을 향상시킬 수 있다. 학교와 학부모는 학생들의 행동 교정을 위한 서로의 역할과 책임을 명확히 하고, 함께 노력하여 학생들의 행동과 전반적인 발달에 긍정적인 영향을 미칠 수 있도록 해야 한다. 이러한 노력을 통해 학교와 학부모는 문제 행동을 가진 학생들의 행동 교정에 대한 책임을 공유하고, 학생들의 온전한 발달을 도모할 수 있다. 문제 해결과 소통을 통해 학생들의 행동 교정에 대한 해결 방안을 찾아내는 것이 중요하다.

아동학대와 교사, 그리고 브로커

우리 학교에서는 최근에 젓가락질을 못하는 아이들이 증가하는 경향을 보이고 있다. 이런 현상은 저학년부터 고학년까지 흔히 나타나고 있다. 예전에는 점심시간에는 선생님들이 아이들을 지도하고, 아이들이 조금 더 먹을 수 있도록 잔반을 도와주는 모습이 자주 보였다. 그러나 최근에는 그 어떤 지도조차도 이루어지지 않는 상황이다. 최근에는 식사 중 아이가 싫어하는 반찬을 억지로 먹였다는 이유로 같은 학교의 선생님이 경찰 조사를 받는 사건이 있었는데, 이러한 상황은 매우 좋지 않다고 볼 수 있다. 특히 아동학대와 관련된 사안은 가해자와 피해자를 분리조치하는 것이 원칙이기 때문에 즉각적으로 담임교사의 직위가 해제되고, 현재는 휴직 상태로 법정 싸움을 하고 계신다. 물론 법원에서 무죄 판결이 나더라도 항소와 상고 등 더 큰 난관이 기다리고 있는 현실이다.

이러한 상황은 학교 교육에 많은 도움이 되고 있는지 의문이 든다. 아동학대와 관련된 사안은 미확정 상태에서 가해자와 피해자를 분리하는 것이 원칙이기 때문에 담임교사의 직위가 해제되는 경우가 많다. 이는 교사들의 자신감을 훼손하고, 교사들이 교육에 열정을 가지기 어렵게 만들 수 있다. 이러한 상황에서 학교 교육 활동에 제한이 생기고 있다. 최근에는 교사들이 정해진 교과서 외에는 다른 수업을 최대한 하지 않는 것을 논의하고 있다. 학부모들이 교사를 아동학대로 고소한다면 유죄추정의 원칙이 적용되는 실정이기 때문이다. 학부모들이 "신문고에 올리겠습니다"라는 말을 자주 사용하는데, 현행 시스템상에서는 사실 여부와 상관없이 교사에 대한 악성 민원이 접수되면 무조건적으로 답변을 하게 된다. 이로 인해 교사들은 정해진 활동 외에는 다른 것들을 하기 어려운 현실이 있다. 실제로도 체육 수업시간에 다른 아이가 던진 공에 다른 학생이 크게 다치는 사건이 발생한 후 체육교사가 업무상 과실치상 혐의로 고소당한 일이 있었다. 이 사건은 업무상 과실치상죄로 고소되었지만, 현재 교육현장에서는 이뿐만 아니라 교사들이 진행하는 어떤 교육활동도 정서적 아동학대로 신고를 당할 위험에 처해 있다. 이 때문에 요즘 교사들 사이에서는 교육활동을 할 때 정해진 교과서 외에 다른 수업을 최대한 하지 않는 것이 논의되고 있다. 이는 학부모들이 교사를 아동학대로 고소할 수 있는 상황을 피하기 위한 조치이다. 학부모들은 자신의 아이가 '우리아이 기분상해죄'에 해당한다고 느낄 경우 곧장 신고를 하게 되는데 아동학대죄의 경우 유죄추정의 원칙으로 경찰 조사를 받게 되어 교사들을 특히 압박하고 있다. 또한 학부모들이 교사들에게 가장 많이 하는 말은 "신문고에 올리겠습니다"이다. 현재의 시스템상으로는 사실 여부와 관계없이 교육청 홈페이지나 국민 신문고에 교사에 관한 악성 민원이 접수되면 무조건적으로 답변을 하게 되어 있다. 이로 인해 정해진 활동 외에는 다른 것들을 하기 어려운 현실이 있다.

아동학대에 관련된 소문에 대해 이야기해야 할 것 같다. 몇 년 전부터 돌고 있던 이야기인데, 이는 소위 아동학대 전문 고소 브로커에 관한 것이다. 전문적인 법률가나 비슷한 역할을 하는 브로커들이 학부모들과 소통하여 담임교사를 아동학대(특히 정서적 학대)로 고소하고 합의금의 일부를 수수료로 받는다는 소문이 있었다. 이는 공식적으로 확인된 바는 없지만, 학교 현장에서 이러한 소문이 돈다는 것은 상식적으로 말이 되지 않는 비정상적인 일이 일어나고 있다는 것을 의미한다. 이런 아동학대로 고소가 접수되는 경우 대부분 재판 과정이 매우 길어지는 점을 악용하기도 한다. 대한민국에서는 3심제도를 실시하고 있어 지방법원, 고등법원, 대법원으로 가는 재판의 과정을 거치게 된다. 이로 인해 교사들은 학교에서 재직하면서 법적인 싸움을 하기가 어려운 상황에 처하게 된다. 또한 재판을 받는 동안 가해자와 분리조치가 되기 때문에 경제적, 사회적으로 큰 어려움을 겪게 된다. 브로커들은 이러한 상황을 노리고 거액의 합의금과 함께 '고소 취하'라는 카드를 제시한다. 많은 교사들이 고소를 당했을 때 지치고 지칠 때에 이러한 합의를 받아들이려고 하지만, 이는 오히려 함정이라는 사실을 모르고 있는 경우가 많다. 고소 취하를 하면 민사 과정은 더 이상 진행되지 않지만, 아동학대죄는 형사처벌이 동시에 진행되기 때문에 오히려 합의를 통해 자신의 잘못을 인정한 것으로 해석되어 불리하게 작용할 수 있다. 이러한 사실을 알고 있는 교사들은 많지 않기 때문에 특히 모범생으로 살아온 교사들은 이런 상황에 큰 스트레스를 받게 되며, '아동학대 교사'로 낙인을 찍힌 교사들은 이로 인해 교단을 떠나게 될 수도 있다.

최근에는 한 유명인사인 학부모가 특수교사를 아동학대로 고소하는 사건이 큰 이슈가 되었다. 이러한 사례를 개인의 잘잘못과는 별개로 교사들은 이제 학생들을 대할 때, 불법적으로 녹음을 하는 사람이 있는지, 카메라를 켜고 있는지 등을 노심초사하게 되었다. 특히 초등학교에서는 고학년 학생들을 가르치다 보면 아이들을 지적해야 할 상황이 자주 발생한다. 수업시간에 아이들이 집중하지 않거나 주변 친구와 이야기를 하는 등의 상황에서 교사가 잘못된 행동에 대해 지적하면, 학생들은 "선생님 지금 아동학대 하시는 거예요?"라고 이야기하면서 카메라를 꺼내는 경우가 종종 있다. 이러한 문제 상황에 직면했을 때 교사가 할 수 있는 대처법은 크게 두 가지로 나뉜다. 첫째, 현재 상황을 회피하는 것이고, 둘째, 동일하게 스마트폰 카메라를 들어 같이 녹화하는 방법이다. 그렇다면 이러한 학생들이 스스로 아동학대라고 생각하고 학교에서 이렇게 이야기하고 있는 것일까? 아마도 가정에서도 교사를 신뢰하지 못하고 있을 가능성이 매우 높을 것이다. 교사 또한 아동학대 신고 의무자로서 학부모를 방임으로 고소해서 대응해야 한다는 말이 교사 커뮤니티에서 종종 나오는 상황이다. 학부모와 교사가 서로 감시하고 반목하는 상황에서는 교실에서 좋은 교육활동과 가정교육의 중요성을 받지 못하는 아이들이 방임되고 있는 현실이 있다.

국가적인 차원에서 교육은 가장 중요한 문제로 인식되고 있다. 미래 세대를 짊어질 아이들의 성장과 발달을 위해 교사와 학부모가 서로를 신뢰할 수 있는 새로운 시스템이 만들어져야 한다고 생각한다. 이를 위해서는 교사와 학부모 간의 신뢰를 증진하고, 상호 감시와 반목이 아닌 아이들에게 좋은 교육활동과 가정교육을 제공할 수 있는 환경을 조성해야 한다. 이러한 변화가 이루어질 때, 국가적 차원에서 교육의 중요성이 인식되며 아이들의 성장과 발달에 도움이 될 수 있을 것이다.

함께 마주보는 길

　학부모와 교사 간의 갈등은 교육 현장에서 점점 심화되고 있는 문제이고 꼭 해결되어야만 한다. 물론 현재의 학부모 세대가 기성 교사 세대에게 가지는 반감은 꽤나 큰 것으로 알고 있으며 이는 교육계에 해결해야 할 큰 난관으로 생각된다. 이러한 문제점들이 결국 학부모들로 하여금 학교에 대한 불만을 가지고 다양한 방식으로 표출하게 만들고 있으며 지친 교사들 또한 이에 대응하게 되면서 갈등의 양상이 다양해지고, 감정적으로 서로 응대하게 되는 경우가 늘어나고 있다.

　위에서 제시했던 문제들을 해결하기 위한 방안을 정리해 보도록 하겠다. 학교 측에서 학부모들과의 소통을 강화하고 협력하는 체계를 구축해야 한다. 예를 들어, 긴급 상황이 발생했을 때 연락할 수 있는 비상 연락망을 제공하거나, 문제 상황에 대한 사전 계획 및 대응 방안을 학부모들과 공유하는 등의 조치를 취할 수 있다. 또한, 온라인 플랫폼이나 앱을 활용하여 학부모들과의 소통을 간편하게 할 수도 있다. 이러한 조치를 통해 학교와 학부모 간의 소통과 역할 분담을 강화하면서, 학부모들의 불만을 줄일 수 있을 것이다.

　또한, 교사 개인의 시간과 휴식을 존중하고 보호할 수 있는 대안을 모색해야 한다. 교사 개개인이 모든 민원을 책임지는 현재의 시스템에서는 24시간 콜센터가 된 것처럼 항상 대기하고 있어야 학부모들의 불만을 잠재울 수 있다는 것이 현실이다. 따라서 학교 측에서는 교사의 휴식 시간을 존중하고, 교사 개인의 휴대폰이 아닌 다른 매체를 통해 중요한 통보나 긴급 사항을 전달할 수 있는 시스템을 구축할 필요가 있다.

마지막으로 학부모와 교사 간의 관계를 회복하고 학생의 발달과 교육을 위해 협력하는 것이 중요하다. 교사와 학부모들은 서로를 동등한 파트너로 인식하고, 학생의 성장과 발달을 위해 함께 노력하는 것이 중요하다. 이를 위해 교사와 학부모 간의 소통과 협력을 강화하는 체계를 구축해야 한다. 교사와 학부모 간의 정기적인 회의, 상담 시간, 학교 행사 참여 등을 통해 서로의 의견을 공유하고 상호 간의 이해를 도모해야 한다. 또한, 교사와 학부모들은 서로의 역할과 책임을 인식하고, 함께 노력하여 학생의 바람직한 발달과 교육을 위한 환경을 조성해야 한다.

06

학부모와 교사 간 신뢰 관계
: 엇갈린 기대와 공동의 과제*

이전이_경기도교육연구원 부연구위원

교사 - 학부모의 엇갈린 시선

학교와 가정의 신뢰 형성은 학생의 교육적 성취를 넘어 학교교육의 성공을 예측하는 중요한 요인으로 꼽힌다. 학교와 가정이 협력적 관계를 구축하기 위해서는 교사와 학부모 사이의 긍정적 관계 형성이 핵심이다. 하지만 교사에 대한 우리나라 국민들의 신뢰는 그리 높지 않은 실정이다. '2013 국제 교사 위상 지수 조사'에서 공교육체제에 대한 우리나라 국민들의 신뢰는 10점 만점에서 5점보다 낮은 것으로 나타났는데, 이는 조사 대상인 21개국 가운데 세 번째로 낮은 수치이다 (김이경, 2014). 최근 한국교육개발원에서 실시한 '2021 교육여론조사'에서도 유사한 결과가 확인되었다. 교사의 능력과 자질에 대한 시민들의 신뢰도 평균은 보통 수준인 3점보다 낮은 2.95점으로 나타났으며, 특

---

* 이 장은 저자가 경기도교육연구원에서 수행한 보고서 "학부모와 교사 간 상호 신뢰 향상 방안"의 일부를 재구성한 것임

히 학교 급이 올라감에 따라 교사에 대한 국민들의 신뢰는 더욱 낮아지는 경향을 보였다. 한국에서 교직으로 유입되는 인력이 상당히 우수하다는 평가를 받고 있음을 고려할 때, 교사에 대한 우리 국민들의 낮은 신뢰는 고개를 갸우뚱하게 만드는 지점이 아닐 수 없다.

학부모를 향한 교사의 신뢰 수준 역시 크게 다르지 않아 보인다. 비교적 최근인 2022년에 보도된 KBS 뉴스 기사는 학부모와 교사의 관계가 예전과 사뭇 달라졌음을 실감케 한다. "옆 반 담임선생님의 이름은 '비밀'?"이라는 제목과 함께 실린 구체적인 기사의 내용을 이러했다. 한 학부모가 자녀의 학교폭력 사건과 관련해 가해 학생의 담임인 옆 반 교사가 어떻게 대처했는지 확인하기 위해 학교를 찾았다. 학부모는 처음 마주한 옆 반 교사에게 이름을 물었다. 그런데 이 학부모는 옆 반 교사로부터 "제 이름 알아서 뭐하시게요?"라는 다소 예상치 못한 대답을 들어야 했다. 결국, 이 학부모는 교사 이름을 확인하기 위해 학교에 정보공개를 청구했는데, 학교는 비공개 결정을 내렸다. 취재가 시작되자 학교 측은 학부모 측에 전화를 걸어 해당 교사의 이름을 알려줬다고 한다. 기자는 해당 기사 말미에 학교 측이 비공개 이유로 들었던 공공기관의 정보공개에 관한 법률 제9조(비공개 대상 정보)에 따르면 '직무를 수행한 공무원의 성명·직위'는 공개대상이라는 사실을 언급하며 기사를 마무리지었다.

이렇듯 교사와 학부모의 엇갈린 시선은 무엇을 말해주고 있는가? 이 장에서는 학부모와 교사 간 신뢰관계의 특징과 어려움에 주목한다. 학부모와 교사 간 상호신뢰에 대한 인식을 비교·분석하고, 이들의 신뢰관계 향상을 위해 무엇이 필요한지 실마리를 얻고자 한다.

교사-학부모 관계의 특징

　일반적인 신뢰관계와 달리 교사와 학부모는 직접적 경험을 토대로 서로에 대한 신뢰를 형성하기 보다는 자녀 또는 학생이 전하는 말이나 보이는 행동 같이 간접적 정보들을 통해 신뢰를 쌓는다. 교사-학부모 신뢰 관계에서 있어 이들 사이에는 자녀 또는 학생이 신뢰의 매개자로 존재하는 것이다. 따라서 교사-학부모 신뢰 관계는 상대방이 내가 아닌 나의 학생이나 자녀에게 긍정적 결과를 성취하도록 할 것이라는 확신을 의미한다(Adams & Christenson, 2000).

　교사와 학부모 사이에 실제 만남이 성사된다고 하더라도, 이들 간 상호작용의 빈도는 절대적으로 낮을 뿐만 아니라, 제한된 접촉의 기회는 의사소통의 질을 떨어뜨린다(Minke & Anderson, 2003). 낮은 상호작용 빈도와 질로 인한 교사와 학부모 간 정보의 불균형은 서로에 대한 신뢰 형성을 어렵게 만드는 근본적인 원인이 된다. 학부모와 교사 간　만남의 시기 또한 중요하다. 해결해야 할 문제가 발생하기 이전에 신뢰관계를 형성할 필요가 있는 것이다(Whitaker & Fiore, 2001). 통상 학부모는 자녀가 탁월성을 보일 때 교사와의 접촉을 시작하는 경향이 있는 반면에, 교사는 학생에게 문제가 생겼을 때 개입하기 위해 학부모와의 접촉을 시도한다고 알려져 있다(Epstein, 1996). 문제가 발생한 이후에 이루어지는 학부모와 교사 간 만남의 무대는 다소 도전적인 상호작용을 위해 설정되는 경향이 있기 때문에(Dishion & Stormshak, 2007), 이들의 간헐적인 만남은 신뢰 형성의 계기로 작용하지 않을 가능성을 농후하게 만든다.

교사-학부모 관계의 어려움

학부모와 교사 간 신뢰관계 형성의 어려움 이면에는 교직의 특수성이 작용하기도 한다(Labaree, 2000). 대표적으로, 다른 전문직들과 달리 교사의 업무는 누구나 학창시절에 가까이에서 봐오던 것이고 학부모들에게도 익숙하기에 교사의 일은 쉬워 보일 수 있다는 점이 지적된다. 뿐만 아니라 공교육 교사는 대부분의 성인들이 알고 있는 것을 청소년들에게 가르치는 일을 수행하기에 교사의 지식과 기술은 평범해 보일 수 있다. 이 때문에 사람들은 교사가 교육목표를 달성하기 위해 설정한 의도를 파악하지 못한 채, 교사의 드러나는 행동만 보고 교사를 섣불리 판단하는 경향이 있다. 여기에 더해, 최근 교육을 공공재가 아닌 소비재로 바라보는 학부모들의 태도는 학부모를 대하는 교사들의 태도를 더욱 위축시키고 있다(권미경, 김천기, 2015; Biesta, 2017).

하지만 무엇보다 학부모와 교사 간 신뢰를 어렵게 만드는 원인으로 외부의 통제나 간섭을 받고 싶어 하지 않는 교직 특유의 불간섭주의가 지적된다(Lortie, 2002). 20세기에나 21세기에나 학교는 위계적이고 관료제적인 특성을 보이지만, 그 안에서 이루어지는 교육활동은 언제나 개별교사의 전문적 자유재량에 맡겨져 왔다. 특히나 교사의 교육활동은 학부모만이 아니라 동료교사나 학교 관리자인 교장 선생님과도 상당히 느슨한 관계를 유지한 채 이루어진다는 것이 특징이다. 수학교사가 영어교사의 수업활동에 관여하는 일은 드물며, 교장 선생님이 같은 학교 교사의 수업활동이나 학생지도에 개입하는 일도 드물다. 그렇기에 교사의 수업활동이나 학생지도에 대한 타인의 관여는 교사의 전문적 자율성을 침해하는 것이라고 인식되어 왔다(Hargreaves,

1994). 그것이 관리자인 학교장일지라도 말이다.

교육기본법에서는 학부모를 교육의 제3주체로 인정하고 있지만, 교사들은 여전히 자신을 교육 전문가로 위치시키며 학부모는 교육활동을 지원하고 지지하는 대상으로 주변화 하는 경향이 있다(김대현, 최류미, 2021). 이 같은 태도는 과거 공교육이라는 공공 서비스의 생산자와 수혜자를 구분하던 시기에는 문제가 되지 않았다. 하지만 학부모가 공교육의 소비자로서, 나아가 공교육의 공동생산자로서 존재적 위상이 높아진 현대사회에서 여전히 학무모를 교육의 파트너로 생각하는 않는 교사의 태도는 자녀 교육에 대한 학부모의 참여 욕구를 충분히 채워주지 못하고 있으며, 나아가 교사와 학부모 간의 신뢰관계 형성을 가로막는 원인으로 작용할 가능성이 크다.

교사와 학부모가 서로 신뢰하는 이유

그렇다면, 교사와 학부모가 서로 신뢰하는 이유는 무엇일까? 여기에서는 2022년 경기도교육연구원에서 경기도 소재 초등학교, 중학교 및 고등학교 교사와 학부모를 대상으로 상호 신뢰에 관한 설문 조사와 면담 조사한 내용을 공유하고자 한다.[1]

먼저, 학부모와 교사 각각에게 상대방을 신뢰한다면, 그 이유는 무엇인지 물었다. 서로를 신뢰하는 이유에 대한 단어의 빈도 분석 결과를 워드 클라우드로 시각화한 결과가 다음 [그림 1]과 [그림 2]에 제시되어 있다. 학부모와 교사 모두 자녀나 학생에 대한 학부모 혹은 교사의 태도가 서로를 신뢰하는 이유라고 입을 모았다. 보다 구체적으

---

1) 보다 구체적인 내용은 이전이 외(2022)를 참조

[그림 1] 학부모가 교사를 신뢰하는 이유

[그림 2] 교사가 학부모를 신뢰하는 이유

로, 학부모들은 자녀와의 대화를 통해 자녀에 대한 교사의 관심을 확인하거나 교사에 대한 자녀의 만족도를 확인하고, 이를 통해 교사를 신뢰하게 되는 것으로 나타났다. 교사의 경우, 학교 일에 협조적이거나 적극적으로 참여하는 학부모의 모습을 보고 학부모를 신뢰하게 되었다는 응답이 많았다. 또한 학생이 학교에서 보이는 태도를 통해 학부모를 간접적으로 신뢰하게 되었다는 응답도 다수를 차지했다.

그 밖에도 학부모가 교사를 신뢰한 이유에 대한 상당히 여운이 남는 응답이 있었다.

> "일단 신뢰하는 거죠. 신뢰하지 않으면 애들을 학교에 보낼 수 없으니까."

이 같은 응답은 교사를 무조건적으로 믿지 않고는 어린 자녀를 학교에 보낼 수 없는 학부모들의 상대적 위치를 잘 보여준다.

교사와 학부모가 서로 신뢰하지 않는 이유

그렇다면, 교사와 학부모가 서로 신뢰하지 않는 이유는 무엇일까? 학부모와 교사 각각에게 상대방을 신뢰하지 않는다면, 그 이유는 무엇인지 물었다. 서로를 신뢰하지 않는 이유에 대한 단어의 빈도 분석 결과를 워드 클라우드로 시각화한 결과가 다음 [그림 3]과 [그림 4]에 제시되어 있다. 학부모와 교사 모두 자녀나 학생에 대한 무관심이 서로를 신뢰하지 않는 이유라고 입을 모았다. 학부모는 학생 간 갈등상황이나 학교폭력 등 문제가 발생했을 때 교사의 대처가 미흡하다고 느끼는 경험을 통해 교사를 신뢰하지 않게 되었다는 응답이 많았다.

반면에 교사의 경우, 자기 자녀만을 생각하는 학부모의 이기적인 태도, 교사를 존중하거나 신뢰하지 않고 민원을 넣거나 항의하는 학부모의 행동, 학부모가 자녀의 문제행동을 객관적으로 수용하지 않는 모습이 학부모를 신뢰하지 못하게 만드는 지점이라는 응답이 많았다.

[그림 3] 학부모가 교사를 신뢰하지 않는 이유

[그림 4] 교사가 학부모를 신뢰하지 않는 이유

"학교가 같이 아이를 키워야 한다는 생각을 하지 않고, 학교에 대한 무분별한 공격과
비난만을 할 대 학부모를 신뢰하기 어려워져요."

> "교사가 한 학생을 비교적 짧게 보지만, 학생이 학교에서 보이는 모습을 그래도 나름
> 대로 교육 전문가로서 이야기를 하면 조금은 받아들이려는 노력을 하시면 좋겠는데…"

상호신뢰를 위한 교사와 학부모의 제안

그렇다면, 학부모와 교사 간 상호신뢰를 향시키기 위해 무엇이 필요할까? 학부모와 교사 각각에게 상호 신뢰를 높일 수 있는 방안에는 어떤 것들이 있을지 물었다. 상호신뢰 방안에 대한 단어의 빈도 분석 결과를 워드 클라우드로 시각화한 결과가 다음 [그림 5]과 [그림 6]에 제시되어 있다. 학부모와 교사 간 상호신뢰 강화 방안으로, 학부모와 교사 모두 의사소통의 중요성을 꼽았다.

[그림 5] 상호 신뢰를 위한 학부모의 제안

[그림 6] 상호 신뢰를 위한 교사의 제안

특히 교사보다는 학부모가 의사소통에 대한 갈증이 더 큰 것으로 보인다. 교사와의 소통에 목말라하는 학부모들의 응답에 주목할 만하다.

"대학병원 가면 3분도 안 걸리게 나오잖아요. 의사가 질문하지 않잖아요. 우리는 질문을 하려 애쓰는데... 학교 선생님이 학부모에게 질문하는 자세로 우리와 소통했으면 하는 거죠."

"엄마들 사이에서 선생님들이 직장인보다 더 직장인 같지 않다는 얘기를 해요. 심지어 이제 뭐 연락처 공유도 잘 안 해주세요. 개인정보 때문에? 뭐 이해하지만, 선생님이라는 직업을 가지셨잖아요. 그러면 학부모, 아이들과 소통이 돼야 된다고 생각하는데"

보다 구체적으로, 학부모들은 개별학생에 대한 교사의 관심과 애정, 개별학생의 진로 및 학업 관리 등 학생에 대한 교사의 개별화된 접근을 원하는 것으로 나타났다.

"특히 중학교, 고등학교 같은 경우에는 진로, 진학, 이런 것들에 대한 정보를 얼마만큼 제공해주시느냐. 그 방향을 어떻게 잡아 주시는지에 따라서 학부모들이 그 선생님을 신뢰할 수 있는 배경이 될 수 있는 것 같아요."

반면에 교사들은, 교사와 학부모 간 개별적인 만남도 중요하지만, 학교 차원의 다양한 소통의 창구가 마련될 필요가 있다는 응답이 많았다. 여기에 대해서는 면담에 참여한 학부모들 역시 동의하고 있었다. 다만, 우리가 만났던 학부모들은 대부분 학부모회 대표였다는 점을 밝혀둔다.

"사실 학교에 개인으로 들어가면 민원이에요. 민원성이지만 우리가 함께 의논하고 제안 드리면 그건 민원이 아니거든요. 제안과 민원은 정말 다른 온도 차에요. 의사소통 창구를 어떻게 찾아 가는지도 중요한 부분이거든요."

아울러, 교사들은 교권 강화 및 보호를 위한 법적·제도적 장치 마련이 필요하다는 응답이 상당히 두드러졌다. 특히 현재 학교가 교사에게 안전한 공간이 아닐 수 있다는 점을 암시하면서, 교사에게 학교가 안전한 공간이 되기 위해서는 교사 대상 연수보다는 교권을 보호

하기 위한 법적 장치가 마련될 필요가 있다는 한 교사의 응답에 주목
할 만하다.

"사람들의 일이다보니까 한 번 상처를 받으면 그다음부터는 마음의 문을 닫게 되더라
고요. 안전하다는 게 교사들한테는 우선되어야 될 것 같아요. 그런 것을 그냥 연수로서
가 아니라 확실한 (법적) 제도나 장치로…"

상호작용의 핵심: 교사와 학부모의 권위

　이상의 설문조사와 면담조사 결과에 따르면, 교사는 학부모가 교
사를 교육 전문가로서 존중하며 소통해 주기를, 학부모는 교사가 학부
모를 교육의 파트너로 인정하고 수평적으로 소통해주기를 기대하고
있는 것으로 이해할 수 있다. 다시 말해서, 교사는 자신의 전문적 권
위를 학부모가 인정해주기를, 학부모는 자신의 준거적 권위를 교사가
인정해주기를 기대하는 것이다. 여기에 대하여 구체적으로 논의하기
에 앞서, 상호작용의 핵심인 권위의 개념을 다차원적으로 이해할 필요
가 있다.

　일상생활에서 권위와 권력이라는 단어의 사용은 혼용되지만, 이
둘 사이에는 미묘한 의미의 차이가 있다. 권력이 타인의 저항에도 불
구하고 나의 의지를 관철시키는 힘이라면, 권위는 타인이 자신의 비판
적 관점을 유예하고 자발적으로 나의 명령에 따르고자 하는 의지이다.
따라서 권위가 있는 사람에게는 권력이 있기 마련이지만, 권력이 있는
사람에게 항상 권위가 있는 것은 아니다.

교사가 교직에 입문할 때에 자동적으로 부여받게 되는 권위는 제도적 또는 합법적 권위이다. 이것은 교사로서의 공식적 직위에 근거하는 것으로 교사로서의 신분을 유지하는 특별한 노력 없이도 제도적 또는 합법적 권위는 안정적으로 유지된다. 의사나 변호사의 자격증 역시 비슷한 맥락에서 이해할 수 있다. 반면에, 전문적 권위나 준거적 권위는 다르다. 전문적 권위는 개인의 전문적 지식이나 기술에서 나오는 것이고, 준거적 권위는 개인의 인품, 가치관, 카리스마와 같은 것에서 나오는 것이다. 즉, 전문적 권위나 준거적 권위는 조직이나 제도가 아닌 개인의 특성에 의존하는 경향이 강하다. 실제로 전문적 권위나 준거적 권위는 조직이나 타인이 나에게 공식적으로 부여할 수 있는 것이 아니다.

예를 들어, 어떤 의사가 그 분야에서 전문적 권위를 획득해나가는 과정은 그 의사의 전문성에 대한 환자들의 입소문을 타고 확산되고 강화되어가는 것이지 그 의사가 해당 분야의 최고 권위자인지 여부가 공식적으로 명문화되지는 않는다. 반면에, 어떤 사람이 의사 면허증이 있는지 여부는 공식적으로 명문화되는 것으로, 의사로서 합법적 권위를 갖는 기반이 된다. 다만, 이 같은 권위는 의사로서의 최소한의 권위를 보장할 뿐이다. 환자가 많은 병원이나 의사는 분명 제도적 또는 합법적 권위 그 이상의 전문적 권위나 준거적 권위를 가질 개연성이 크다. 제도적 또는 합법적 권위와 달리, 전문적 권위나 준거적 권위를 획득하고 유지하기 위해 개인은 지속적인 노력을 기울여야 한다. 전문적 권위와 준거적 권위가 타인의 자발적 참여와 헌신을 이끄는 반면에, 합법적 권위나 제도적 권위는 지나치게 강조될 경우 타인의 저항감을 불러올 수 있다. 따라서 합법적 권위나 제도적 권위는 언제나 최소한으로 발휘되어야 하고, 불가피하게 사용할 시에도 조심스러워야 한다.

앞서 교사는 전문적 권위와 함께 제도적 또는 합법적인 권위가 강화되기를 기대하고 있는 것으로 나타났다. 이는 교권을 어떻게 보장하고 보호할 것인지를 넘어 어떤 방향으로 교사의 전문성이 보장되어야 하는가에 대한 질문으로 이어진다. 구체적으로, 법이나 조례 같은 공식적·제도적 권위의 보장을 통해 교사를 보호하는 것이 바람직한지, 아니면 교사 개인의 특성에 의존하는 비공식적·전문적 권위를 통해 교권이 보장되도록 하는 것이 바람직한지는 여전히 논쟁거리인 듯하다. 하지만 최근 교육에 대한 사회적 요구가 다양해지고, 사회가 빠르게 변화함에 따라 교사가 전문성을 유지 또는 발전시키기 위해 교사자격증을 가지지 않은 사람들(학교 밖 자원)의 도움을 받고, 부모와 지역사회와 협력관계를 유지해야 할 필요성이 커지고 있다는 사실에 주목할 필요가 있다(Hargreaves, 1994). 그 연장선에서, 개인 차원이나 학교 차원을 넘어, 교사의 전문성이 개방체제(open system)로서 기능을 해야 한다는 점이 강조되고 있는 추세이다. 이 같은 관점은 Biesta(2019)가 강조한 민주적 전문가주의와도 맞닿아 있으며, 이것은 교사가 합법적 또는 제도적 권위를 전문적 권위로 전환할 때 가능할 수 있다.

한편, 학부모들은 교사가 학부모를 공교육의 파트너도 인정하고 적극적으로 소통해주기를 기대하고 있는 것으로 나타났다. 실제로, 교사와 학부모 간의 긴밀한 소통과 교류가 결과적으로 공교육의 질과 성과를 높일 수 있다고 믿는 관점에서는 학부모를 공교육의 '공동 생산자'로 바라볼 필요성을 제기한다(Honingh et al., 2018). 학부모가 자녀교육의 적극적 주체로서, 공교육의 공동 생산자로서의 역할을 공고히

하기 위해서는 그 과정에 단순히 참여하는 것을 넘어 유의미한 영향을 미칠 수 있어야 한다. 이를 위해 교육 전문가가 아닌 학부모가 교육 전문가인 교사에게 어떠한 영향력을 어떠한 방식으로 행사하는 것이 바람직할지에 대한 고민과 성찰이 필요하다. 학부모는 자녀를 가장 가까이에서 지켜보고 자녀에 대해 가장 잘 알고 있는 사람들이라는 측면에서 공교육의 질 개선에 반드시 필요한 정보와 자원을 가지고 있다고 볼 수 있다. 다만, 학부모가 학교나 교사의 일에 개입하거나 참여함으로써 영향력을 행사하는 과정은 개별 자녀를 넘어 '우리 아이들'의 교육적 성과를 지향하는 것이어야 한다. 이를 위해 학부모 역시 학교의 일, 교사의 일, 그리고 우리 아이들의 일에 대한 최소한의 지식과 정보를 가지려는 자구적인 노력이 필요하며, 무엇보다 학교나 교사가 공교육의 공동 생산자이자 파트너로서 학부모와 기꺼이 대화하고 협력하기를 희망할 수 있도록 학부모 스스로 준거적 권위를 잃지 않으려는 노력이 요청된다.

상호 신뢰를 위한 공동의 과제

그렇다면, 교사와 학부모 간 상호신뢰를 위한 공동의 과제는 어떤 것들이 있을까? 여기에서는 학부모 차원의 과제, 교사 차원의 과제, 그리고 학교 차원의 과제, 제도 차원의 과제로 구분하여 제안하고자 한다.

먼저, 학부모를 대상으로 한 과제로, '우리학교' 이해 교육이 필요하다. 교사의 교육활동 보장은 곧 학생의 학습권 보장으로 이어지고, 나아가 학교교육의 질 전반에 영향을 미치는바, 학부모들이 자녀의 사적 이익을 추구하는 태도에서 벗어나 교사와 공교육의 공동 주체로서 민주적 관계를 형성할 수 있도록 지원할 필요가 있다. 이를 위해서 학부모의 학교운영 전반 및 교육과정에 대한 이해, 그리고 교사의 업무에 대한 이해, 우리학교 아이들에 대한 이해를 향상시킬 필요가 있다. 학교와 학교 구성원들에 대한 이해는 학부모회나 학교운영위원회의 원활한 활동을 넘어 학부모들이 교사와의 파트너십을 맺는 데 직접적인 도움이 될 수 있다. 특히, 학부모 교육이 반드시 외부 전문가들에 의해 수행될 필요는 없다. 밀어주고 당겨주는 선배 학부모들의 역할이 학부모가 처음인 새내기 학부모들에게는 우리학교를 이해하고 나아가 교사와 신뢰관계를 쌓는 지렛대 역할을 할 수 있다. 특히 학부모회가 학교 의사결정 참여나 학교행사 지원을 넘어 우리학교의 교육비전을 함께 설정하고 공유하며 대화하는 역할을 수행하려면, 같은 학교에 자녀를 맡긴 부모들의 교육경험을 공유하고 비법을 전수하는 과정이 공식적인 지식 전수보다 유의미할 수 있다.

둘째, 교사를 대상으로 한 과제로, 민주적 관계를 토대로 시대에 부합하는 교권 및 전문적 권위 향상이 필요하다. 학부모를 비롯한 시민들이 기대하는 교사의 역할과 전문적 지위는 공식적 제도가 규정하고 보장해줄 수 있겠지만, 동시에 교사의 전문적 권위는 사회적으로 구성되고 사람들에게 내면화되는 것이라는 사실을 상기할 필요가 있다(Berger & Luckmann, 2014). 즉, 공식적 제도가 비공식적 제도보다 반드시 더 강력한 것은 아닐 수 있기에, 교사가 자신의 전문성을 공식적 제도나 합법적 권력에 의지한다는 것은 스스로를 시대적 요구에 부합하지 않는 전문가로 만드는 결과를 초래할 수 있다. 따라서 교원의 지위 향상 및 교육활동 보호를 법으로 강화하는 것과 더불어, 교사의 권위를 향상시키기 위한 교사의 자구적인 노력이 동반될 필요가 있다.

그 첫걸음으로, 교사가 먼저 개방적 태도를 통해 학부모와 수평적이고 대화적인 관계를 설정하고 유지하려는 노력을 기울일 필요가 있다. 잦은 만남과 대화가 중요한 것은 일반적으로 상대방을 예측할 수 없을 때 상대방에 대한 신뢰가 아닌 두려움이 생기기 때문이다. 따라서 교사는 학생의 문제를 해결하거나 학교행사 동원을 위해 학부모와의 접촉을 시도하기보다는 학생의 성장과 삶을 위한 이야기를 나누기 위해 학부모와 만남의 무대를 설정할 필요가 있다. 즉, 교사가 전통적이고 위계적인 전문가로서의 태도에서 벗어나 다른 교육주체들과의 민주적 관계를 형성하는 것이 교사와 학부모의 신뢰관계를 구축하기 위한 핵심이다.

셋째, 학교를 대상으로 한 과제로, '우리학교 학부모들'의 요구를 '우리학교 교사들'에게 환류시킬 필요가 있다. 이때 학교에서 학부모에게 일방향으로 정보를 흘려보내는 것이 아니라 학부모의 의견을 모든 교사들이 전달받을 수 있고 함께 의견을 공유할 수 있는 양방향의 통로가 필요하다. 또한, 개별 학부모의 의견은 자칫 교육 소비자로서의 민원으로 받아들여질 수 있지만 여러 학부모 공동의 의견은 학교 공동체의 발전을 위한 제안으로 비춰질 수 있다는 한 학부모의 의견을 곱씹어볼만하다. 이는 개별 학부모와 개별 교사 간 갈등을 개인의 실패나 책임으로 돌리는 것이 아니라 학교 전체가 해결해야 하는 과제로 접근할 필요성을 제기하는 것이다. 개인차원의 문제를 학교차원의 문제로 재설정하기 위해서는 소통의 방식을 수면 위로 드러내는 작업이 필요하며, 그 과정에서 학교장의 역할이 크게 작용할 수 있다. 학교장은 일부 학부모의 과도한 요구나 방해로부터 교사를 보호하는 완충자(bufferer)로서의 역할을 수행하면서도 학부모들의 요구를 교사들에게 공유하고 학교의 정보를 학부모들에게 적극적으로 알리고 연결시키는 경계 확대자(boundary spanner)로서의 역할을 수행할 필요가 있다. 서로의 의견과 정보가 환류될 때, 비로소 상호신뢰의 불일치가 완화될 수 있다. 이를 위한 구체적이고 현실적인 대안으로, 학부모와 교사가 목적 없이 만나고 관계를 형성할 수 있는 기회의 장을 정례화하기 위해서는 예산과 공간 확보가 필수적이다. 학부모가 교사와 상시적으로 의사소통함으로써 학부모의 학교 참여가 일회성의 형식적 참여가 아니라 지속적이고 유의미한 영향력으로 이어질 수 있는 기제로 활용될 수 있을 것이다.

넷째, 개인이나 조직을 넘은 제도 차원의 과제로 교사 양성과정 및 재교육과정에 학부모 이해 교육 개설이 필요하다. 교사 전문성에 대한 의미의 외연이 확장하고 있으며 좋은 교사의 상에 대한 기대가 점점 높아지고 있다는 점이 현직교사 재교육과정이나 예비교사 양성과정에 반영될 필요가 있다. 학부모들이 기대하는 교사 전문성은 더 이상 교과 내용을 학생에게 효과적으로 전달하는 방법이나 기술에 머물지 않는다. 교사는 학생들의 다양한 사회문화적 배경을 이해하고 학생들과 정서적 유대를 쌓으며 개별 학생이 주체성 있는 개인으로 성장할 수 있도록 관리 및 지원하는 촉진자로서의 역할을 기대 받고 있다. 실제로, 설문조사와 면담조사에서도 학교폭력이나 학생의 문제 해결에 대한 교사의 대처에 불만을 표시하는 학부모들의 응답이 높은 순위에 올랐다. 교육이 민주적 전문가주의를 지향하기 위해서는 현직교사 및 예비교사를 대상으로 하는 학부모 이해 교육 활성화 방안이 마련될 필요가 있다. 특히 신임교사들의 경우, 교사가 양성되는 단계에서 교육의 제3주체인 학부모에 대한 이해가 이루어지지 않은 채 학교에 던져지기 때문에, 교사 자신이 학부모가 되지 않는 이상은 학부모의 입장을 헤아리기 어려울 수밖에 없다. 따라서 양성과정에서부터 학부모 이해 또는 학부모 상담과 관련된 교육과정을 개설하여 운영하는 방안이 검토될 필요가 있다.

마지막으로, 코로나-19 같은 세계적 전염병이 주기적으로 찾아볼 것이라는 암울한 예측을 고려할 때, 디지털 기기 사용이 미숙한 교사나 학부모들을 대상으로 디지털 기기 활용 교육을 실시하는 것도 간접적으로는 학부모와 교사 간 소통을 원활히 하는 촉진 기제가 될 수 있다. 점차 커져가는 디지털 리터러시 격차를 보완하는 것은 비대면 시대에 학부모와 교사 간 의사소통의 창구를 다양화하는 데 기여할 수 있으며, 결과적으로는 학부모와 교사 간 상호신뢰를 꾀할 수 있을 것이다.

참고문헌

권미경·김천기(2015). 교사의 관점에서 본 학부모의 소비자 주권적 태도와
    그에 따른 교사의 위축 및 정체성변화. 교육종합연구, 13(3), 83-109.

김대현·최류미(2021). 학부모는 교사를 신뢰하는가?-평범한 고등학생 자녀
    를 둔 학부모를 대상으로. 수산해양교육연구, 33(5), 1207-1229.

김이경·김현정(2014). 국제 비교 관점에서 본 한국 교사 전문성 개발 실태
    진단. 한국교육문제연구, 32(4), 103-119.

이전이·김종민·엄수정·홍혜영(2022). 학부모와 교사 간 상호신뢰 향상 방
    안. 경기도교육연구원.

Adams, K. S., & Christenson, S. L. (2000). Trust and the Family School
    Relationship Examination of Parent Teacher Differences in Elementary
    and Secondary Grades. Journal of School Psychology, 38, 477-497.

Berger, P. L., & Luckmann, T.(2014). 실재의 사회적 구성. (하홍규 옮김).
    서울: 문학과 지성사. (원서는 2005년 출간)

Biesta, G. (2017). Education, measurement, and the professions:
    Reclaiming a space for democratic professoinality in education.
    Educational Philosophy and Theory, 49(4), 315-330.

Dishion, T. J., & Stormshak, E. A. (2007). Intervening in children's lives:
    An ecological, family-centered approach to mental health care.
    American Psychological Association.

Epstein, J. L. (1996). Perspectives and previews on research and policy
    for school, family, and community partnerships. In A. Booth, & J. F.
    Dunn (Eds.), Family-school links: How do they affect educational
    outcomes (pp. 209-246). New York, NY: Routledge.

Hargreaves, A. (1994). *Changing teachers, changing times: Teachers' work and culture in the post−modern age.* New York: Teachers College Press.

Honingh, M., Bondarouk, E., & Brandsen, T. (2018). Parents as co−producers in primary education. In T. Brandsen., B. Verschuere., & T. Steen (Eds.), *Co−production and co−creation: Engaging citizens in public services* (pp. 167−173). New York, NY: Routledge.

Labaree, D. F. (1997). Public goods, private goods: The American struggle over educational goals. *American Educational Research Journal, 34*(1), 39−81.

Lortie, D. C. (1977). *Schoolteacher: A sociological study* (2nd ed.). Chicago, IL: University of Chicago Press.

Minke, K. M., & Anderson, K. J. (2003). Restructuring routine parent−teacher conferences: The family−school conference model. *The Elementary School Journal, 104*(1), 49−69.

Whitaker, T., & Fiore, D. (2001). *Dealing with difficult parents.* Larchmont, NY: Eye on Education.

07
미국에서의 효과적인 학교와 학부모 파트너십 구축
: 한국교육에의 시사점

김정남_네바다대학교 부교수

학부모 또는 가정의 교육 참여(Parent or Family Engagement)

이곳 미국에서 대학원 학생들과 수업 시간에 학부모의 교육참여 또는 학교 참여와 관련한 주제로 이야기를 하다 보면 학생들이 학부모와 관계의 어려움을 토로하고 학부모와의 대화를 어떻게 해야 할지 두렵다는 이야기를 많이 하곤 한다. 미국에서도 학교가 학부모와의 좋은 관계를 성립하고 학부모의 교육참여를 적극적으로 이끌어 내어 학생들의 교육성과로 연결시키고자 하는 것에 대한 관심이 아주 높다. 이러한 노력은 학부모에 대한 이해하고자 하는 연구가 교육연구에서 중요한 부분을 차지하여 많은 연구자들이 학부모를 이해하고 그들의 교육참여가 학생들의 교육성과에 어떻게 도움이 되는지, 그리고 학교는 어떻게 학부모와 관계를 수립해야 하는지에 대한 연구들이 활발히 이루어지고 있다(예―Kim & Bryan (2017); Kim et al., (2018); Kim et al., (2022)). 학부모 교육 참여(Parent engagement)는 학부모가 자녀의 교육에 중요한 역할을 하는 사람으로 자녀의 교육에 적극적으로 참여 또는 개입하고, 필요하다면 학교에서 중요한 결정과 자문위원으로서의 역할을 비롯한 자녀의 교육을 지원하기 위한 다양한 활동에 참여하는 것을 의미한다(ESSA, 2015).

또한 학부모의 교육참여(parent engagement)는 학교-가정의 파트너십(school-family partnership)이 학생들의 학업성취에 미치는 중요한 요소라는 것이 다양한 연구를 통해 증명되었기에, 미국에서는 학부모의 참여를 위한 정책의 개발과 실행, 그리고 평가체계를 갖추는 것을 중요하게 여기고 있다. 이에 이 장에서는 한국에서 학교와 학부모와의 건강하고 지속가능한 관계 설립을 위한 도움이 될 수 있는 미국에서의 학부모와 관계 설립에 관한 각종 법과 정책에 관한 내용들을 살펴본다. 그리고 학부모 정책을 각 주에서 실행하는 데 많이 사용되고 있는 프레임 워크에 대해 이야기 해 보고자 한다.

학부모 정책에 영향을 미치는 중요한 정책은 최근 오바마 정부에서 만든 모든학생성공법(Every Student Success Act[ESSA], 2015)이다. 각 주 정부는 ESSA을 실행하고 평가할 정책과 체계를 만들고 각 지역구가 정책을 성실히 수행 할 수 있도록 자료를 만들어 배부하고 그 정책들을 잘 수행하고 있는지를 평가를 한다. 학부모 교육 참여와 관련하여 ESSA는 주정부와 지역교육구가 학부모의 참여를 강화하고 많은 학부모들이 수혜를 받을 수 있는 상세하고 구체적인 정책과 프로그램을 개발, 수행, 그리고 평가하도록 의무화 하도록 하였다. 특히 취약계층이 많은 하위항목(Title I)으로 선정되어 정부로부터 별도의 지원금을 받고 있는 학교들은 학부모 또는 가정의 교육참여 정책을 수립하고 학부모의 교육참여 역량을 키우기 위해 지역사회와 협력하며 학부모

가족-학교 파트너십을 위한 이중 역량 강화 프레임워크

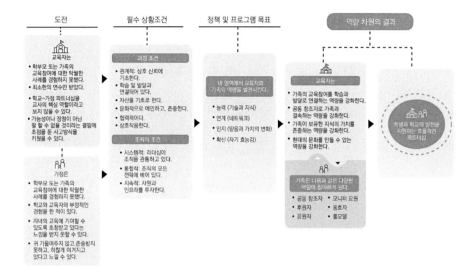

의 참여 프로그램을 개발하여 수행하고 학부모 교육참여 정책을 매년 평가하는 것을 의무화하고 있다. 예를 들면 일년에 한번 학부모 면담이 의무이고, 학교－학부모 계약을 통해 학교와 학부모의 의무를 기술하여 제공하고 학부모와 교사의 의사소통의 방법들을 기술해야 한다. 또한 많은 주들이 교사 자격증을 받기 위해서는 학부모 교육참여 수업을 듣는 것을 의무화하고 있다. 예를 들면, 네바다 주에서는 교사, 학교 상담자, 또는 학교 심리사가 자격증을 따기 위해서는 3학점의 학부모 교육참여 수업을 들었다는 증빙서류를 제출하여야 하며, 자격증 갱신에서도 학부모 교육참여 교육을 이수하거나 수업을 다시 들어야 한다. 이에 교육 대학교 또는 대학원에는 예비 교사와 학교 상담자가 학부모와 협력적 관계를 맺기 위한 효과적인 방법과 학부모 교육참여를 증진할 수 있는 전략 등과 관련된 이론과 실제를 배울 수 있는 수업들이 개설되어 있다.

이처럼 미국에서는 ESSA와 같은 연방 정부 교육 정책에 따라 학부모 참여와 파트너십에 관한 교육연구들이 활발히 이루어지고 있고, 대학교 교육과정에서 의무 과목으로 학생들이 수업을 통해 기초 역량을 기를 수 있는 체계가 있다. 또한 지역 학교들이 다양한 프로그램과 정책을 개발, 실행, 평가 하도록 각 주의 교육부와 지역 교육구가 돕고 있다.

이러한 정책과 법규들과 더불어 미국에서는 학부모 참여와 파트너십 구축을 위한 이론과 틀, 또는 모델들을 만들고자 하는 노력들도 활발히 진행되고 있다. 예를 들면 하버드 교육대학원에서 Mapp과 Kuttner 교수는 이중 역량강화 프레임워크(The Dual Capacity-Building Framework for Family-School Partnership) 를 2013년에 개발하고 2019년 수정하여 출판하였다. 미국의 다양한 주에서는 학부모/가정 교육참여 정책, 전략, 그리고 프로그램개발에 이 프레임워크를 사용하고 있다(그림 참조). 이 프레임워크는 학부모와 관계 개선과 협력 관계 형성이 중요한 문제로 대두 되고 있는 한국에서 한국 상황에 맞는 모델이나 이론을 계발하는 과정에 도움이 될 거라 여겨 소개하고자 한다. 또한 이중 역량 강화 프레임워크는 한국의 학부모와 학교의 역량 개발을 위한 참고로 사용하거나 각 지역의 특성에 맞게 수정과 보안을 통해 적용할 수 있는 모델이라고 생각한다.

먼저, 이중 역량 강화 프레임워크는 학부모와 학교의 역량 강화를 위해 4가지 필수요소를 기술하고 있다. 그 필수요소로 효과적인 학교와 학부모의 파트너십을 개발하기 위해서는 학교에서의 교사, 행정가, 그리고 교육전문가들이 겪을 수 있는 그리고 학부모들이 겪고 느끼는 도전들과 어려움들이 무엇인지 인식해야 한다는 것이다. 많은 학부모들과 학교관계자들이 학부모 참여가 왜 그리고 얼마나 중요한지에 대해서 동의하고 있지만, 어떻게 효과적인 파트너십을 형성하고 유지해야 하는지에 대해서는 여전이 어렵다고 이야기한다. 예를 들면, 학부모 교육참여(Parent engagement)라는 의미에 대해서도 학부모와 학교 관계자(예- 교사, 교장, 학교 상담가, 행정가)가 다른 인식을 가지고 있으며, 다른 해석으로 인해 학부모 참여 전략과 프로그램이 달라질 수 있으며, 학부모 참여에 대한 학부모의 실제 행동에도 다른 영향을 미친다(Posey-Maddox & Haley-Lock, 2020). 또한 학부모와 학교 모두 효과적인 파트너십 형성에 대한 열망이 있다 할지라도 다른 장애물들이 파트너십 형성에 방해요소로 작용할 수 있다. 예를 들면, 학부모는 자신의 경제적 상황, 인종, 그리고 언어 등과 사회 문화적 배경 때문에 자녀의 교육 참여에서 소외, 무력감, 무능감, 불공평함을 경험할 수 있다. 그리고 자녀의 학교에서 환영받지 못했거나 좋은 않은 경험들이 쌓여 학교와 협력을 꺼리거나 부정적인 태도와 선입견을 가질 수 있다는 것이다. 학교관계자 와 의 관계에서 존중받지 못했거나, 자신의 의견이 수렴되지 못하고 거절당한 경험들이 있는 학부모들은 학교에 대한 저항이 쌓여 있을 수 있다는 것이다. 또한 일부 학부모는 학교가 적극적으로 학부모의 교육 참여에 초대한 적이 없다고 토로할 수 있다. 이러한 학부모들의 경험과 인식들이 학교와의 협력 관계에서 장애물로 작용하여 효과적인 파트너십을 형성으로 나아가지 못할 수 있다는 것이다.

반대로 학교에서는 표면적으로는 학교-학부모 파트너십 형성의 중요성에 동의하지만 내면 깊이 학부모와 협력적인 파트너십 형성이 정말 필요한 것인지 대한 회의감을 가지고 있는 학교 관계자들이 있을 수 있다. 또한 학부모와의 파트너십의 중요성을 깊이 공감하지만, 학부모 교육참여에 대해 좋은 프로그램이나 선례들을 접해보지 못했거나 체계적인 교육이나 훈련을 받을 기회가 없어서 학부모 교육참여를 어떻게 추진하고 파트너십을 형성해야 할지 방법을 모를 수 있다. 교사들과 학교관계자 중에 학부모에 대한 부정적 인식이나 편견들이 많이 있는 경우, 이러한 부정적인 인식과 편견들은 가끔 아주 강력한 방해 요소로 작용할 수 있다.

학교와 학부모 양쪽에서의 방해요소 또는 장애물들이 파트너십 프레임워크에서 그 다음 단계로 가는 중요한 관문이라는 것을 주목할 필요가 있다. 즉 학교와 학부모들이 가지고 있는 장애물들을 먼저 찾고, 인식하여, 해결하지 못하면 그 다음 단계로 나아가는 것이 어려우며, 결과적으로 학부모와 학교 교사들의 역량이 향상되지 못하고 효과적인 파트너십을 형성하지 못할 수 있다는 것이다. 이는 학교에서는 설문지나 포커스 그룹 등 다양한 설문조사들을 통해 학부모가 생각하고 경험하는 어려움과 장애물들에 대한 이야기를 듣고, 학부모들의 목소리에 귀 기울이는 것이 중요하다는 것을 말해 주고 있다. 또한 학교 내에서 교사, 학교 상담가 등 학교 관계자들의 어려움 과 장애물들에 대한 자료를 수집하는 것도 매우 중요하다. 학부모 교육참여 정책이나 프로그램 개발을 위해서는 교사와 학부모 양쪽의 어려움들을 인식하고 그 어려움들을 어떻게 줄일지에 대한 노력과 방법들을 고안하고 해결하는 노력들이 필요하다.

둘째, 효과적인 학교와 학부모의 파트너십의 형성에는 필수 상황 조건들이 있다. 이 필수 상황조건들은 파트너십 형성의 과정에 필요한 조건들과 주변 상황의 체계가 뒷받침해 주어야 하는 조건들이 필요하다는 것이다. 즉, 과정 조건들이라는 것은 파트너십 활동들에서의 운용, 절차, 그리고 실행하는 과정에 학부모와 교사 또는 학부모와 학교의 관계가 신뢰와 강점에 바탕을 두고 실행되어야 하고 그 과정들은 학생들의 학업성취라는 결과와 연결되어 있어야 한다. 다시 말해 그 과정들이 학부모와 학교는 서로 존중하고, 협력적이고 상호적이며, 문화 수용적이어야 한다는 것이다. 예를 들면, 학교는 학부모의 밤이라는 행사를 만들어 학부모들을 초대하여 학부모가 참여하는 다양한 문화를 소개하는 일을 할 수 있다. 이러한 행사를 계획하고 실행하는 모든 과정들에 상호 신뢰가 바탕이 되었는지, 일방적이지 않고 상호성에서 이루어졌는지, 학부모를 존중하며 그들의 문화에 수용적인 과정 속에 계획되고 실행되었는지가 효과적인 파트너십 구축에 중요한 상황 조건들이 된다. 이러한 상황 조건들은 우리 눈에 보이지 않고 측정할 수 없기에 때론 무시되거나 중요하지 않게 여겨질 수 있으나, 학교－학부모 파트너십 구축에 필수적인 중요한 주축이 되는 것들이다.

필수 상황조건들의 또 다른 조건은 학교라는 조직이 체계적으로 구축되어 서포트 해줄 수 있어야 한다는 것이다. 학교와 학부모의 파트너십 구축이 일시적이고, 단편적이며, 임시방편적인 행사나 이벤트가 아닌 장기적인 학교 발전의 비전과 목표가 되는 것이 필요하고 학교장과 관계자들의 리더십을 바탕으로 체계적이어야 한다. 다시 말해 파트너십이 한두 개의 행사나 프로그램을 만들고 실행으로 파트너십 구축을 했다고 말하거나, 학부모 교육참여를 위한 노력들을 했다고 하는 것이 아니라, 학부모 참여나 학교와 학부모 협력적 파트너십은 다양한 방식으로 종합적이고 체계적으로 이루어져야 하고, 지속가능한 것이어야 한다. 예를 들면, 학교들이 학교－ 학부모 파트너십을 위해 학부모와 관계 개선을 위해 일회성으로 또는 일 년에 한 번 학부모에게 보내는 학교 편지 나 학부모가 참여하는 등산과 같은 행사로 파트너십의 긍정적 효과를 내기 어렵다는 것이다. 또한 학교가 파트너십을 위해 학교 관계자들의 리더십을 증진하지 않거나, 조직 문화나 시스템이 체계화되어 있을 않을 경우 파트너십 구축이 어려울 수 있으며 학부모와 학교의 역량 개발을 위한 다양한 전략이나 프로그램들이 효과를 발휘하지 못할 수도 있다.

셋째, 이중 역량강화 프레임워크(The Dual Capacity-Building Framework for Family-School Partnership)는 효과적인 학교와 학부모의 파트너십을 위해 네 가지 목표를 제시하였다. 학부모와 학교의 역량을 기르는 정책과 프로그램은 4C,즉 능력 또는 역량(Capabilities), 연계(Connections), 인지(Cognition), 확신 또는 자신감(Confidence)의 4개의 목표를 달성한다. 구체적으로 각종 학부모 참여정책과 프로그램들은 행정가, 교육전문가, 교사들의 능력 또는 역량(Capabilities)을 향상할 수 있도록 초점을 맞추어 한다는 것이다. 즉, 학부모들이 학교에 참여할 때 그리고 자신의 자녀들의 교육을 도울 때 직면할 수 있는 어려움과 장애물 그리고 서로의 문화적 환경적 차이에 대한 이해를 높이고 ,학부모와 소통하고 파트너십을 형성할 수 있는 역량을 높이는 노력과 정책 그리고 교육 프로그램들이 있어야 한다는 것이다. 예를 들면, 학부모와 갈등 해결을 위한 효과적인 의사소통 방법 또는 정서적인 어려움을 가진 학생의 학부모와의 효과적 면담 기술 등의 구체적인 교육프로그램과 매뉴얼 등을 통해 교사의 역량과 능력을 기르는 것이 필요하다. 학부모들을 위해서는 학교 생활, 즉 성적 처리 과정, 학교 정책과 교육과정 등에 이해와 지식을 높이는 교육 프로그램들을 통해 학부모의 능력을 높이는 것이 필요하다. 또한 학부모가 자녀를 변호할 수 있는 능력과 필요하다면 학부모 그룹을 형성하고 학교와 협력할 수 있는 능력을 기르는 노력들이 필요하다.

효과적인 학부모-학교 협력은 상호 존중과 신뢰에 바탕을 둔 관계와 연계 또는 네트워크 형성이 매우 중요하다. 이에 학교는 교사-학부모, 학부모 대 학부모, 그리고 학부모와 지역사회와 연계 또는 네트워크 형성을 목표로 한 정책과 프로그램 개발이 필요하다. 이는 학교-학부모 협력관계가 지역사회가 중요한 역할을 할 수 있으며, 학교-학부모 관계에 다리 역할을 통해 서로 연결되고 협력하여 긍정적 결과를 낳을 수 있다는 것을 강조한다. 학부모와 학교의 파트너십은 가끔 학부모 와 학교의 자신감(Confidence) 부족으로 실패한다. 예를 들면, 학교는 학부모에 대한 불편함과 오해 그리고 불신으로 인해 학부모와 교류를 피하고, 그로 인해 학부모와 협력관계를 맺는 것에 대한 자신감이 없어지게 될 수 있다. 또한 학부모도 학교에 대한 불신과 많은 좋지 않은 소문 그리고 편견 등으로 학교에 대한 부정적인 인식이 쌓여 학교와 협력하는 것을 꺼리게 되면 좋은 관계를 맺을 자신이 없게 된다. 이러한 것들은 학생들의 학업성취를 향상시키고 긍정적 교육성과를 내는 데 걸림돌이 될 수 있다. 이에 학부모와 학교가 효과적인 파트너십 형성에 대한 자신감을 높은 프로그램과 정책을 개발하는 것이 중요하다.

학교 교사들과 학부모의 능력 또는 역량(Capabilities), 연계(Connections), 그리고 확신 또는 자신감(Confidence)을 기르는 노력들은 학부모와 학교 교사들의 인지, 즉 가정, 신념, 그리고 관점의 전환을 수반해야 할 수 있다. 다시 말해, 교사들이 학부모 교육참여를 높이는 노력들이 학생들의 학업성취에 중요한 것이라 믿지 않는다면, 학부모와의 관계형성을 위해 적극적으로 노력하고 행동하지 않을 것이다. 또한 학부모들이 학교가 학부모의 학교 교육참여를 중요하게 여기지 않는다고 믿는다면, 학부모는 학교 참여에 적극적이지 않을 것이다. 학교와 학부모의 저 밑바닥에 있는 서로에 대한 인식, 그리고 학교-학부모 협력관계 형성에 대한 관점 과 믿음들이 프로그램과 정책들의 성공에 중요한 열쇠가 될 수 있음을 인식하고 긍정적이고 건강한 신념과 관점들이 형성되도록 돕는 것이 필요하다.

마지막으로 이중 역량강화 프레임워크(The Dual Capacity-Building Framework for Family-School Partnership)는 역량 강화를 위한 학교와 학부모의 지속적 헌신의 이상적인 결과물에 대한 이야기하고 있다. 교사와 학교 교육전문가들의 향상된 역량은 결과적으로 학부모를 환영하는 학교 문화를 형성되고, 학부모의 축적된 지식들을 중히 여기고, 학부모와 함께 만들어가는 교육으로 학부모의 교육 참여가 학생들의 학업으로 귀결된다는 것이다. 또한 학부모의 향상된 역량은 학부모들이 자녀의 교육을 위해 지지, 응원, 변호, 그리고 감독할 수 있는 자로 성장하고 좋은 롤 모델이 되며, 학교와 효과적인 협력을 통해 바람직한 교육성과를 내게 된다는 것이다.

이처럼 이중 역량강화 프레임워크(The Dual Capacity-Building Framework for Family-School Partnership)는 학부모와 학교가 효과적인 파트너십을 형성을 위한 역량을 기르고 성공적인 교육 성과를 내기위해 필요한 과정을 종합적이고 체계적인 틀과 로드맵을 제공한다는 것에 중요한 의의가 있다. 이 프레임워크는 효과적인 파트너십을 위해 역량 계발의 장애물을 인식하고 해결하는 것에서부터 파트너십 구축을 위한 환경과 체계 구축 그리고 과정의 중요성을 강조한다. 또한 역량 개발 프로그램과 정책은 학부모와 학교 교사들과 행정가들이 능력 또는 역량(Capabilities), 연계(Connections), 인지(Cognition), 자신감(Confidence)을 기를 수 있도록 해야 하며, 그 역량들이 학교와 학부모의 효과적인 파트너십을 형성하여 학생들의 교육성취를 높이게 된다는 것이다.

다양한 사례연구

이러한 이중 역량강화 프레임워크(The Dual Capacity−Building Framework for Family−School Partnership)는 미국의 연구자들과 현장 전문가들에 의해 사례연구들을 통해 학교 현장에서 긍정적 효과를 내는지에 대한 연구들이 늘고 있다. 예를 들면, Perry와 Geller(2023)는 켄터키(Kentucky)주에 있는 학부모 참여 센터에서 이중 역량 강화 프레임워크를 근거로 가족, 학교 교육가, 행정가, 그리고 지역사회 파트너들의 역량을 기르는 훈련 프로그램, 학부모 리더십 개발, 학부모 참여에 방해가 되는 정책들을 줄이는 노력들, 캔터키 주에 있는 다양한 학부모 네트워크와 자문회를 지원하는 활동들을 실행하여 학생들의 학업성취를 높이는 결과를 보여줬다. 또한 Clark−Louque와 Latund(2019)은 학부모와 학교의 역량 강화를 위한 교사들을 위한 전문성 향상 프로그램, 지역 사회 그리고 교회들과의 협력관계를 형성하여 학부모와 학교의 신뢰 회복을 위한 프로그램들을 실행하는 사례를 제시하였다. 이중 역량강화 프레임워크(The Dual Capacity− Building Framework for Family−School Partnership)를 개발한 Mapp 과 Kuttne의 팀에서는 미국의 동부, 중부, 그리고 서부에 있는 학교와 지역교육구에서 그 프레임워크로 가정방문, 교사와 학부모 학업 팀, 학부모 아카데미, 가정－지역사회 지원프로그램, 그리고 가족자원지원 센터 등의 활동들이 긍정적 효과를 보여주었다는 증거 사례들을 제시하였다. 이중 역량 강화 프레임워크가 실제 현장에서 사용하였을 때 효과가 있다는 증거를 제시함으로써 이 프레임워크의 신뢰도를 높일 수 있다.

한국 교육에의 시사점

지금까지 미국의 많은 주들이 학교－학부모 파트너십과 학부모의 교육 참여를 장려하고 증진하기 위한 프로그램과 정책 계발에 사용되고 있는 이중 역량강화 프레임워크(The Dual Capacity－Building Framework for Family－School Partnership)에 대해 알아보았다. 이중 역량 강화 프레임워크가 한국의 교육 현실에 시사하는 점은 다음과 같다.

첫째, 이중 역량 프레임워크는 한국상황에 맞는 학교－학부모 파트너십 형성 프레임워크의 개발을 위한 예시로 이용될 수 있고, 또한 직접 현장에 적용하여 한국 상황에서도 효과가 있는지 입증해 보는 데 사용될 수 있다. 최근 한국에서 학부모와의 갈등과 문제가 교사들의 자살로 이어지는 비극이 발생하고 많은 학교 교사들이 거리로 나와 시위를 하면서 학부모와의 관계에 대한 문제들이 표면화되고 다양한 정책과 법률에 대한 논의가 있다. 이러한 논의는 다른 나라의 사례들을 살펴보고 한국 상황에 맞는 지속가능한 학교－학부모 파트너십 형성을 위한 이론적 틀과 종합적인 프레임워크를 개발하는 것으로 이어지는 것이 중요하다고 생각한다. 이론적 또는 개념적 프레임워크는 중요한 개념과 요소들의 관계들을 통해 현상을 기술, 설명, 그리고 예측하게 해준다. 이에 연구자들이 왜, 어떻게 그리고 무엇을 측정하고 조사해야 하는지에 대한 근거를 제시해 주고, 정책개발자와 학교 관계자(예: 교장, 교사, 학교 상담자 등)들이 정책과 프로그램을 만드는 틀을 마련해 주는 장점이 있다.

이중 역량 프레임워크는 학부모와의 효과적이고 신뢰에 바탕을 둔 협력 관계 형성을 위한 종합적인 틀을 제공하였다는 의의가 있기에, 아직 종합적이고 체계적인 이론적 틀이 없는 한국 상황에서 기존의 프레임워크를 이용하여 현장에 시범적용을 통해 효과를 내는지 살펴보는 것부터 시작하는 것이 필요할 수 있다.

둘째, 이중 역량 강화 프레임워크는 교사와 학부모의 역량 계발은 학부모와 교사들이 겪는 어려움들을 인식하고 반영하는 것으로부터 출발하는 것이 중요하다는 것을 보여준다. 이는 학부모들과 교사들의 목소리에 귀 기울여 그들이 겪는 파트너십 형성의 어려움, 장애물 그리고 무엇을 원하는지 듣는 것에서 정책과 프로그램이 만들어지고 실행되어야 한다는 것이다. 가끔 많은 정책과 프로그램이 학교 현장에서 매일 경험하고 겪고 있는 교사들과 학부모의 요구나 의견에서 시작하는 하의상달식(Bottom up)보다는 몇몇의 정책 개발자와 소위 전문가들이 모여 만든 정책을 각 지역 교육청과 학교에 배부하여 이행하도록 하는 상의하달식(top-down approach)으로 되는 경우가 있다. 상의하달식 접근은 학교 현장의 저항들에 부딪치고 동의를 구하지 못해 전시 행정으로 끝나거나 각 학교와 지역이 가지는 특수한 상황들을 고려하지 못해 긍정적 효과를 내지 못할 수 있다. 학부모와 교사들의 의견 수렴을 위해 설문지, 포커스 그룹, 대담 형식 등의 다양한 통로를 통해 학부모와 교사들이 생각과 의견들을 듣는 노력이 먼저 수반되고 이를 반영한 역량 계발 프로그램과 정책 수립 단계로 가는 것이 필요하다.

셋째, 효과적인 학교－학부모 파트너쉽 형성을 위한 학부모와 교사들의 역량 계발을 위해서는 학부모와 학교의 신뢰 회복이 중요하다는 것을 시사한다. 학부모와의 관계에서 발생된 최근의 사건들은 교육부, 지역교육청, 그리고 일선 학교에서 학부모와의 신뢰 회복을 위해 어떠한 노력이 필요한지에 대해 깊고 다양한 논의가 무엇보다 시급하다는 것을 보여 주고 있다. 다양한 논의와 연구들을 통해 신뢰회복에 바탕을 둔 프로그램 과 정책의 계발이 시급하게 이루어져야 할 것이다.

넷째, 예비교사와 교사들의 학부모와의 관계에서 필요한 능력 또는 역량(Capabilities)과 확신 또는 자신감(Confidence)을 기르는 연수 프로그램과 수업이 개발되어야 한다. 학부모와의 효과적인 관계형성은 저절로 이루어지는 것이 아니라 능력의 향상으로 가능하다. 교육대학교와 대학원에는 예비 교사들의 학부모와 관계에서 갈등이 생겼을 때 해결방법, 학부모와 효과적인 대화 방법, 그리고 학부모 교육 참여를 증진하는 방법들의 구체적인 사례를 통해 지식과 기술들을 습득하고 연습하는 훈련을 통해 능력과 자신감을 향상하는 것이 필요하다. 또한 교사 연수를 통해 사회의 변화에 따른 학부모의 요구와 특징들이 변화하는 것을 인식하고 효과적 대화 방법과 파트너십 형성을 위한 역량을 기르는 프로그램을 제공하는 것이 필요하다.

마지막으로 효과적인 학부모－학교 협력관계 형성에서 지역사회가 중요하다. 지역사회는 학교가 학부모와의 협력관계를 이룰 수 있는

다리역할을 할 수 있고 학교가 제공해주지 못하는 다양한 정보, 물질적 자원과 재정적 재원 등을 제공하는 중요한 파트너가 될 수 있다. 예를 들면, 학교는 학부모의 교육 참여 역량을 향상하기 위한 학부모 교육을 지역사회와 협력하여 프로그램을 개발할 수 있고 지역사회의 자원들을 학부모가 이용할 수 있도록 도울 수 있다. 이는 학교와 지역 교육청들이 지역에 어떠한 자원들이 있는 조사하여 어떻게 그 자원들을 활용할 것인지, 어떻게 학부모들에게 연결시켜줄 것인지에 대한 전략이 필요하다.

학교에서 학부모와의 협력관계 형성과 학부모가 학교의 협력자로서 자녀의 교육에 적극적으로 참여할 수 있도록 돕기 위한 방식, 전략, 그리고 정책에 대한 논의와 연구들은 활발히 이루어져야 한다. 특히 경제적, 시대적, 사회적 변화에 따라 학부모와 교사들의 요구가 다르기에 효과적인 파트너십 형성을 위해 교사와 학부모 역량 향상이 매우 중요하다. 또한 학교는 파트너십 형성과 역량을 기르기에 적절한 환경을 갖추고 이를 뒷받침할 수 있는 시스템의 변혁이 필요하다. 개인적으로 이중 역량강화 프레임워크(The Dual Capacity-Building Framework for Family-School Partnership)가 한국의 풍토와 문화에 맞는 교사와 학부모의 역량 향상 프레임워크 개발에 도움이 되고 그리고 학교 현장 적용을 통해 어떠한 효과를 내는지에 대한 다양한 연구들이 이루어지기를 바란다.

Act, E. S. S. (2015). Every student succeeds act. *Public law,* 114–95.

Kim, J., & Bryan, J. (2017). A first step to a conceptual framework of parent empowerment: Exploring relationships between parent em–powerment and academic performance in a national sample. *Journal of Counseling and Development, 95,* 168–179. https://do–i.org/10.1002/jcad.12129

Kim, J., Fletcher, K., & Bryan, J. (2018). Empowering marginalized pa–rents: An emerging parent empowerment model for school counselors. *Professional School Counseling, 21*(1b), 1–9. https://do–i.org/10.1177/2156759X18773585

Kim, J., Bryan, J. G., Griffin, D., & Sharma, G. (2022). Hidden behind the model minority stereotype: exploring disparities and the role of parent empowerment in Asian students' college enrollment. *Journal of Multicultural Counseling and Development,* 1-12. https://do–i.org/10.1002/jmcd.12266

Mapp, K. L., & Kuttner, P. J. (2013). Partners in Education: A Dual Capacity–Building Framework for Family–School Partnerships. *Sedl.*

Mapp, K. L., & Bergman, E. (2019). Dual capacity–building framework for family –school partnerships (Version 2). Dual–Capacity. *Available online: www. dualcapacity. org (accessed on 31 July 2021).*

Perry, D. M., & Geller, J. (2021). Toward an integrated, systemic, and sustainable model of transformational family engagement: The case of the Kentucky statewide Family Engagement Center. *Social Sciences,*

10(10), 402.

Clark−Louque, A., & Latunde, Y. C. (2019, May). Addressing inequities in African American student achievement: Using cultural proficiency and a dual capacity building framework. In *Frontiers in Education* (Vol. 4, p. 33). Frontiers Media SA.

08
아이의 성장을 위한 학부모와 교사 협력*

이종철_한국교원대 겸임교수
임고운_국립한밭대학교 강사

학부모-교사 파트너십의 장애물
: 학부모와 교사 간 부정적 관계 경험의 일반화

교육의 3주체(교사, 학생, 학부모)가 함께 만들어가는 학교를 위해 '학부모의 학교 참여 활성화'와 '학교와 가정의 연계', '교사와 학부모의 파트너십'이 필요하다는 주장이 꾸준히 제기되고 있다(강대중 외, 2022; 김기수 외, 2019; 이종각, 2016). 그러나 이러한 주장에 대해 학교와 현장 교사들은 불편해하고 거부하는 반응까지 보인다. 교사들은 학부모를 '민원인'처럼 생각하여 '불가근불가원'의 원칙으로 대한다. 학부모 참여 정책은 '교사와 학부모의 상호 신뢰'에 기반을 둔 '교육적 협력'을 전제로 하는데, 이에 대한 교사들의 감정은 대체로 부정적인 편이다.

이것은 학부모도 마찬가지다. 학부모의 교육권을 인정하지 못하

---

* 이 글은 「학부모연구」 제10권 제1호에 게재된 논문을 수정·보완한 것임.

고 자신의 권리만 고집하는 교사에 대한 '신뢰 상실'(이종각, 2016)과, 무관심하고 무책임하며 매너리즘에 빠진 교사들에 대한 '불신'이 학부모들 사이에 팽배한 것이다(김장철, 2017). 학부모와 교사 간 긍정적 관계의 경험들이 일반화되는 게 아니라 부정적 관계의 경험들이 일반화되고 있으며, 이와 같은 상호 불신의 상황에서 '파트너십'이란 애초에 불가능한 일이다.

이러한 상황을 극복하기 위해서는 '학부모와 교사의 협력을 통해 더 나은 교육을 할 수 있다'라는 인식이 이상적인 명제에 머무르지 않고, 실제 교육 현장에서 해당 주체들의 삶을 통해 의미 있게 경험되는 게 필요하다. 그래야 두 주체 간의 의미 있는 파트너십과 학부모 – 교사 관계에 대한 변화도 가능해질 것이다. 그러나 안타깝게도 우리 사회에는 아직 학부모 – 교사 파트너십에 관한 성공적 사례에 대한 감각이 매우 부족하다.

학부모와 교사 관계에 대한 담론

학부모와 교사의 관계를 좀 더 깊이 있게 생각해 보기 위해서 관련된 몇 가지 담론들을 함께 살펴보자.

Boutte와 Johnson의 3가지 패러다임
: 실증주의적, 생태학적, 비판적 패러다임

학부모와 교사는 자녀교육을 매개로 형성된 관계다. 아동의 성장 과정에서 부모의 역할은 일찍부터 그 중요성이 강조되어왔으나, 본격적으로 학령기 이상의 학교 교육과정에서 학부모가 교사와 '협업하는 동반자 관계'로서 그 위치가 주목된 것은 비교적 최근의 일이다.

학부모와 교사의 파트너십에 관한 논의를 했던 여러 학자 중에, Boutte와 Johnson(2014)의 관점은 주목할 만하다. 그들은 학부모와 교사의 파트너십에 관한 논의를 크게 3가지 패러다임(실증주의적 (positivistic), 생태학적(ecological), 비판적(critical) 패러다임)으로 개념화하여 정리하였다.

먼저 '실증주의적 패러다임'이란 학생의 학업성취 결과에 대한 촉진에 궁극적 목적을 두고 '전문가인 교사'에 대한 '학부모의 지원 (support)'을 파트너십으로 보는 것을 말한다. 이 관점은 양적으로 수치화된 최종 학업성취 결과 등으로 학부모의 협업 여부를 보기 때문에, 가정의 사회경제적 배경에 함의된 구조적 불평등 문제들을 교사가 보지 못하게 될 뿐만 아니라, 학부모와 교사의 관계가 위계적으로 지속되게 하는 한계를 갖는다.

다음으로 '생태학적 패러다임'이란 가정과 학교를 아동이 가장 많은 시간을 보내는 곳이자 이들의 성장에 영향을 미치는 미시체계의 중요한 영역으로 간주함에 따라, '교사와 학부모 간의 협력 (collaboration)'을 파트너십으로 보는 것이다. 학생의 학업성취결과를 촉진하는 데 협력의 목적이 있는 것은 실증주의 패러다임과 같으나, 학부모가 전문가인 교사의 역할을 보조하는 것이 아니라 '가정'이라는 다른 영역에서 아동의 학습을 위해 중요한 역할 수행을 하는 '행위 주체 (agency)'가 된다는 점에서 구별된다. 그러나 이 두 가지 패러다임은 여전히 '학교 중심'의 전통적인 관점을 벗어나지 못한다는 한계가 있다.

한편, '비판적 패러다임'은 학부모와 교사의 파트너십의 목표를 학교에서의 성공적인 학업성취를 넘어서서 '아동의 전인적 발달 자체'

에 두는 것으로 확장시킨다. 학부모는 자녀의 교육과정에서 교사와 '동등한 자격이 있는 교육 주체'로서 적극적으로 자신의 목소리를 내며 '자녀의 전인적 성장과 발달'의 관점에서 필요한 의사결정과정에 참여함으로써 교사와 협력하게 된다. 이는 '협력'을 넘어 학부모의 '역량을 강화(empowerment)'하는 것을 파트너십으로 본다.

국내에서 수행된 학부모와 교사의 관계를 다루는 연구들을 살펴봐도, 학부모와 교사의 파트너십에 관한 실증주의적, 생태학적, 비판적 패러다임이 공존하고 있음을 알 수 있다. 학부모는 아동의 긍정적 학업성취 결과에 도움이 된다는 점에서 그 역할의 중요성이 논의되기도 하고(권순범·김월섭·진미정, 2017; 변수용·김경근, 2008; 주동범·이원석·이현철·김광석, 2018), 아동의 행복과 진로교육의 방향성 탐색을 증진하는 데도 중요한 동반자로 인식되었다(김정미, 2019; 변정희·이은호·박한숙, 2012). 또한, 학교 교육의 민주화를 촉진하고 자녀의 교육을 위한 의사결정과정에 참여하는 교육 주체로서 그 역할의 중요성 및 협업의 필요성이 논의되기도 했다(김현정·이종각, 2019; 조금란·조혜영, 2019). 최근에는 교육 주체로서 학부모의 지위와 권한에 많은 관심을 두고, 학교운영위원회나 교육 봉사를 넘어 '학교 운영의 공동주인'(오재길, 2017), '교육주권자'(이종각·황성희, 2017) 역할을 강화하는 논의도 나타나고 있다. '실증주의적 패러다임', '생태학적 패러다임'을 지나 점차 '비판적 패러다임'으로 학부모와 교사의 관계를 바라보려는 노력이 확대되고 있는 것이다.

Gedik의 '한 팀(a team)'관점

그러나 이처럼 학부모-교사 담론이 '동등한 동반자'로 점차 변화되어 온 것에 비해, 실제 두 교육 주체가 느끼는 감각은 많이 다른 것으로 보고된다. 학부모들은 '불편한 감시자', '교권을 침해하는 사람', '스트레스와 소진의 원인', '소통하기에는 부담스러운 대상' 등으로 묘사되고 있으며(강문정, 2022; 손준종, 2012), 교사들은 '공부에 도움이 안 되고', '학생에게 관심이 없고 책임지지 않는', '학부모를 도우미로 생각하는 사람'등으로 묘사되고 있다(김장철, 2017; 황성희, 2022).

이에 대하여 Gedik(2021)은 문제의 책임이 부모에게 있다고 보는 관점(학부모가 학교 목표의 성취를 지원할 의무와 역할을 잘 못하고 있다)이 문제라고 지적한다. Gedik은 학부모와 교사의 파트너십은 좀 더 포괄적인 목표를 성취하기 위해, 함께 일할 기회를 가진 '한 팀(a team)'이라는 인식으로 서로를 봐야 한다고 주장한다. 그는 터키 공립학교에서의 사례를 통해, 학부모와 교사가 함께 아동의 학습 계획을 지원할 것을 서로 '약속(a contract)'하고, 이를 위해 '빈번한 의사소통'을 하며, '부모 역량 강화를 위한 교육'을 하고, '유연한 학교 행정을 지원'하는 것 등이, 서로 존중하고 신뢰를 주고받는 '파트너십 형성'에 효과적으로 기여하였음을 드러냈다. 한 아이의 성장을 위해 '한 팀(a team)'이 되어, 상호 간 지속적인 소통과 헌신의 노력을 하는 것이 필요하다는 것이다.

아이의 성장을 위한 학부모와 교사 협력 사례
: 나무 학교 이야기

우리나라에서도 Boutte와 Johnson(2014)이 말한 '비판적 패러다임'의 이해를 공유하면서 Gedik(2021)이 말한 '한 팀(a team)'의 특징을 보여주는 학부모와 교사 협력 사례를 찾아볼 수 있을까? 우리는 대안학교의 학부모와 교사 관계에서 그러한 모습과 특징들을 발견할 수 있다고 보았다.

대안학교는 공교육 내 학교에 비해 구성원 간 교육철학에 대한 공유 정도가 높고, 학부모-교사 관계가 긴밀하며, 학교 참여와 운영에서의 학부모의 위치가 좀 더 존중된다는 차이점을 가진다. 대안학교는 기존의 학교교육이 터하고 있는 세계관에 대한 근본적인 문제를 제기하는 '대안성'과, 학교를 공동체로 바라보는 '공동체성'을 추구하는 학교로, 학교의 교육철학을 중심으로 한 학교 구성원 간의 '관계성'이 그 교육철학의 실현에 중요하게 작용하는 학교다(고병헌, 1997; 김영하, 2015; 임고운·이은혜·이종철, 2020).

그래서 대안학교에서 학부모의 위치는 주체적인 교육권자로서, 학교를 선택함으로 '학교가 추구하는 교육 가치와 신념이 구현되도록 응답해 주는 자리'에 있다(대안학교를 선택해주는 학부모가 없으면, 대안학교는 구현이 불가능하다). 또한 대안학교 학부모들은 학교 운영에 적극적으로 참여함으로써, '학교를 함께 만들어가는 자리'에 서 있다. 이런 점에서 대안학교에서의 학부모-교사 관계는 공교육에 비해, 그 관계가 상대적으로 학교의 교육목표를 중심으로 더 긴밀하고 긍정적인 관계를 형성하고 있다고 볼 수 있다.

'나무 학교'(가명)

경기도에 소재한 종교계 대안학교 중 한 곳인 '나무 학교'(가명)에서 나타나는 학부모-교사 관계의 모습과 특징을 집중적으로 탐색해 보자.

나무 학교는 2011년에 설립되어 약 12년 차가 된 학교로 초, 중,

고 통합 학교(12년제)로 운영되는 학교이다. 교사 수는 약 40여 명, 학생 수는 약 300명 정도로 대안학교 중 규모가 꽤 큰 편에 속하며, '희생과 협동의 정신'을 강조하고, '소명의 삶'을 추구하는 교육적 특징을 갖는다. 이 학교는 설립 때부터 '학부모-교사의 수평적이고 협력적인 관계'를 오랜 전통으로 지켜오고 있어서, 그 관계의 토대와 특성, 그리고 그 결과를 두루 살펴보기에 적합하다.

학부모와 교사의 서로 다른 관점을 이해하면서도 각각의 입장을 잘 드러낼 수 있도록, '학부모이면서 교사이기도 한 이들(일명 '교사학부모')' 6명을 만났다. 이들은 교사와 학부모 양쪽의 정체성을 모두 가지고 있어서 서로 다른 입장의 경험을 잘 이해하고 드러낼 수 있었다. 6명은 '현재 공교육 교사이면서, 대안학교에 자녀를 보내는 학부모'가 2명, '현재 대안학교 교사이면서, 공교육에 자녀를 보내는 학부모'가 1명, '현재 대안학교 교사로서, 자녀 역시 대안학교에 재학 혹은 졸업한 학부모'가 3명이었다. 그리고 대안학교 교사 중에는 '과거 공교육 교사로 재직했던 경험이 있는 이들'도 2명이 있었다. 소중한 이야기를 들

표 1 연구참여자 배경 정보

구분	참여자	성별	연령	학교급		대안학교 교직경력	공교육 경험	
				교사	학부모		교사	학부모
교사	김준수	M	40대	초등	X	17년	2년	5년
	성은희	F	50대	초등	X	13년	X	3년
교사 + 학부모	최원석	M	40대	고등	중등	10년	4년	6년
	이지은	F	50대	초등	고등	16년	X	8년
학부모	박태우	M	40대	X	초등	없음	17년	6년
	안수연	F	30대	X	초등	없음	14년	3년

* 구분과 학교급은 나무학교(가명)에서의 현재 위치를 의미함.

려준 6명의 정보는 〈표 1〉과 같으며, 이름은 모두 가명이다.

대안학교에서 학부모와 교사는 서로를 어떻게 인식하고 있으며, 학부모와 교사의 관계는 어떤 특징을 가지고 있을까? 나무 학교 '교사 학부모' 6명의 이야기를 통하여 학부모와 교사의 성공적 파트너십이 어떻게 형성될 수 있는지 살펴보자.

나무 학교에서의 학부모-교사 관계의 특징

협력의 토대 1
: 쌍방향 선택을 통한 출발점(교육관)의 일치

교사들은 대안학교 학부모들을 '차원이 다른 열심'을 내는 학부모로 인식하고 있었으며, 학부모들은 대안학교 교사들을 '교육에 진심'인 분들로 인식하고 있었다. '열심인 학부모'와 '진심인 교사'가 만나서 '욕심을 조율'해 가며 함께 만들어가는 곳이 대안학교라는 것이다.

이때 대안학교의 학부모와 교사 관계가 그 맥락적인 측면에서 공교육의 그것과 가장 구별되는 점은 학교에 대한 학부모들의 '선택'이 작용한다는 점이다. 이 선택은 초·중등교육법상 '의무교육'과 '취학의 무' 규정이 적용되는 초등학교 시기부터 이루어지고 있고, 이는 제도권 학교에 대한 나름의 문제의식과 대항정치적 가치에 따른 행위로 해석된다는 점(엄수정, 2019)에서 공교육 내에서 여러 학교 유형 중 하나를 선택하는 것과는 다른 의미를 지닌다.

대안학교의 교사들 역시 학교를 '선택'하여 온 이들이라는 점은 마찬가지다. 그들도 '소명 의식', '대안적으로 추구하는 교육 가치', '학교 공동체에 대한 이상' 등을 찾아온 이들이다.

안수연 학부모는 자신이 중요하게 생각하는 가치관을 나무 학교에서 충분히 구현하고 있으며, 방향성이 같다는 생각에 대안학교를 선택하는 것을 주저하지 않았다고 했다. 공교육 초등학교 교사이기도 한 그녀는 '학교가 제시하는 교육철학'을 '학부모가 선택하는 구조'는 한 학교의 구성원으로서 학부모와 교사의 '출발점을 같게' 하는 역할을 한다고 느꼈고, 이것(교육관을 중심으로 '쌍방향 선택')이 곧 나무 학교 학부모와 교사 관계의 핵심적 토대를 형성하는 것이라고 인식하였다.

공교육은 사실 학부모가 선택하는 구조가 아니잖아요. 학부모도 선택할 수 없고, 교사도 선택할 수 없는 상황인데, 대안학교는 일단 학부모가 선택합니다. '우리 학교에서는 이런 교육을 합니다'라고 할 때, (교사와 학부모가) 중요하게 여기는 출발점이 같습니다....[...]...면접할 때 예를 들면 "사교육에 대해서 어떻게 생각하세요? 우리 학교는 사교육을 금지시키는데 이걸 따를 수 있나요?" 이런 것들을 물어보세요....[...]...학부모의 가치관과 학생의 태도 이런 것들을 먼저 확인하는 작업을 거치셨기 때문에, '쌍방향적으로 선택했다'라고 저는 생각이 들어요(안수연, 면담, 2022/04/22).

협력의 토대 2
: 학부모를 교육의 공동 주체(함께 가는 대상)로 인식

김준수 교사는 나무 학교가 종교계 대안학교로서 '가정 – 교회 – 학교의 깊이 있는 연계 교육 원리'(삼위일체 교육)를 학교의 중심 철학으로 삼고 있다는 것을 강조하였다. 가정에서 가르치고자 하는 바가 교회의 가르침과 연계되고, 이것이 또 학교에서의 교육과도 연결되어야 한다는 뜻이다. 삼위일체 교육철학은 교사들이 학부모를 '함께 가는 대상', '같이 가는 관계'로 바라보게 하는 중요한 토대가 되었다.

> 공교육에서는 학부모를 학교와 함께 가는 대상으로 바라보지는 않아요. 그 차이가 있는 것 같아요. 저희는 교사와 학부모가 같이 가는, 애초에 태생적으로 처음 할 때부터 같이 가는 관계라고, 아예 '삼위일체 교육'이라고 해서, 같이 하는 거라고 설정을 해 놓았기 때문에... (김준수, 면담, 2022/04/11)

협력의 형태
: 다양한 영역에서의 적극적 참여와 교류(잦은 소통)

'상호 선택'에 의해 '교육의 공동 주체'로 만난 나무 학교의 학부모와 교사들은 학교 운영 과정에서도 적극적으로 참여하며 교류하고 있었다.

일반적으로 대안학교는 공교육보다 학부모가 학교 활동에 참여해야 하는 일들이 많다. 나무 학교의 경우, 기본적으로 매달 필수로 참석해야 하는 '학부모 교육'을 비롯하여, 학교운영위원회나 이사회에 참석하는 부모들의 경우 '학교 운영'에까지 깊이 참여하고 있으며, 그 외에도 '학부모 기도회', '정기 상담/상시 상담(3월 가정방문, 9월 정기 상담)', '반별 모임', '반 대표 모임', '온라인 소통(BAND로 공지, 어머니 카톡방 운영)', '학부모 주관 행사(아버지 주관 초등 체육대회, 어머니 주관 학교 설명회 시 장터 운영)', '중고등 진로 교육 지원(직업인과의 만남과 체험)',

'학부모 전문가 지원단 운영(자기 직업적 전문성으로 학교 운영에 필요한 부분을 지원)' 등이 있어 학부모의 학교 참여가 다각도로 이루어지고 있었다.

또한 나무 학교가 초창기부터 지속해 오고 있는 3월 '가정방문'은 교사들이 학부모들로부터 자녀를 소개받는 시간이자 그 집안의 분위기나 학생의 성장 과정, 부모의 교육철학 등을 확인하는 중요한 기회다. 코로나 기간 동안 가정방문이 화상회의 플랫폼 zoom을 활용하여 온라인으로 진행되면서 다소 축소되었지만, 나무 학교의 오랜 역사 속에서 이 시간은 아이들이 기다릴 만큼 좋아하는 시간이었다. 김준수 교사는 지금까지 약 200가정 이상을 방문하였는데, 교사가 체력적으로 힘들긴 해도 가르치는 학생들의 삶의 공간과 가정의 분위기 안에서 학생을 이해하고 아이에 대한 부모의 바람을 경청하는 시간이라는 점에서 힘들지만 좋다고 설명했다.

지금까지 제가 간 가정만 200가정은 넘을 거예요. 하여튼 좋아요. 가면 그냥 가정 분위기도 볼 수 있고, 애들 방도 보고. 선생님이 좀 힘들긴 해요....[...]...가정 방문 때는 부모님이 자녀에 대해서 소개해 주는 거예요. 아무래도 3월에 가니까요. 저희가 아이들에 대해서는 아직 잘 모르기 때문에, 그동안 학교에서 잠깐 지낸 걸 설명해 드리기도 하지만, 주로 애가 어떻게 자라왔고, 가정의 분위기는 어떻고, 자녀가 어떻게 자랐으면 좋겠는지, 부모님의 이야기를 듣는 시간이 많죠. (김준수, 면담, 2022/04/11)

학부모와 교사 간 깊은 소통은 아이의 생활과 학업 전반에 관한 세심한 피드백을 서로 주고받는 시간이 되어, 나무 학교가 '문턱이 없는 학교'(성은희, 면담, 2022/04/29)로 느껴지게 했다. 안수연 학부모와 박태우 학부모는 공교육 교사로서 교사의 전화번호를 대개 학부모와 공유하지 않고, 공유하더라도 가급적 일정 시간 안으로 소통을 제한하고자 했던 것('투 넘버', '티처 콜' 등 사용)을 떠올리며, 나무 학교는 '학부모와 교사 간 잦은 소통이 실현되는 학교'라고 평가하였다. 그 결과, 나무 학교 교사들을 '친근한 존재'로, 그리고 학교를 '교육공동체'라고 느끼고 있었다. 물론 안수연 학부모가 보기에는 나무 학교의 학생 수가 공교육 교사들이 맡은 학생 수보다 적고, 학생 상담 이후에 그와 관련된 교사의 행정 업무가 상대적으로 적어서 가능한 것으로 생각되기도 했다.

> 공교육은 교사의 역할이 아이들을 지도하는 것 말고도 업무가 되게 큰 요소거든요....[...]....BAND 같은 온라인으로 소통하는 플랫폼이 있다는 것 자체를 선생님들이 되게 힘들어 하시고요. 그 다음에 휴대폰 번호 같은 경우도, 지금은 코로나 때문에 오픈하시는 분들이 많지만, 그전에는 투 넘버를 쓰시거나, 아니면 티처 콜이나 이런 걸로 업무 시간 내에만 전화를 받을 수 있게 설정을 해 놓으세요... 공교육에서는 보통 선생님들은 zoom으로 할 때도 10분에서 20분 사이면 정말 많이 하시는 거예요...[...]...학생 수가 저희는(공교육에서 제가 가르치는 학급은) 27명인데, 27명을 20분씩 한다고 생각하면 540분인데...[...]...결과 처리까지 생각하면 더 많은 시간을 소비해야 하니까... (안수연, 면담, 2022/04/22)

요컨대 나무 학교의 학부모와 교사 관계는 상호 선택에 기초하여 만난 관계로서 적극적 대화와 학교 운영 등에의 참여를 통해 관심과 책임을 공유하며 교류하는 '파트너십 관계'(손준종, 2012)의 특징을 보였다. 이는 부모와 교사가 단지 '학습'에 관한 짧은 상담 이외에도 학생을 두고 '학교에서는 이 아이를 어떻게 교육하기를 원하는지', 또 '부모가 원하는 자녀의 모습으로 학생이 자라가도록 학교가 어떻게 도울지'를 함께 이야기한다는 점에서 공교육과 차이를 보였다(김준수, 면담, 2022/04/11).

협력의 목표
: 한 아이의 성장을 위한 협업(대화를 통한 입체적 이해)

나무 학교의 학부모와 교사 관계의 또 다른 특징은 '한 아이의 성장'이라는 공동의 목표를 가지고 협업하는 데 있었다. 이를 위해서는 대화를 통해 '아이에 대한 충분한 이해'와 '성장에 대한 그림'이 서로 공유되어야 한다.

김준수 교사는 학부모들과의 소통을 통해 '교사가 할 수 있는 부분'과 '부모가 할 수 있는 부분'이 있음을 인정하며 부모들에게 도움을 요청했고, 부모들은 이러한 연락을 좋아했다고 했다. 이는 교사와 학부모가 '상호보완적으로 협력'할 수 있는 단계로 들어섰음을 의미하는데, 이지은 교사는 '부모와 얼마나 협업이 되는가'가 '아이의 성장 여부를 결정한다'고 하였다(이지은, 면담, 2022/04/13).

저는 부모님들하고 소통을 많이 하고, 얘기를 많이 하는 편이었는데, 어떤 필요가 있어서 전화를 드리거나 아이에게 이렇게 이렇게 해 달라고 얘기하면 되게 잘 해주셨어요. 어떤 아이를 성장시키는 데 있어서, 내가 할 수 있는 부분이 있고, 부모가 할 수 있는 부분이 있는데, 그것을 부모와 함께 이야기하면 아이를 성장시킬 수 있고, 실제로 성장해 가는 모습이 많이 보였어요. 특히 좀 부족한 아이들인 경우에, 학습이나 관계적으로 어떠 어떠한 부분에서 좀 부족한 부분이 보였을 때, 그것을 함께 도와주십사 하고 연락을 드리면 좋아하세요. "가정에서도 이렇게 하고, 학교에서는 이렇게 하겠습니다" 이렇게 상호보완적으로 할 수 있다는 것이 아이에게 있어서는 되게 좋은 학교라는 생각이 들었어요(김준수, 면담, 2022/04/11).

학부모와 교사 간 '대화'는 교사와 학부모가 서로 바라보는 아이의 모습을 이야기하면서 아이를 좀 더 '입체적'으로 이해할 수 있는 수단이 되었다. 교사들은 '아이에 대해 서로 이야기하는 관계'를 학부모와의 관계에서 가장 바라고 원하는 바람직한 관계라고 하였는데, 여기서 중요한 것은 '아이가 해야 하는 것들에 대한 이야기'가 아니라, '아이에 관한 이야기'를 초점으로 삼는 것이었다(최원석, 면담, 2022/04/26). 학부모와 교사의 대화가 '아이가 해야 하는 것들에 관한 이야기'가 되는 순간 그것이 '아이를 괴롭게 하는 것이 될 수 있기' 때문이다. 성은희 교사는 먼저 '가정의 아이'와 '학교의 아이'가 다르며 교사도 부모도 자신의 아이를 온전히 알지 못한다는 것을 인정하는 것을 시작으로, 각자가 있는 자리(학교, 가정)에서 아이의 어떤 모습이 나타나는지를 같이 나누는 게 핵심이라고 생각하였다. 학부모와 교사, 두 주체 간 상호 협업이 아이의 성장에 도움이 된다는 확신을 기반으로 대화가 이루어져야 하며, 이러한 교류와 소통 속에서 교사는 아이를 훨씬 '총체적'으로 볼 수 있게 된다는 것이다.

학교에서는 정말 너무너무 주변을 힘들게 하는데, 집에 가니까 그 엄마가 만들어 놓은 시스템 안에서 그냥 너무 평안하게 잘 지내는 아이가 있고, 또 반대인 아이도 있어요. 학교에서 너무너무 잘 지내고 별로 말도 없는 애가 집에 가서 너무너무 말이 많고 그런 아이들도 있어요. 그러니까 그것은(부모와의 소통은) 아이 한 명을 총체적으로 볼 수 있는 좋은 계기가 되는 것 같아요. (성은희, 면담, 2022/04/29)

협력의 방법 1
: 정보 공유와 소통을 통한 신뢰 만들기

학부모와 교사 간에 이루어지는 대화는 학부모와 교사가 서로를 깊이 알아가는 과정이 되어 '신뢰'와 '친밀감'을 형성하게 했다. 나무학교 교사들은 더 큰 일이 터지기 전에 적절한 정보 제공과 소통을 하는 것이 불필요한 일을 키우는 것보다 낫다고 생각했다. 사실 학부모와 교사 간에 생기는 상당수의 불신은 충분한 정보 공유와 소통만으로도 해결되는 경우가 많다. 이지은 교사와 성은희 교사는 학부모들이 불만을 뒤에서 부모들끼리 공유하며 키우기보다는 교사에게 적극적으로 문의하고 확인할 것을 제안하였다. 이러한 교류가 상호 단절로 인해 오는 오해보다 더 좋은 교육 결과를 얻는다는 것이 교사들의 결론이었다.

> 학교는 부모 오는 거 부담스러워한다(부모들의 선입견)는 생각 때문에, 내 아이를 희생시킨다고 저는 생각하거든요. 부모의 권리는 찾아야 한다고 생각해요. 내 아이를 위한 거라면, 부모는 공교육이 아니라 공공공교육이어도 그 권리를 찾아야 해요... 부모님들도 와서 얘기하면 되는데, 얘기할 용기가 없는 사람들이 뒤에서 자기네들끼리 이야기하면서 확대를 해요. 다른 부모들은 폐 끼칠까 봐, 바쁠까 봐, 너무 예의를 차리려고 하는 부분도 있어요. 저는 말이 안 된다고 생각해요. 선생님은 원래 그런 일(학생을 위해 부모와 소통하는 일)로 바쁜 거지. 당연한 걸 가지고 왜 선생님이 바쁠 걸 자기가 걱정을 해요? 저는 부모님들한테 담임선생님을 만나라. 상담 신청해라. 적극적으로 만나라. 그 얘기를 제가 많이 해요. 그러면 만나는 대로 다 만족하는 것 같아요. 그걸 만나지 못하고 끙끙 앓다가...[...]...큰 문제가 될 때... 그때는 모든 결과를 학교에 책임을 묻고 싶어지죠. (이지은, 면담, 2022/04/13)

이지은 교사가 보기에 학부모가 교사와 소통하는 것은 '부모의 권리를 찾는 것'이며, 자녀에 대한 고민을 혼자서 '끙끙 앓고' 있으면서 교사와의 소통을 부담스럽게 생각하는 것은 '오히려 자녀를 희생시키는 것'이었다. 이러한 점에서 나무 학교의 학부모와 교사 관계는 '한 아이의 성장'을 목표로 한 소통을 통해 신뢰를 만들어가고 있었으며, 상호 협업을 통해 아이의 성장을 추구할 수 있다는 믿음을 확인해 가고 있었다.

협력의 방법 2
: 전문적 소통으로 불안과 비난을 넘어서기

마지막으로 나무 학교 학부모와 교사 관계의 특징은 이들이 '전문적 소통'으로 불안과 비난을 극복해 나가는 모습으로 나타났다. 최원석 교사는 교사가 교육의 전문적인 영역에서 '포지션'을 잡고 학부모와 대화를 시작하는 것이 바람직한 방향의 관계를 맺는 데 필요하다며, 대안학교는 그 가능성을 볼 수 있는 장이었다고 했다. 교사가 자신의 관심 영역에서 확실한 전문성을 가지게 되면 부모와의 대화에서도 자신감을 가지고 대화를 주도해 갈 수 있음을 경험한 것이다. 무엇보다 다양한 아이들을 수년간 교육해 본 폭넓은 경험은 교사만이 가질 수 있는 전문성이다. 그에 비하면 부모들의 자녀 양육 경험이란 매우 제한적인 것이다. 그래서 교사가 학생에 대한 깊은 관심을 바탕으로 아이를 잘 파악하기만 하면, 필요한 소통과 방향을 제시할 수 있고, 이러한 교사의 전문성은 학부모들에게 도움이 되어 보다 더 신뢰로운 파트너십 관계로 이끈다.

> (대안학교에는) 교사로서 특정 영역에서, 예를 들면 회복적 생활교육이 되었든, 아니면 하브루타가 되었든, 자기의 역량을 끝까지 발휘하고, 그 부분에 대해서는 굉장히 많은 공부와 실천을 한 경험이 있는 분들이 꽤 있다는 생각이 들어서, 저는 교사들이 약간 그런 전문적인 영역을 가지고 부모님들과 자신 있게 상대할 수 있는 어떤 포지션을 찾지 못하면, ...[....]... 부모가 가진 미숙한

교육의 어떤 경험이나 본인이 받았던 옛날 교육의 경험을 토대로, 방향을 설정하게 되는 경우가 좀 생길 수 있다(는 생각이 듭니다). (최원석, 면담, 2022/04/26)

학부모에게 신뢰를 만들어 내는 교사의 전문성은 '충분한 소통'과 '존중의 자세', 그리고 '부모의 입장을 공감해 주는 것'에서 나오고 있었다. '불만'을 제기하는 부모들은 사실 '불안'해서 그런 것이므로 부모의 불안을 이해하면서 그에 따른 적절한 대안을 제시하는 것이 교사의 전문성인 것이다.

물론 젊은 교사들은 부모들과의 소통에 버거움을 느낄 수 있는데, 김준수 교사는 교감으로서 그런 젊은 교사들을 지원하는 역할을 하기도 하였다. 교사들에게 적절한 조언을 주기도 하고, 필요할 때는 직접 부모들을 대신 만나주는 역할도 감당하면서 대화의 물꼬를 터주고 있었다.

젊은 선생님들은 어려워하죠. 일단 나이들이 다 본인보다 많잖아요. 그리고 저희 학교 보내시는 부모님들이 학력 수준이 꽤 있어요. 그러니까 대화를 할 때, 선생님의 말보다 내 말이 맞다고 이야기하시는 부모님들이 간혹 있는데, 그런 분들을 한두 번 겪고 나면, 부모님들하고 대화가 좀 꺼려지죠... 감당이 안 되는 부모님들을 (대신) 만나면서 정말 많이 느낀 게 뭐냐면 그 부모님의 마음을 어느 정도 이해해 주면서 이야기를 하면 대화가 된다는 거예요... (김준수, 면담, 2022/04/11)

전문적 소통과 관련하여 교사들이 가장 어려워하는 학부모들은 '교사의 말을 믿지 않고 자녀의 말만 믿는 학부모', 그러면서도 '자녀의 약점은 인정하지 못하고 모든 문제를 자녀가 아닌 학교와 다른 아이에게서 찾는 부모들'이라고 표현하였다. 이러한 부모들은 대개 아이의 문제를 같이 해결해 나가기 위해 '의논'하는 자세를 갖기보다 학교나 교사를 '비난'하고, 자신들이 원하는 방식을 강력하게 '요구'하는 모습을 나타냈다. 교사들은 이러한 학부모들을 만날 때면 '대화가 끝이 나지 않는' 어려움에 직면하곤 했다(김준수, 면담, 2022/04/11). 이런 부모들은 자신이 원하는 오직 하나의 해결책만을 요구하기 때문에, 학교가 문제 해결을 도울 수 있는 영역이 생기지 않는 것이다. 중요한 것은 아이를 위한 의논이 요구와 비난으로 바뀌지 않도록 하는 것이다. 이러한 점에서 최원석 교사는 '진짜 좋은 부모'라고 느껴지는 학부모는 자신이 원하는 해결 방안대로 학교가 처리해 주기를 원하는 부모가 아니라 아이가 하고 싶은 것을 교사와 부모가 어떻게 같이 '발견'하고 도와줄 수 있을지를 '요청'하는 부모라고 말했다.

아이와 아이가 문제가 생겼는데, 본인 아이의 입장에서만 이야기하면, 학교에서 다른 아이에게 조치해야 하잖아요. 부모님이 생각하는 어떤 해결 방안이나 요청을 학교에서 이렇게 처리해 주기를 원하거나 진행해 주기를 요청하셨을 때, 사실 어려움이 있는 거죠... 저분은 진짜 좋은 부모님이다 라고 생각되는 부모님들이 꽤 있어요. 그런 부모님을 만나면 학교에 요청하는 것이 아니라 뭔가 같이 일한다는 느낌, 같이 간다는 느낌이 되게 드는 거고, 아이에 대한 어떤 요구가 아니라, 아이가 하고 싶은 것을 우리가 같이 어떻게 발견할 수 있을까를 선생님하고 이야기하고, 그런 과정을 굉장히 감사해 할 때... (최원석, 면담, 2022/04/26)

또한 최원석 교사는 '부모의 영역을 배제한 교육학'으로는 교사들이 부모와 함께 협력적 관계를 맺고 실제 협력적으로 교육을 실행해나가는 경험적 감각을 키우기가 어려우므로, 교사 양성 과정에서부터 '부모와 교사가 협력하는 교육'과 그 '경험'을 교육하는 것이 필요함을 제안하였다.

부모와 교사가 협력해서 교육을 이루어간다는 경험이나 교육을 받아본 적은 없다고 생각해요... 우리가 배운 어떤 교육학이나 교육의 영역에서도 부모님의 영역은 진짜 완전 배제된 상태에서, 우리가 훈련을 받고... 부모와 함께 하는 능력이 갖춰졌다고 말할 수 있는 교사가 얼마나 될까? 그건 부모님들도 마찬가지라는 생각이 들어요... '교사와 부모가 연합해서 아이들을 키울 수도 있어. 그게 가능해.' 그런 것을 우리 상상 속에서라도 만들어 갈 필요는 있다는 생각이 들고, 대안학교는 그런 희망을 조금 품고 있는 게 아닌가 이런 생각이 들죠. (최원석, 면담, 2022/04/26)

협력적인 학부모 - 교사 관계를 위하여

아이의 성장을 위한 학부모와 교사의 협력 사례로서 지금까지 살펴본 나무학교 이야기가 공교육 현장에 제시할 수 있는 시사점을 생각해 보자.

첫째, 나무 학교 학부모와 교사는 서로가 특별한 목적과 교육적 신념을 가지고 대안학교를 '선택'하여 온 이들로서, 학교에 대한 서로의 관심을 '열심'과 '진심'으로 동등하게 이해하고 있으며, '한 아이의 성장을 목표로 협력하는 공동 교육 주체'로 인식하고 있었다. 나무 학교 학부모와 교사의 상호 인식은 아동의 '학업성취'를 넘어 '전인적 발달' 자체를 목표로 한 파트너십에 기초한다는 측면에서 '비판적 패러다임'의 이해(Boutte & Johnson, 2014)를 공유한다.

공교육 맥락에서 이루어진 선행연구와 차별되는 부분은 그 이해가 단순한 이해 차원으로 그치는 것이 아니라, 학교 내 다양한 참여와 교류, 소통 등의 실질적 활동 과정을 통해 '신뢰의 감각'을 만들어 내고 경험되고 있었다는 점이다. 선행연구에서 '불편'과 '간섭', '침해', '부담'이라는 감정 표현으로 설명되던 학부모와 교사 관계(김주후, 2004; 손준종, 2012; 신옥순, 2002; Crozier, 1998; Gedik, 2021)가 나무학교에서는 '한 아이의 성장'을 목표로 한 '열심'과 '진심', '헌신', 그리고 '조율' 등의 파트너십을 표현하는 언어로 바뀌었다.

이는 학교 교육에서 교육 주체로서 학부모의 지위와 권한을 높이고, 학교운영위원회 등을 통해 의사결정과정에 참여시키는 형식적 측면에서의 '제도적 장치'(김현정·이종각, 2019; 조금란·조혜영, 2019)뿐 아니라, 학부모와 교사 관계의 공동 목표 영역에 대한 인식을 늘리고, 서로의 전문성을 존중하며 인정하는 학교 구성원들의 '실질적인 실천'과 '문화 형성'이 중요함을 시사한다. 학부모와 교사가 마치 아이의 성장에 관한 '공동의 연구주제를 받은 공동 연구자들'처럼 서로 존중하고 협력하며 그 성장을 만들어가는 것이다. 나무 학교 사례는 이와 같은 상호 이해에 기반한 노력이 긍정적으로 성취되는 것들을 보여준다. 그러므로 공교육 내에서도 학부모와 교사 간 파트너십에 기반한 이해를 형성하고, 이를 바탕으로 실질적인 파트너십 경험을 축적하는 노력이 요구된다.

둘째, 나무 학교에서 학부모와 교사 간 파트너십의 핵심 토대에 '상호 선택'의 과정이 있었다는 점을 주목해야 한다. 부모는 학교의 철학에 동의하여 학교를 선택하고, 학교는 그 부모와 가정을 받아들일지를 면접 등을 통해 결정하는 과정이 있다. 나무 학교에서 상호 선택의 시간은 학부모와 교사가 서로의 교육관을 확인하고 서로가 같은 출발점에 서 있음을 확인하는 시간이었다.

이는 학부모도 교사도 서로를 선택할 수 없거나 제한적으로 선택하게 되는 공교육과 근본적으로 차이가 발생하는 부분이다. 지역 등의 기준에 따라 '임의 배정되는 공교육 구조'에서는 학교를 구성하는 개별 교사들과 학부모들이 추구하는 교육의 방향이 다 다를 수밖에 없게 되고, 이는 교육관 일치와 협업을 어렵게 만든다. '교사의 순환보직제도' 역시 옮겨가는 학교마다 그 분위기와 강조점에 차이가 있어서, 한 교사가 일관된 교육철학을 가지고 교육을 실행하는 것을 어렵게 한다. 자율형 사립고등학교나 특성화 학교, 사립 초등학교와 같이 학생의 학교선택권과 학교의 교육과정 자율권이 보장되는 일부 학교 유형들이 그나마 그러한 교육철학을 유지시킬 수 있다. 공교육 내 혁신학교(자율학교)들에서 실시된 '교장 공모제'와 '초빙 교사제' 등의 정책은 학교 공동체가 교육철학을 어느 정도 공유해 나갈 수 있도록 만든 정책이라고 볼 수 있다(이효정·박인심·전수빈·김갑성, 2018; 장인영, 2011). 이러한 상호 선택과 교육관 일치의 과정을 지원하는 노력들은 공교육에서도 계속 요구된다. Gedik(2021)이 터키 공립학교의 학급에서 활용했던 아동의 교육을 위한 학부모와 교사 간 '상호 약속(a contract)'의 시간을 갖는 것이나, 미국의 차터스쿨(charter school)처럼 학교를 운영하는 교육자들과 학교를 선택한 학부모들이 '학교 헌장(charter)'을 통해 '협약'을 맺게 하는 것(박세훈, 2003)도 한 예가 될 수 있다.

학부모와 교사가 대등한 협력자로서 한 팀을 이루기 위해 '한 아이의 성장'의 방향에 대한 그림을 공유하며 같은 지향점을 갖는 시간을 마련하는 것은 서로 간 신뢰와 소통, 깊은 협업을 가능하게 하는 기반이 된다. 따라서 우리 공교육 체제가 갖고 있는 한계가 있겠지만, 부분적으로라도 학교(교사)와 가정(부모) 간 상호 선택의 학교 체제를 만들려는 노력이 필요하며, 선택이 어렵다면 학교 구성원들이 서로의 교육관을 공유하고 조율해 나갈 수 있도록 하는 노력이라도 할 필요가 있다.

셋째, 한 아이의 온전한 성장을 위해서는 학부모와 교사가 상호 정보를 주고받으며 소통하는 협업 관계를 형성하는 것이 중요하다. 여기서 주목할 점은 나무 학교가 공교육 학교들과 비교했을 때 학부모와 교사 간 교류의 빈도나 강도가 강할 뿐 아니라 그러한 교류가 서로 간 소통과 친밀감을 만들어 내고 있었다는 것이다. 그리고 그 교류의 내용은 단순히 '학습'에 대한 문제를 넘어서 '한 아이의 성장'을 중심으로 한 충분하고 깊이 있는 의사소통을 지향하고 있었다. 이는 공식적인 학부모 상담 기회와 시간이 짧고, 소통 창구가 제한되어 있으며, 소통의 내용도 개인 정보 보호 등으로 제한되어 있어, 주로 교사의 교육에 대한 가정에서의 보조와 학교의 일정에 대한 단순한 정보 교환 등에 머물고 있는 공교육의 일반적인 특징들(이기석, 2018)과 구분되는 지점이었다.

물론 공교육 내 학교들이 대안학교보다 학교 규모가 크고, 학급당 학생 수가 많으며, 하나의 평가 기관으로서 학생을 선발하고 배치하는 기능이 있는 점 등 교사가 학부모와 깊이 있는 의사소통을 충분히 하기 어렵게 만드는 환경적 맥락이 있는 것이 사실이다. 수업 외에 상위 기관을 위해 처리해야 하는 많은 행정적 업무들이 있고, 부모와 함께 교육해야 한다는 인식 자체가 많이 공유되지 않은 것도 학생들에게 집중하는 시간을 상대적으로 충분히 갖기 어렵게 만든다.

　　그러므로 공교육 내에서 학부모와 교사 간 파트너십 관계를 더 효과적으로 도모하기 위해서는 학부모-교사 관계에 관한 교사 개인의 호감 및 자기 성찰을 통한 인식 개선과 실천뿐 아니라, 교사들이 학생의 성장과 그와 관련된 일에 좀 더 집중할 수 있도록 행정적 업무를 줄여주는 등의 구조적 개선을 위한 노력이 필요하다. 또한 예비교사 교육 및 현직 교사 교육과정에서도 '부모를 포함한 교육학'을 가르쳐, 부모와 대화하면 아이를 좀 더 입체적으로 보게 되고, 부모와 교사가 협업하면 아이의 성장을 더 잘 도울 수 있다는 것을 이해하고 경험해 나가도록 돕는 것이 필요하다. 더불어 학부모 역시 학교에 대한 '비난'과 자신이 생각하는 해법에 대한 '요구'가 아닌 학부모와 교사의 서로 다른 전문성에 대한 '인정'을 바탕으로 '의논'하는 자세를 가질 수 있도록 교육할 필요가 있다. 이러한 조건이 충족될 때, 학부모와 교사 간 효과적인 파트너십이 실천될 수 있을 것이다.

　　나무 학교 사례는 한 '종교계 대안학교'에 대한 사례로, 이들의 이야기를 모든 대안학교와 공교육에 일반화하기에는 한계가 있다. '종교계'라는 특성상 대부분의 학부모와 교사가 서로 일치된 방향을 공유하고 합의할 수 있는 신앙의 바탕이 있으며, '대안학교'라는 특성상 학교 구성원들의 인식과 책임이 학교 운영에 있어 좀 더 큰 자율성을 발휘할 수 있는 환경을 제공하기 때문이다.

그러나 아이의 성장을 위한 학부모와 교사 협력의 사례들을 찾아 그 특징을 탐색하는 일은 학부모−교사 관계의 부정적 담론을 극복하고, 실제적으로 긍정적 감각을 공유하는 데 기여할 것이다. 공교육 내에서도 이와 같은 사례들이 탐색되고, 실천되며, 더 많이 공유되기를 기대한다.

참고문헌

강대중·김기수·김봉제·김승보·김은정·김장중·김현정·오재길·윤혜순·이종각·황성희(2022). 대한민국 학부모. 학이시습.

강문정(2022). 교사의 학부모 인식: 주제어 '교사와 학부모 관계' 선행연구를 중심으로. 한국학부모학회, 2022 한국학부모학회 정기학술대회 자료집, 23-42.

고병헌(1997). 교육개혁운동으로서의 대안교육운동. 처음처럼. 통권(4), 11-12.

권순범·김월섭·진미정(2017). 학부모 학교참여가 자녀의 학업성취도에 미치는 영향에 대한 종단 연구. 학습자중심교과교육연구, 17(12), 119-138.

김기수·강대중·김봉제·김장중·오재길 편저(2019). 학부모와 공교육 – 학부모 담론의 시작. 교육과학사.

김영하(2015). 대안학교 교육과정 분석과 도덕 교과 운영에의 시사점. 도덕윤리과교육연구, 46, 171-199.

김장철(2017). 초등학교 교사–학부모 갈등에 대한 상호간의 인식 및 대응 전략 연구. 서울교육대학교 석사학위 논문.

김정미(2019). 유아의 피아노 교육에서 가정에서의 학부모 참여 활동에 관한 탐색. 미래음악교육연구, 4(1), 21-40.

김주후(2004). 학교갈등의 실태와 원인. 학교갈등의 이해와 해결방안 탐색 세미나 자료집. 한국교육개발원.

김현정·이종각(2019). 학교자치 실현을 위한 학부모 학교참여의 진단과 과제. 학부모연구, 6(2), 1-22.

박세훈(2003). 한국의 자율학교와 미국의 차터스쿨 비교 연구. 교육학연구, 41(4), 207-229.

변수용·김경근(2008). 부모의 교육적 관여가 학업성취에 미치는 영향: 가정 배경의 영향을 중심으로. 교육사회학연구, 18(1), 39-66.

변정희·이은호·박한숙(2012). 초등학교 진로교육의 방향성 탐색: 학부모와 연계한 진로교육 프로그램을 중심으로. 초등교육연구, 27,

손준종(2012). 편안한 협력자 또는 불편한 감시자 : 초등학교 교사의 학부모에 대한 감정 연구. 한국교육, 39(3), 33-57.

신옥순(2002). 초등학교 교사의 학부모 경험. 교육논총, 19, 191-207.

엄수정(2019). 제도권 학교를 떠나 대안학교를 선택한 부모들: Deleuze와 Guattari의 유목주의 이론에 근거한 내러티브 탐구. 교육정치학연구, 26(1), 181-210.

오재길(2017). 학부모의 교육주체성 강화 방안 탐색. 학부모연구, 4(1), 57-74.

이기석(2018). 초등학교 교사-학부모 의사소통 탐색: 행동경제학의 적용. 학부모연구, 5(3), 69-92.

이종각(2016). 2차교육혁명기의 교사-학부모 관계구조 변혁의 과제. 학부모연구, 3(2), 1-22.

이종각·황성희(2017). '학부모의 날'행사와 변혁적 교육발전. 학부모연구, 4(1), 1-26.

이효정·박인심·전수빈·김갑성(2018). 교장공모제 실행에 대한 다양한 참여 집단의 인식과 경험. 열린교육연구, 26(2), 175-199.

임고운·이은혜·이종철(2020). 초등학생 자녀를 미인가 대안학교에 보낸 학부모들의 교육 실천 탐구: 종교계 대안학교를 중심으로. 학부모연구, 7(3), 49-77.

장인영(2011). 초빙교사제 운영에 관한 초등교사의 인식 연구. 전주교육대학교 교육대학원 석사학위논문.

조금란·조혜영(2019). 학교폭력대책자치위원회 참여 학부모 위원의 역할 경험에 관한 질적 연구. 학부모연구, 6(2), 55-78.

주동범·이원석·이현철·김광석(2018). 학부모의 학교활동 참여가 초등학생의 학업성취에 미치는 영향. 학부모연구, 5(3), 53−68.

황성희(2022). 교사에 대한 학부모 기대와 인식에 대한 고찰: 선행연구를 중심으로. 학부모연구, 9(3), 77−98.

Boutte, G. S., & Johnson, G. L., Jr. (2014). Community and family involvement in urban schools. In H. R. Milner & K. Lomotey (Eds.), *Handbooks of urban education* (pp. 167−187). Routledge.

Crozier, G. (1998). Parents and schools: partnership or surveillance? *Journal of Education Policy, 13*(1), 125−136.

Gedik, S. (2021). Promoting a traditional home−school partnership: A teacher's efforts to involve families in a Turkish urban school. *School community journal, 31*(1), 283−312.

09
참여와 소통으로 성장하는 학부모

여태전_건신대학원대학교 교수

제대로 알고 사랑하며 축복하기

우리가 진정으로 학교교육의 변화와 혁신을 바란다면 무엇보다도 먼저 '사람이 먼저'라는 인식의 대전환이 요구된다. 학교에서 아무리 좋은 제도를 도입하고 좋은 교육프로그램을 적용한다고 해도 우리가 진정으로 아이들 한 명 한 명을 '있는 그대로' 바라보며 사랑하지 않는다면 우리가 꿈꾸는 행복한 학교는 이룰 수 없을 것이다. 온갖 통념과 편견으로써 아이들을 서로 비교하고 차별하며 서열화하는 마음만 내려놓아도 아이들은 지금보다 훨씬 더 행복해질 것이다.

행복은 '좋은 관계'에서 싹튼다. 내가 누군가와 좋은 관계를 유지하려면 그 사람을 정확하게 알고 이해하고 받아들이는 과정이 필요하다. 좋은 관계의 첫걸음은 '제대로 알기'이다. 내가 만나는 대상(사람이든 사물이든)을 제대로 알아야 '이해'가 되고 '수용'이 되어 '관계'가 좋아진다. 바로 그 상태가 행복이다. 그런데 제대로 알기란 얼마나 어려운 일이던가. 자기가 보고 싶은 대로 보고, 듣고 싶은 대로 듣고, 적당히 듣고 보고, 대충대충 보고 들으면서 우리는 뭔가를 이해했다고 착각할 때가 많다. 이해 아닌 오해, 수용 아닌 거부를 하면서 관계를 깨버리니 어찌 행복할 수 있겠는가. 그렇다. 행복에 이르는 첫걸음은 '제대로 알기'이다.

그러나 제대로 알기란 얼마나 어려운 일이던가. 엄격히 따져보면 지금 내가 알고 있는 모든 것은 '고정관념(固定觀念)'이다. 우리는 세상에 대해서 많은 것을 알고 있는 것 같지만 정작 자신에 대해서는 무지(無知)하기 십상이다. 내가 잘 안다고 생각하고 불쑥불쑥 행한 일들로 몸서리치게 부끄러워해 본 사람은 알 것이다. 그래서 중국의 노신(魯迅)은 '행이지난(行易知難)'이라고 했다. 멋모르고 행하기는 쉬워도 진정한 앎이란 지독히 어려운 문제이다. 그래서 소크라테스도 늘 자기는 아무것도 모르고, 다만 자신이 모른다는 것을 알고 있을 뿐이라고 했다. 그래서 다른 사람과의 논쟁의 결론은 늘 '아직 그것은 모른다'였다. 결국, 진정한 앎이란 무지(無知)에 대한 반복적인 고백일 뿐이다. 이 사실을 망각하니 우리는 시시때때로 '앎'에 속고 '이념'에 속고 산다.

인간이 이렇듯 무지하고 불완전한 존재이듯이 인간이 만들어낸 그 어떤 이론이나 프로그램도 불완전할 수밖에 없다. 그러니 우리가 무엇을 절대적으로 믿고 확신할 수 있단 말인가. 인간이 창조한 종교도 마찬가지이다. 종교에 대한 맹신은 예수님도 부처님도 원하는 바가 아니었을 것이다. 성인(聖人)들은 하나같이 인간에 대한 조건 없는 사랑과 자비를 강조했을 뿐이다. 최악의 처지에도 한 인간을 포기하지 않고 축복하고 또 축복하라고 가르쳤다. '사람이 먼저'라고 가르쳤다. 한 사람 한 사람이 소중하다고 가르쳤다. 그렇다. 교육은 한 사람 한 사람을 소중히 섬기는 일에서부터 출발해야 한다. 그래야만 우리가 행복해질 수 있기 때문이다. 그 행복에 이르는 길은 '제대로 알고 사랑하며 축복하기'이다.

학부모, 제대로 이해하고 받아들이기

학교는 교사, 학생, 학부모의 3주체가 함께 만들어가는 교육공동체이다. 20세기의 학교에서는 교사들이 중심이 되어 학교를 이끌어갔지만, 21세기의 학교는 교육의 3주체가 대등한 힘의 균형을 유지하면서 더불어 행복한 학교문화를 창조하려고 애쓴다. 새로운 길을 만들어갈 때 더러는 오해와 시기로 인해 갈등하고, 더러는 각 주체의 욕망과 무지로 인해 좌절할 때도 있다. 하지만 그 어떤 경우라도 우리는 서로를 이해하고 수용(받아들이기)하며 관계를 원만하게 만들어가야 한다. 그 길이 모두가 행복한 삶으로 나아가는 길임을 아는 까닭이다.

과연 학부모는 어떤 존재인가? 교사와 학부모와의 관계는 어떠한가? 학부모와 교사의 관계는 가깝고도 먼 사이이다. 관계가 좋을 때는 더없이 좋지만 어쩌다가 그 관계가 불편해지면 막다른 길로 들어서기도 한다. 그래서 흔히 교사들은 학부모들과 일정한 거리를 두는 게 편하다고 생각하고, 학부모가 학교 운영에 깊이 참여하는 것을 경계해온 것도 사실이다. 이러다 보니 실제 학교운영에서 학부모의 역할이 축소되거나 왜곡되어 나타나는 경우도 많았다.

물론 학부모가 학교 운영에 참여하는 것은 법으로 보장돼 있다. 대한민국 교육기본법 제5조 ③항은 "국가와 지방자치단체는 학교운영의 자율성을 존중하여야 하며, 교직원·학생·학부모 및 지역주민 등이 법령으로 정하는 바에 따라 학교 운영에 참여할 수 있도록 보장하여야 한다.[개정 2021.9.24.]"고 명시하고 있다.

　이렇듯 '학부모 및 지역주민'이 학교 운영에 참여할 수 있도록 보장하는 일은 '교육기본법'에서부터 분명히 밝히고 있는 중요한 사안이다. 그런데 그동안 정부나 단위 학교에서 학부모나 지역주민이 교육 주체로서 학교 운영에 적극적으로 참여할 수 있도록 '보장'하는 일은 소홀했다고 볼 수 있다. 물론 정부의 노력이 전혀 없었던 것은 아니다. 정부에서도 1995년 '5·31 교육개혁'에 따라 '학교운영위원회' 제도를 도입하고 학부모운영위원들이 의무적으로 참여하면서부터 학부모의 학교운영 참여가 일반화되기 시작했다. 거기에 맞춰서 학부모 교육과 학부모 상담의 중요성이 강조되고 학부모 관련 행사도 많아졌다. 2000년대 들어서서는 교육청에 학부모업무를 담당하는 부서도 생기고, 학부모지원센터도 설립되기에 이른다. 전국 시도교육청별로 '학부모회'를 공식적으로 운영할 수 있는 조례를 만들어 학부모의 참여와 소통을 적극적으로 지원하는 곳도 생겨났다.

　말하자면, 교사와 학부모의 불편한 관계를 넘어 학생(자녀)을 가운데 두고 교사와 학부모의 적극적인 만남을 장려한 것이다. 학교운영위원회에 학부모 위원들이 의무적으로 참여하게 하는 제도적 장치는 좋은 예이다. 비로소 학부모도 교육 주체로서 제 역할과 목소리를 내기 시작한 것이다. 거기에 발맞춰 학교에서도 그동안 소홀히 해왔던 학부모 교육이나 학부모 상담의 중요성이 강조되고 적극적으로 실행했다. 매년 학년 초에는 학부모 대상으로 교육과정 설명회도 열고 크고 작은 행사가 있을 때 학부모를 적극적으로 학교에 초대하는 학교 문화가 자리잡혀갔다. 학교 밖에서도 시민운동의 차원에서 학부모 단체도 하나둘 생겨났다.

비로소 학부모의 학교 운영 참여가 교사를 불편하게만 하는 게 아니라 학생들의 교육 문제를 두고 서로 '마주 보기' 문화가 싹튼 것이다. 이제 교사는 학부모가 단순한 '민원 제기자'가 아니라 분명한 교육의 주체임을 받아들이는 것이다. 학부모는 교사가 자기 자녀를 볼모로 권력을 휘두르는 불편 사람이 아니라 자녀교육의 진정한 동반자로서 마주 보며 교육 주체로서 책임을 다해야 한다.

일반학교 학부모 참여문화의 한계를 넘어

하지만 법이나 제도가 만들어졌다고 당장 의식과 문화가 하루아침에 바뀌지는 않는다. 아직도 교사와 학부모의 관계에서 '마주 보기' 문화가 제자리를 잡았다고 볼 수는 없을 것이다. 아직도 일반학교에서는 학부모의 교육활동 참여문화의 전형을 찾아보기는 어려운 상황이다. 꾸준한 변화와 혁신의 흐름에도 불구하고, 김장중(2017)의 연구에 의하면 여전히 학부모는 교육 주체로서 합당한 대우를 받지 못할 뿐더러 학교운영이나 교육문제 논의에서 소외되고 교육 주체로서 제대로 힘을 발휘하지 못한다고 분석하고 있다.

"교육 주체로서 학부모의 위상이 확고해지고 인식이 개선되거나 역량이 향상되었다고 단정하기는 이르다. 오히려 부정적이고 우려되는 현상이 교육현장 곳곳에서 감지되기도 한다. 학부모들이 부담감을 느껴 학교 참여를 회피하고, 학교운영위원회가 형식화되며 학부모회와의 갈등과 엇박자가 나는 사례들이 나타나고 있다. 정책 시행이 곧 학부모의 주체성 향상이나 참여 활성화로 이

어지는 게 아니라는 점을 특별히 주목할 필요가 있다."(김장중, 2017: 148)

김장중의 위와 같은 문제 제기는 정확하다고 볼 수 있다. 학부모의 학교 운영 참여가 갈수록 '형식화'되거나 '엇박자' 나는 사례가 보인다. 나아가 이러한 현상이 나타나는 원인에 대한 김장중의 아래와 같은 연구 결과 분석에도 깊이 공감한다.

"학부모 자체의 한계나 역사와 문화적 전통에도 일부 문제가 있지만, 근본 원인은 국가와 교육청이 교육을 독점하여 중앙집권적이고 폐쇄적으로 운영하는 데 있다. 입시위주 교육 구조에서 학교가 갖는 한계 및 학교장과 교사의 마인드와 리더십의 문제도 확인되었다."(김장중, 2017: 147)

요컨대, 일반학교의 학부모 참여문화의 한계는 곧 국가주의 교육시스템과 입시위주 교육의 구조적 한계를 넘어서야 한다는 말이다. 그렇다면 어떻게 해야 학부모가 실제적인 교육 주체로서 학교 운영에 참여할 수 있을까? "학교장과 교사의 마인드와 리더십의 문제"는 차치하고서라도, 우선 국가주의 교육시스템과 입시위주 교육의 구조를 뛰어넘어 새로운 학교문화를 창출하려는 학교에서는 학부모가 교육활동에 주체적으로 참여할 수 있지 않겠는가? 그렇다. 나는 이런 사례를 대안학교에 발견하고 확인했다. 내가 대안학교에서 만났던 학부모들은 '참여와 소통으로 함께 꿈꾸고 성장하는 학부모'였다. 나는 대안학교 학부모들을 통해서 '교사와 학부모의 마주 보기' 문화의 좋은 사례를 시시때때로 경험할 수 있었다.

입시를 위한 학교를 넘어 삶을 위한 대안학교로

나는 18년 동안의 일반학교 생활을 청산하고 2006년 3월 산청 간디고등학교에서 대안학교 교사로서 거듭났다. 2010년 3월부터 4년 동안은 창원 태봉고등학교 교장으로서 공립 대안학교 시대를 여는 초석을 놓았다. 2014년 3월에는 폐교 위기에 처한 남해 상주중학교 교장으로 부임하여 일반 사립학교였던 상주중학교를 대안학교로 전환하고 '돌아오는 농촌 다시 사는 마을학교'라는 비전을 걸고 '남해금산 교육마을'을 만들자고 호소하며 '마을교육 공동체'의 기반을 닦았다. 이렇듯 나는 지난 16년간 대안교육 현장에서 '삶을 위한 학교' 만들기에 온 열정을 바쳤다.

2010년 11월 한겨레 신문 이재훈 기자가 참여정부에서 정책실장을 지낸 이정우 경북대 교수에게 질문했다. "한국 교육의 본질적인 문제는 무엇인가?" 나는 그가 아래와 같이 우리 교육의 문제를 진단한 것에 깊이 공감한다.

"기업에서 학벌 위주로 뽑는 데다, 패자부활전이 없다. 대학 졸업 때 좋은 직장 못 가면 평생 못 간다. 그게 학교의 입시 위주 공부 환경을 만들고, 근시안적인 인간을 만든다. 일류대학의 이기주의도 학생들을 고통으로 몰고 있다. 그들은 한국의 교육문제나 학생들의 건강과 장래에 대해 관심이 없다. 똑똑하고 돈 많은 집 학생들을 뽑겠다는 이기주의에 빠져 있다. 정부는 이런 문제를 방조하고 조장한다. 대학, 기업, 정부 3자의 공동작품이 한국의 입시지옥이다."(2010.11.15. 한겨레)

그렇다. 한국 교육의 본질적인 문제는 바로 '입시지옥'에 있다. 그러니 학벌사회 구조와 입시 위주 교육시스템 속에 갇힌 한국 교육은 끝없이 탐욕을 부추기는 '승자독식 사회의 과잉경쟁 교육'을 되풀이하고 있다. "정부는 이런 문제를 방조하고 조장한다"라는 뼈아픈 말에 주목해야 한다.

교육은 개개인이 사회 구성원으로서 지탄받지 않고 어울려 함께 살아갈 수 있는 능력과 품성을 일깨우고 길러주는 일이다. 학력(學力) 신장이나 상급학교 진학이 교육의 본래 목적은 아니다. 교육이 개개인의 사회적 지위와 권위, 부와 명예를 높이기 위한 수단으로만 존재한다면 그런 교육은 벌써 '실패한 교육과 거짓말'(노암 촘스키, 2001)에 불과하다. 인류의 보편적 가치에 바탕을 두고 함께 살아가는 지혜를 일깨우고 길러주지 못한다면 그런 교육은 '죽은 교육'이요, 그런 학교는 '죽은 학교'이다. 자, 이렇게 너무나도 당연한 이야기를 하고 보니 이제 큰일이다. 왜 그런가? 둘러보면 '살아있는 교육'과 '살아있는 학교'가 드문 까닭이다. 생명과 평화, 자유와 평등, 사랑과 상생의 원리를 체득하는 교육. 이런 인류의 보편적 가치에 바탕을 둔 교육을 찾아보기 어렵다. 물론 겉으로는 다들 이런 교육을 하겠노라고 문자나 구호로 외치고 있지만, 그 속내를 조금만 들여다보아도 뻔뻔한 거짓말이 곧 드러나고 만다.

그렇다면 어떻게 해야 아이들도 선생님도 다니고 싶은 '살아있는 학교'를 만들 수 있을까? 어떻게 해야 입시지옥에서 벗어나 진정한 배움의 기쁨을 만끽하며 삶의 즐거움을 노래하는 학교를 만들 수 있을까? 배우는 대로 살아가고, 살아가는 대로 가르칠 수 있는 진정한 삶의 학교, 인생학교는 그 어디 없을까? 우리 사회에서 1990년대 중반부터 시작된 '대안교육 운동'은 바로 위와 같은 질문과 성찰적 사유에서 출발했다.

"이대로 살아가기에는, 우리 아이들이나 우리 자신들에게나 인생이 너무나 짧고 소중하다. 진정 길은 없는가? 길이 없다고 갈 수 없는가? 아니다. 길은 만들면 되는 것이다. 어둠을 한탄하기만 할 것인가? 결코, 아니다. 어둠은 밝히면 되는 것이다. 낫 한 자루로도 숲속에 길을 만들 수 있고 작은 촛불 하나로도 큰방을 밝힐 수 있다."

간디학교 설립자 양희규가 1997년에 발간한 책 〈사랑과 자발성의 교육〉에 담은 성찰적 메시지다. 언제까지 세상 탓, 정부 탓만 하며 소중한 우리 아이들을 죽음으로 내몰 수 없다는 간절함이 담겨있다. 하여 '낫 한 자루'와 '촛불 하나' 정신으로 새로운 길을 내며 희망을 노래한 것이다.

"꿈꾸지 않으면 사는 게 아니라고 별 헤는 맘으로 '없는 길' 가려네. 사랑하지 않으면 사는 게 아니라고 설레는 마음으로 '낯선 길' 가려 하네. 아름다운 꿈꾸며 사랑하는 우리 '아무도 가지 않는 길' 가는 우리들. 누구도 꿈꾸지 못한 우리들의 세상 만들어가네. 배운다는 건 꿈을 꾸는 것. 가르친다는 건 희망을 노래하는 것."

간디학교 교가 가사다. 그렇다. 꿈꾸지 않으면 사는 게 아니고, 사랑하지 않으면 사는 게 아니라고 했다. 결국, 오늘도 대안을 찾으며 우리가 걷는 길은 '꿈과 사랑의 길'이다. 이 길은 어쩌면 처음부터 '없는 길', '낯선 길', '아무도 가지 않는 길'인지도 모른다. 그래서 꿈과 사랑의 깃발을 흔드는 사람은 가슴이 뛰고 설레는 것이다.

누군가가 왜 당신은 일반학교를 버리고 떠나와 대안학교에 뛰어들었냐고 물으면 나는 서슴없이 '꿈꾸기 위해서! 사랑하기 위해서!'라고 말한다. 꿈과 사랑의 깃발을 흔들며 행복학교, 삶의 학교, 미래학교를 만들고 싶어서라고 말한다. 그게 곧 내가 꿈꾸는 '대안학교'라고 말한다.

'용기 있는 학부모'들이 만들어가는 대안학교 학부모 문화

1997년 3월 9일 우리나라 최초의 상설 대안학교인 '간디청소년학교'가 문을 열었다. 첫 입학생은 전국 각지에서 모인 중·고생 27명이었다. 숲속 마을에 제대로 갖춰진 교육시설도 없었지만, 학부모들은 새로운 학교, 새로운 교육에 대한 가치와 철학을 믿고 자녀들을 보낸 것이다. 그들은 입시위주 교육으로 점철되는 한국사회의 주류문화를 거부하고 애당초 '없는 길', '낯선 길', '아무도 가지 않는 길'을 따라 대안을 찾아 나섰다고 할 수 있다. 나는 그들을 '나부터 교육혁명'을 실천하는 '용기 있는 학부모'들이라고 부른다. 실제 『나부터 교육혁명』의 저자 강수돌 교수는 자녀 셋이 모두 간디학교를 졸업한 간디학교 학부모였다. 한국사회의 '교육 모순'을 간파하고 내 자녀만큼은 그런 모순 구조 속으로 밀어 넣지 않겠다고 선언하고 자녀를 대안학교로 보낸 학부모들을 나는 이 시대의 '조용한 교육혁명가'라고 부르고 싶다.

나는 2006년 간디학교 교사가 된 이후 지난 16년 동안 이렇게 용기 있는 학부모들과 함께 꿈과 사랑의 길의 길을 뚜벅뚜벅 걸어왔다. 나는 대안학교 교사로서 살면서는 내가 먼저 학부모들을 지극정성으로 모시고 섬겨야 한다는 생각을 한순간도 잊은 적이 없다. 하지만 가만히 돌이켜보니 내가 학부모님들을 모시고 섬기는 마음보다 학부들이 더 많이 나를 위로하고 격려하며 섬겨주었던 것 같다. 그렇다. 내가 만났던 대안학교 학부모들은 단순히 교사와 학부모의 관계를 넘어서로 배우고 함께 꿈꾸며 성장하는 교육운동의 동지요, 벗이었다.

대안학교 학부모들은 자녀가 입학하면 학부모도 함께 입학한다고 할 정도로 학교에 자주 드나든다. 그만큼 학부모들이 참여와 소통이 활발하다는 이야기이다. 일반학교에서는 교장이 학부모를 상대로 직접 상담하는 일은 극히 드문 일이다. 어쩌다 불미스러운 일이 생겨 담임이나 담당 교사를 제치고 곧바로 교장실을 찾아와 항의하는 학부모들은 더러 있지만, 교장과 함께 교육활동의 동반자로서 동지애를 가지고 계속 만남을 유지하는 학부모는 별로 없다.

그러나 새로운 학교를 꿈꾸는 대안학교에서는 교장이 학부모와 만나는 일은 일상다반사다. 심지어는 전국 각지의 학부모들이 수시로 전화 상담을 요청해오기도 한다. 일반학교에서는 대부분 교사가 주도하고 기획하여 학부모를 대상으로 연수도 하고 상담하는 경우가 많다. 하지만 대안학교의 경우는 학부모회가 아주 활성화되어 있어서 학부모 연수나 학부모 상담은 선후배 학부모들 사이에서 자연스럽게 이루어지기도 한다.

대안학교에서는 자녀가 졸업하면 학부모도 함께 졸업한다. 하지만 졸업이 끝은 아니다. 졸업 후에도 같은 기수별로 학부모들은 꾸준히 만남과 소통을 이어가는 학부모 문화가 있다. 참으로 놀라운 일이다. 나는 간디학교 교사가 되어 처음으로 이런 학부모 문화를 온몸으로 체득하며 배웠다. 그야말로 '참여와 소통으로 함께 꿈꾸고 성장하는 학부모'들을 옆에서 지켜보면서 많이 감동하였다. 이렇게 간디학교에서 몸으로, 삶으로 배운 학부모 문화를 그대로 태봉고등학교와 상주중학교에도 옮겨갈 수 있었다.

사례 하나.
공립 대안 태봉고 학부모 문화, 공교육을 살리는 희망 징검돌

태봉고는 창원시 마산합포구 진동면 태봉마을에 있다. 폐교된 태봉초등학교 옛터에서 2010년 3월에 출범한 전국 최초의 기숙형 공립 대안고등학교다.

태봉고의 비전은 "학교를 넘어선 학교, 사랑과 배움의 공동체"다. 교육목표는 "서로 배우고 함께 나누는 행복한 사람 육성"이다. 학교를 넘어선 학교와 배움의 공동체 원리가 자연스럽게 융합된 한국 공교육의 새로운 학교모델을 반듯하게 만드는 일이 태봉고등학교가 지향하는 비전과 목표이다.

'공립 대안'이라는 명칭이 보여주듯이 태봉고는 공교육의 울타리 안에서 범생이와 날라리, 잘사는 집 아이와 못 사는 집 아이, 장애가 있는 아이와 신체 건강한 아이가 골고루 섞여 서로를 용납하고 받아들이며 '함께 사는 법을 배워가는 학교'다. 그런 점에서 태봉고는 기존의 사립형 대안학교나 일반 공립학교와는 다르다.

태봉고는 '교육의 본질은 우정을 싹트게 하는 것'이라는 이반 일

리치의 말을 인용하며 학교는 다양한 아이들이 모여야 서로를 이해하고, 배려하고, 자기와 다른 존재를 상대하는 법을 배우며 우정을 키울 수 있다고 주장한다.

태봉고는 바다를 썩지 않게 하는 '3%의 소금 같은 학교'를 꿈꾼다. 바다가 가장 낮은 곳에서 온갖 잡동사니들을 받아들이면서도 자신이 지닌 3%의 소금 덕분에 썩지 않는 것처럼 태봉고는 대한민국 교육이라는 바다를 썩지 않게 하는 3%의 소금을 지향한다.

태봉고의 비전 중 또 하나가 '사랑과 배움의 공동체'를 만들자는 거다. '배움의 공동체'라는 말 앞에 '사랑'이란 말을 붙였다. 결국, 교육은 '사랑의 실천'이라는 신념을 표현하고 싶어서다.

어쨌든, 대안학교는 '문제아 집합소'라는 사회적 편견과 오해에 시달리기도 한다. 하지만 태봉고는 이런 편견을 넘어 누군가는 꼭 가야만 하는 길이기에 그 길을 당당하게 앞장서서 걸어왔다. 당연히 이 길은 많이 외롭고 고독한 길이다. 그래서 그들은 '한 뼘이라도 꼭 여럿이 함께'하자는 '담쟁이 정신'으로 뭉칠 수밖에 없는 것이다.

'함께 가자 우리'와 '담쟁이 정신'이 태봉고가 '행복한 학교'로 거듭나는데 큰 자양분이 되었다. 그리하여 마침내 태봉고는 경남교육의 새로운 창 하나를 열었고, 한국 교육사에서 공립 대안학교 시대를 여는 밑거름이 되었다. 하여 '공교육을 살리는 희망 징검돌'이라는 평가받고 있다.

태봉고의 경우는 설립 첫해부터 학부모회가 주최하여 학부모 연수회를 이끌었다. 학부모회 임원들이 1박 2일 프로그램을 직접 기획하고 추진하는 것이다. 교장과 교사들은 그들의 초청에 참여하여 특강도하고, 교육과정 설명과 안내를 하는 형식이다. 그야말로 철저하게 교육 3주체로서의 학부모 역할이 제대로 살아나는 것이 대안학교 학부모회이다.

이렇게 학부모회가 제 역할과 기능을 하게 되면 교장, 교감이 직접 학부모를 대상으로 상담을 해야 할 일들도 많이 줄어들게 된다. 가령, 태봉고의 개교 첫해는 학생들과 학부모들이 학교가 제대로 굴러가는지 모르겠다며 많이 불안해했다. 그래서 일부 학부모들은 간간이 교장실로 직접 전화를 해서 그런 불안감을 내비치기도 했다. 그런데 그때마다 대안학교 학부모 문화를 먼저 경험한 선배 학부모들이 서로 상담자 역할을 자청하여 그런 부모님들의 불안 심리를 잘 들어주고 다독여주는 역할을 해주었다.

태봉고 초창기 학교문화 만드는 데는 학부모회의 역할이 아주 큰 비중을 차지했다. 태봉고의 학부모회는 교장으로서 내가 미처 챙기지 못하는 부분까지 너무나 잘 챙겨주었다. 학부모들은 내가 가끔 힘들어하고 외로워할 때마다 나를 곧추세워주는 큰 버팀목이 되어 주었다. 그 당시 학부모들이 좌충우돌하고 시행착오를 겪고 있는 나를 믿고 지지해주지 않았다면 나는 그때 지치고 맥이 빠져 넘어졌을지도 모를 일이다.

태봉고 학부모회의 끈끈한 우애는 한마디로 감동적이었다. 일반 학교 학부모회의 경우, 공부 잘하는 아이의 부모들끼리 모이는 경향이 있지만, 태봉고 학부모들은 그렇지 않았다. 자녀 성적으로 부모가 기죽거나 소외되는 일은 전혀 없으니까. 일단 그런 면에서는 우리 교육의 고질적인 문제를 극복한 분들이라고 할 수 있다. 학부모들은 한데 모이기만 하면 그동안 아이들 키우면서 힘들었던 이야기를 나누며 서로 위로하고 격려한다. 그러니 자연스럽게 우애가 깊어질 수밖에 없다.

나는 이따금 한 번씩 학부모님들께, 아이들은 학교에 맡겼으니 믿고 기다려달라고, 그리고 부디 부모님들끼리 한 가족처럼 친하게 지내달라고 부탁을 드리곤 했다. '친한 것이 진리의 근거'라는 말도 있다. 실제로 그렇다. 일단 서로 친해져야 소통이 시작된다. 학부모님들끼리 서로 친하게 지내면 아이들끼리도 자연스럽게 친해지는 법이다. 실제로 태봉의 학부모님들은 멀리에 사는 일가친척보다도 친하게, 심지어 가족처럼 지내는 분들도 많았다.

태봉의 학부모들은 전체 모임, 학년별 모임, 지역 모임, 임원 모임 등 여러 형식으로 정말 자주 모인다. 근데, 그게 학교에서 가정통신문 같은 걸 내서 모이라고 해서 모이는 게 아니고 부모님들끼리 자발적으로 서로 연락을 취해 수시로 모임을 연다. 처음에는 '길동무'라는 인터넷 카페가 개설하여 일상으로 활발한 '소통'을 하더니, 요즘은 기수별, 지역별 학부모 네이버 밴드나 카카오 단톡방을 활용하여 일상으로 소통하고 있다.

이렇게 아름다운 학부모 문화를 창출하는 데에 선구적인 역할을 한 분이 바로 1기 학부모회장과 학교운영위원장을 맡았던 김학범님이다. 산청 간디중학교에서 벌써 3년간 학부모 문화를 밀도 있게 체험한 터라 초창기 태봉고 '학부모 문화'를 만드는 데 중추적인 역할을 하셨다. 초임 교장으로서 학교운영 미숙한 부분까지 세심하게 챙기면서 자주 학교를 드나들었다. 학교에 와서도 정작 당신의 아들은 만나지 못하고 가더라도 전체 아이들 이름을 다 불러 줄 정도로 아이들을 있는 그대로 바라보고 응원하는 훌륭한 학부모였다.

개교 첫해 학생 모집이 끝난 뒤 3월 입학식도 하기 전부터 학부모회가 구성되었다. 학부모회에서 자발적으로 1박 2일 학부모 연수를 기획하여 성공적으로 치러내는 걸 보고 정말 놀랐다. 학부모가 주최하고 진행하는 연수에 우리 교직원들을 초대하는 형식이었으니, 처음부터 학부모들이 교육의 주체로서 당당하게 출발한 셈이다. 학부모들이 먼저 앞장서서 좋은 학교 만들기에 나서고, 서로를 가족처럼 여기며 정을 나누니, 어찌 학교가 행복하지 않을 수 있겠는가.

그때 이후 학부모님들은 매년 여름방학과 겨울방학에 자체적으로 학부모 연수를 실시하고 있다. 학교 예산으로 초청 강사비와 간식비 정도는 지원해드리고 있지만, 지금도 이 연수를 기획하고 처음부터 끝까지 이끌어가는 주체는 분명 학부모회다. 일반학교처럼 교사들이 학부모를 이끌고 가르치고 하는 수동적인 학부모 연수가 아니라 학부모들이 스스로 참여하고 소통하며 서로 배우는 문화가 싹튼 것이다. 특히 겨울연수 때는 재학생 학부모들이 새로 입학할 신입생 학부모들을 초대하여 상견례를 겸하면서 연수를 실시하기 때문에 참여율이 엄청 높다. 이런 과정에서 부모님들 간에 자연스럽게 깊은 우애와 연대감이 형성되는 것이다.

학부모들은 그동안 사회에서는 좀처럼 느껴보지 못한 것을 우애를 자녀들이 다니는 학교를 통해 새롭게 느끼는 것 같았다. 우리 사회에 이기주의와 개인주의만 판치는 게 아니라는 걸 여기 태봉에 와서 비로소 느끼게 되는 것이다. 사실 그것은 우리 태봉고의 철학이기도 하다. '함께 가자 우리'를 지향하는 것이다.

나는 태봉고 학부모회가 성공적으로 자리 잡아가는 걸 보면서 우리 모두의 마음속에 더불어 살고픈 욕망, 불필요하게 경쟁하지 않고 오순도순 살고픈 바람이 있다는 걸 자주 확인하였다.

사례 둘.
학부모들이 모여드는 남해금산 교육마을

상주중학교는 당시 농어촌 인구 격감으로 폐교 위기에 처했다. 이런 상황에서 나는 상주중학교에 2014년 3월 부임하자마자 '남해금산 교육마을' 비전도를 크게 만들어 교장실(교육사랑방)에 붙였다. 그리고 기회가 있을 때마다 교사, 학부모, 학부모들 앞에서 "돌아오는 농촌 다시 사는 마을학교"와 "꿈과 감성을 일깨우는 행복교육"을 실현하기 위해 '담쟁이 정신'으로 '한 뼘이라도 꼭 여럿이 함께' 손잡고 나아가자고 호소했다. 그리고 하루에도 수십, 수백 번씩 '학교 비전도'를 바라보며 꿈과 사랑의 깃발을 흔들었다. 간절하고 절실하면 이루어진다고 했던가. 마침내 기적 같은 일이 하나둘 펼쳐지기 시작했다.

〈남해금산 교육마을〉의 꿈은 단순히 상주중학교 하나 되살리는 데 그치지 않고 학생 수가 급감하는 상주초등학교도 되살리고, 문 닫은 지 오래된 상주학생야영수련원도 되살리고, 없는 고등학교까지 설립하자는 큰 그림이다. 그리하여 100년 뒤에도 살아남을 '지속 가능한 마을공동체'를 만들자는 것이다. 교육 때문에 상처받은 대한민국의 청소년들을 남해로 초대하여 새로운 꿈과 희망을 전하고 싶다. 남해대교와 창선대교만 건너면 남해의 어떤 학교에서든 아이들을 따뜻하게 맞아주는 '행복한 교육도시' 남해를 상상한다. 대한민국의 교육소도(蘇塗), 교육해방구, 교육공화국을 여기 남해 땅에 꼭 세우겠다는 큰 꿈을 꾸고 있다.

이러한 꿈과 비전을 실현해 나가는 데는 역시 '용기 있는 학부모'들의 참여와 소통이 없었다면 불가능했다. 상주중학교 학부모들도 대안학교로 전환된 2016년 이후 지금까지 참여와 소통으로 함께 꿈꾸고 성장하는 학부모 문화를 형성하는 데 앞장서 왔다. 학부모님들 덕분에 상주중학교는 '좋은 학교'로 널리 입소문이 났다.

상주중학교 학부모회가 더욱더 활성화된 배경도 역시 태봉고처럼 좋은 학부모회 리더가 있었다는 점이다. 먼저 귀촌하여 마을에 살고 있었던 1기 학부모회 이종수 회장을 구심점으로 자연스럽게 모임이 활성화되었다. 일반학교에서 대안학교로 전환한 상주중학교가 앞으로 어느 방향으로 가야 하는지 관점과 철학을 함께 공유한 학부모 리더가 가까이 있다는 것은 행운이다.

학부모회장을 중심으로 매년 2회 정도 알차고 질 높은 학부모회 연수가 기획된다. 모였다 하면 보통 1박 2일, 또는 2박 3일은 기본이다. 모였다 하면 즐겁게 배우고 성찰하고 함께 성장한다는 것을 느끼니, 어찌 학부모회가 활성화되지 않겠는가. 특히, 마을학교를 지향하는 상주마을교육공동체는 '남해상주동고동락협동조합' 중심으로 더 끈끈한 연대와 소통이 이뤄지고 있다. 이 과정에서 우리는 함께 꿈꾸며 성장하는 기쁨을 공유하는 것이다.

아이들이 3학년 때 몽골 이동학습을 떠날 때, 3학년 학부모들은 1박 2일 국내 여행을 떠난다. 아이들일 졸업하면서 졸업 논문집을 낼 때 학부모들은 학부모 졸업 문집을 만들어낸다. 대안교육 특성화 1기 학부모들이 떠나면서 〈우리가 어느 별에서 만났기에〉라는 학부모 문집을 만들었다. 여기에 1기 졸업생 학부모들에게 드리는 나의 글 〈서로의 믿음과 어깨가 되어〉 일부를 소개한다.

"우리 첫 만남의 설렘과 두근거림을 기억하시나요? 멈칫멈칫 얼마나 낯설고 어색했던가요. 멀리는 서울, 수원, 울산까지. 가까이는 남해, 진주, 합천, 창원, 거제까지. 우리, 여러 곳에서 모여들 었지요. 이후 지난 3년간 참 많은 일이 있었네요. 기쁘고 즐거운 날들도 많았지만 안타깝고 슬픈 날들도 가끔 있었지요. 가슴 벅차게 뿌듯한 날들도 있었지만 불안하고 초조한 날들도 더러 있었고요.

그래도 우리 만남은 꿈과 가치를 소중히 여기는 만남이지요. 세상에서 가장 아름다운 솔바람 바다학교! 여기서 우리는 꿈꾸지 않으면 사는 게 아니라고, 사랑하지 않으면 사는 게 아니라고! 낯선 길, 없는 길, 아무도 가지 않는 길을 새롭게 만들어보자고! 어렵고 힘든 일이 닥쳐도 한 뼘이라도 꼭 여럿이 함께 가자고! 솥단지 걸고 함께 밥해 먹고 마시고 노래하고 수다 떨며 지샌 밤들 참 많았네요.

기타와 하모니카가 있고, 모닥불과 텐트가 있고, 막걸리와 소맥도 있었지요. 우리가 20대 청춘 때 즐겨 불렀던 노래를 여기서 다시 부를 수 있을 거라고 누가 상상이나 했겠어요. 아이들이 입학하기도 전에 우리가 모여서 불렀던 노래는 '꿈의 대화'나 '걱정 말아요 그대'였던가요. "그대여 아무 걱정 하지 말아요. 우리 함께 노래합시다." 그래요, 목청껏 노래 부를 수 있을 때가 바로 청춘이지요. 그렇게, 그렇게, 밤샘하고 새벽 먼동을 맞이한 날들이 몇 날이었던가요?

만나고 보니 우리는 저마다 모두 다 다른 사람들. 그야말로 '우다다'였지요. 그래요, 우리는 모두 다 다르므로 아름다운 거래요. 어쩌면 우리 만남은 처음부터 그 '다름을 있는 그대로' 인정하고 받아들이는 공부하려고 만난 거래요. 그래요, 맞아요! 우리는 아이들 공부시키려고 만났지만, 사실은 지난 3년 동안 우리 어른들이 더 많이 배우고 깨달았지 않았나요? 아이들만큼이나 어른들도 함께 신나고 즐거운 배움터 하나 제대로 만들기! 그게 우리들의 꿈 아니었던가요?

하지만 그 옹골찬 꿈과 만남의 기쁨도 모두 같은 느낌은 아니었 겠죠. '다름'을 용납할 수 없어 일찌감치 스스로 떠나는 벗들도 있었지요. 속절없이 떠나보내고 쓸쓸한 웃음 삼키던 때도 있었고 요. 기대 수준이 높았던 만큼 학교에 적잖이 실망도 했겠지요. 아 뿔싸, 올해는 설상가상으로 본관 건물까지 애를 먹이고, 교직원들 이 들고나면서 애지중지 쌓아온 우리 '믿음과 기다림'이 한순간 흔들리기도 했었지요. 쉬운 말로 위기가 기회라곤 하지만, 이 일 로 오해와 갈등이 생겨 벗님들의 가슴에 못 박는 일도 있었다지 요. 에구, 그때를 생각하면 지금도 마음이 아려오네요.

그래도, 끝까지 그 믿음을 붙잡고 기다려주신 상주중학교 대안교 육 1기 학부모님들! 부족하면 부족한 모습 그대로, 흔들리면 흔 들리는 모습 그대로, 끝까지 믿어주고 지켜보며 기다려주신 아름 다운 학부모님들! 고맙습니다! 지난 3년간 함께 해주셔서 진심으 로 감사드립니다. 어찌 잊을 수 있겠습니까? 평생 잊지 않겠습니 다. 평생 감사한 마음 가슴 깊이 새기겠습니다.

이제, 모두 모두 잘 가세요. 지극정성으로 사랑했노라고, 후회 없 이 사랑했노라고, 차마 자신 있게 말하지는 못하겠습니다. 돌이켜 보면 늘 부족했고 아쉬움이 남습니다. 미안하고 부끄럽고 죄송했 습니다. 그러나 어찌하겠습니까? 벌써 흘러 가버린 시간, 흘러 가 버린 세월인걸요. 그래도 이 말씀은 꼭 드리고 싶습니다. 지난 3

년, 부족했지만 최선을 다해 사랑했노라고, 진심으로 사랑했노라고, 우리 아이들과 학부모님들을 마음껏 사랑할 수 있어서 참 행복했노라고!

이제, 부디부디 잘 가세요. 여기 상주에서의 소중한 만남을 거름 삼아 앞으로 개개인의 삶이 더더욱 즐겁고 행복하기를 기원합니다. 우리 소중한 만남에 감사하면서 앞으로는 서로가 서로에게 더 큰 믿음을 가꾸어 가시길 기원합니다. 서로에게 더 듬직하고 따뜻한 어깨가 되어 주시기를 기원합니다. 그래요, 서로서로 믿음과 어깨가 되어, 세상에서 둘도 없이 소중한 우리 아이들 커가는 모습을 끝까지 함께 바라보며 기다려주시기를 기원합니다. 서로의 믿음과 어깨가 되어 지금처럼 아름다운 만남 계속 이어지기를 기원합니다.

잘 가세요! 진심으로 사랑했습니다. 감사했습니다. 그래서 행복했습니다. 이제 우리 헤어져 사노라면 언뜻언뜻 남해 상주 바다가 보고 싶고 그립겠지요. 상주에 계속 남아 살아가는 벗들이 그립겠지요. 그럼요, 그렇겠지요. 그럴 때면 언제든 달려오세요. 고향을 찾듯이 달려오세요. 그래요, 그럴 때는 우리 종종 다시 만나기로 해요. 산다는 게 뭐 별건가요? 만나고 헤어지고 또 만나고 헤어지고 그런 게 삶이지요. 그런 게 인생이지요."(여태전, 2022: 299－302).

학부모는 교육의 동지요 수호자다

이제는 학부모의 교육활동 참여가 공교육의 질을 향상하게 한다는 긍정적인 차원에서 그 의미와 중요성이 드러나고 있다. 학부모의 학교 참여란 학교운영의 제반 과정에 학부모들이 관여하여 자녀교육에 대한 그들의 권리와 책임을 다하게 하는 교육의 과정이라고 볼 수 있다. 학부모는 학교 교육활동의 동반자로서 상호 유대를 이루며 학교와 의사소통을 하면서 협력, 지원, 자문, 조언하고 나아가 중요한 의사결정에 영향을 미칠 정도로 직접, 또는 간접적으로 관여하며 참여할 수 있다. 오늘날은 실제 학부모들의 교육 수준이 높아짐으로써 과거와는 달리 학부모들의 교육 주체로서의 의식뿐만 아니라 학교 활동의 참여 의지도 증가하였다. 이는 학부모들이 학교 운영이나 정책에 참여함으로써 넓게는 공교육의 질을 높이는 데 이바지하고 좁게는 자녀의 학업 성과에 긍정적인 영향을 미치는 것으로 이해할 수 있다(주동범, 2018: 5).

무엇보다도 중요한 것은 학교에서 학부모를 교육 주체로 인정하고 받아들이는 교사들의 친절한 태도와 자세이다. 학부모들이 학교의 주요 교육활동에 적극적으로 참여하여 다양한 소통 채널을 만들어 낼 때 '살아있는 학교'로 거듭날 것이다. 따라서 학교는 어떤 형태로든 학부모들이 교육활동에 적극적으로 참여할 수 있는 다양한 방안을 마련하여 제공해야 한다. 그리하여 학부모－교사, 학부모－학생, 학부모－학부모 사이에서 다양한 형태의 소통이 이루어질 수 있도록 학부모회의 자립과 자치활동을 적극적으로 지지하고 격려해야 한다.

학부모가 주체적으로 교육에 참여하려면 김장중(2017)의 제언을 상기할 필요가 있다. 학부모는 학생의 '배경과 같은 존재'가 아니다. 학부모는 교육의 수요자가 아니라 '교육의 수호자'가 되어야 한다. 이제 학부모는 교육의 종속 변수가 아니라 교사와 학생과 함께 배우고 성장하는 교육의 주체임을 분명히 자각해야 한다. 국가는 교육을 독점하지 않고 권한을 단위 학교에 대폭 위임하여 간섭과 통제를 최소화해야 한다. 나아가 교사는 학부모를 교육의 동지로서 존중하고, 학부모가 편안하게 다가올 수 있는 분위기 조성에 더욱 힘써야 한다(김장중, 2017: 168－169).

대안학교 교사들이 학부모와 소통하는 문화가 일반학교에서도 일반화될 수 있기를 기대한다. 학교 규모가 크고 학생 수가 많을 때는 학년별, 학급별 단위로 나누어 학부모와 소통하는 방식을 찾을 수 있을 것이다. 또한, 실제 학부모가 학교에서 마련하는 학부모 연수나 학생 교육활동 발표회 등에 쉽게 참여할 수 있도록 방과 후나 주말을 활용하는 방안도 찾을 수 있을 것이다. 그런데 이때 주의할 점은 교사의 노동강도가 높아지는 데에 따른 부작용을 어떻게 해소할 것인가이다. 바로 이 점을 정부가 챙기고 지원해야 한다. 교사는 혁신의 대상이 아니라 혁신의 주체임을 분명히 하고, 작고 사소한 일까지도 교사회에서 먼저 협의하고 결정하는 민주적인 의사결정 구조를 만드는 일이 선행되어야 한다. 말하자면 '살아있는 교사회'를 만들어야 한다. 교사는 교육 전문가다. 교사의 '자율성'을 우선 보장해주고 진정한 '교육 주체'로서 서로 존중하고 격려하는 교사문화를 만드는 일이 앞서야 한다. 교사가 춤추어야 아이들이 덩달아 춤을 추고 학부모들도 함께 춤출 수 있기 때문이다.

우리는 끊임없이 배움과 성찰을 멈출 수 없다. 성장이 멈춰버리면 '꼰대'가 된다. 죽을 때까지 배움과 성찰을 멈추지 않아야 비로소 '어른'이다. 우리는 불안한 꼰대가 되지 말고 자존감 높은 어른이 되자. 지혜로운 부모가 지혜로운 아이를 키운다. 꿈꾸는 어른이 꿈꾸는 아이를 길러낸다. 상상력이 풍부한 어른이 상상력이 풍부한 아이를 길러낸다. 행복한 어른이 행복한 아이를 길러낸다. 내가 먼저, 우리가 먼저 변화를 두려워 말자. 우리가 먼저 참 좋은 샘물이 되자.

참고문헌

김장중(2017). 왜 학부모는 교육 주체로서 힘을 발휘하지 못하나?: 학부모의 역할과 지위의 재검토. 학부모연구. 제4권 제2호(2017. 12. 31).

노암 촘스키 지음, 강주헌 옮김(2001). 실패한 교육과 거짓말. 아침이슬.

양희규(1997). 사랑과 자발성의 교육. 내일을여는책.

여태전(2004). 간디학교의 행복 찾기. 우리교육.

여태전(2014). 공립 대안 태봉고 이야기. 여름언덕.

여태전(2022). 남해금산 교육마을 이야기. 남해오늘.

이재훈(2010). '네이스 논쟁' 뒤 개혁의지 꺾여…아래서 위까지 진보 많아야 성공. 한겨레. 2010. 11. 15. 인터뷰 기사.

주동범(2018). 학부모 교육활동 참여의 교육적 시사점 고찰. 학부모연구(제5권 2호). 5쪽.

크리스 메르코글리아노, 조응주 옮김(2018). 살아있는 학교 어떻게 만들까. 민들레.

10
함께 만드는 교육공동체
- '당사자성'을 넘어 '공동성'으로

양병찬_공주대학교 교수

한국의 교육열을 어떻게 볼 것인가?

"개천에서 용 난다"는 말이 있다. 우리 사회에서 교육이 개인의 출세에 어떻게 작용하였는가를 잘 보여준다. 우리나라는 급속한 경제 발전 과정에서 교육 수요의 폭발적 증가, 유례없는 학력 상승, 그리고 급격한 출산율 저하로 이어지고 있다(김경근, 1996). 이러한 사회적 분위기는 가정의 교육열을 가열시켰고 경쟁적 학교 문화와 사회의 능력주의를 강화하여 왔다. '교육열'현상은 이러한 악순환의 과정에서 더욱 뜨거워지고 있다. 가족주의적 교육문화에 기반한(강창동, 1996) 우리 사회 특유의 교육열은 사회적으로 불평등을 고착화시키는 부정적 힘으로 전환되어 버렸다. 이처럼 교육이 한국 사회 전체의 희망(드라마)으로 작동하던 시대를 접고 사회의 얽힌 문제를 더욱 풀기 어렵게 만드는 딜레마 요인으로 작동하고 있는 것이다(오욱환, 2014).

이러한 상황에서 사회적 불평등과 교육 격차의 악순환 문제를 학교 내부 문제로 국한시켜 당사자들이 해결할 수 있을까. 아니다. 부모들의 사회경제적 배경에 의해서 교육 격차는 더욱 커지고 있다. 교육의 문제를 더 이상 당사자들에게만 맡겨놓을 수는 없다. 이러한 딜레마를 벗어나기 위해서는 교육에 대한 새로운 접근이 요청된다. 한국 사회가 직면한 교육 모순은 학교만의 과제가 아닌 사회적 과제이기 때문에 어른들의 각성과 참여가 요청된다(양병찬, 2018). 즉, 교육공동체를 학교 안의 당사자 공동체로 인식하는 수준에서 벗어나야 할 필요가 있다. 이제 교육의 '당사자성'은 학교의 내부자들의 이해관계를 넘어서 해당 지역의 주민들의 공동 관심과 적극적 개입을 통한 '공동성'으로 전환되어야 할 것이다.

최근 교육계에 '마을교육공동체'라는 현상이 운동이나 정책 차원에서 확산되고 있다. 이는 학교와 지역이 협력하여 함께 좋은 교육을 만들어가자는 것을 사회에 발신하고 있다. 이제 학교에서 지역까지, 교사로부터 학부모를 포함한 지역 주민에게로 교육 운동의 범위와 주체를 넓혀나가야 할 때가 되었다. 새로운 교육의 희망은 교사의 책임을 넘어 학부모를 포함한 지역 주민의 공적 참여로의 전환이 요구되며, 학교의 변화를 넘어서 지역으로 확대되어야 함을 의미한다(양병찬, 2014).

최근 학교에서 일어나는 '교육 불가능'의 상황들은 교육 문제를 더 이상의 학교의 책임으로만 남겨둘 수 없음을 확인시켜주고 있다. 주민들의 교육에 대한 새로운 상상력과 적극적인 개입 없이는 지금의 학력주의와 경쟁교육체계의 강고한 벽을 넘을 수 없다. 물론 변화의 실마리는 '다른 교육의 가능성'에 대한 당사자들의 각성과 변화에 대한 믿음에서 시작된다. 이 장에서는 지역 주민들을 타자화 하는 현재 학교 교육의 한계에 주목하면서, 그 당사자성을 주민에게로까지 확장하고 있는 '마을교육공동체' 실천의 가능성에 대해 함께 이야기 하겠다.

한국 사회에서 학부모의 학교 참여

학부모 위치의 복잡성

해방 이후 많은 지역에서 주민들의 토지 기부와 노력 봉사, 기성 회 조직 등을 통하여 자녀들의 학교를 만들었던 역사를 가지고 있다. 후일 이 학교들은 교육청에 기부 채납되었다. 자연히 지역 주민들에게 학교는 '지역의 자산'이라는 인식을 가지고 있었다. 주민들에게 우리 학교나 우리 선생님, 우리 운동회 등으로 불리던 문화 속에서 마을과 학교가 얼마나 긴밀하게 연결되어 있었는지 알 수 있다. 이렇게 주민 들에게 지역의 학교는 '우리'의 것이었던 것이다. 국가 재정이 열악했 던 당시 정부는 학교에 대한 투자를 주민들의 자발적인 열의에 의존 했었다. 여기에서 부모는 학생의 보호자임과 동시에 주민으로서 학교 를 만들어가고 지원하던 운영의 주체였다.

이후 국가 주도의 공교육이 강화되면서 교육행정 주도로 학교가 운영되고 교육 전문직인 교사들에 의해 주도되면서 학부모와 지역(주 민)의 역할은 자연스럽게 축소되었다. 이로 인해 학부모는 학교를 지 원하는 '보조자'의 역할에 오랫동안 머물렀다. 학교의 당시 풍경에서 학부모들의 치맛바람과 촌지 봉투, 소풍 도시락 등의 이미지가 만들어 졌던 것이다. 이러한 한계를 극복하고자 교육개혁위원회(1995년, 5·31교 육개혁)는 '학교운영위원회 설치·운영'을 제안하였다. 이는 학교 운영의 자율성 존중을 위해서 학부모, 교원, 지역인사가 참여함을 공적으로 보장하기 시작한 것이다. 학부모가 학교 운영에 참여할 수 있는 법적 근거를 마련하여 오늘에 이르고 있지만, 실제 대부분의 학부모나 지역 주민들의 의사는 구체적으로 반영되지 못하고 형식적으로 운영되는 경우가 많아졌다.

5·31 교육개혁에서는 교육 선택권의 개념이 도입되어 학부모를 '교육 수요자'로서의 규정하고 있는 것도 큰 변화라고 볼 수 있다. 국가가 교육을 공공연히 상품으로 인정하는 시대가 되어 학부모를 교육 시장의 소비자로 호명하기 시작하였다. 최근 교육 현장에서 학부모의 민원이나 학생들의 폭력에 시달리는 교사들의 초라한 모습 속에서 교육 소비자의 '갑질'의식이 그 근저에 있는 것이 아닌가 하는 생각이 든다. 진짜 교육을 상품으로 보는 것이 합당한가. 그렇다면 국가가 공적 자금을 들여서 모든 이들을 교육할 이유가 있을까. 코로나19사태 직후 유네스코 미래교육위원회(2022)는 「함께 그려보는 우리의 미래: 교육을 위한 새로운 사회 계약」라는 보고서를 내고 교육을 공동재(a common good)로 규정하였다. 여기에서 "정부는 상업화로부터 교육을 보호하고 이를 규율하는 데 더욱 초점을 두어야 한다. 시장(market)이 더는 교육을 인권으로서 성취하는 것을 방해하도록 내버려두어서는 안 된다. 대신 교육은 모두의 공익을 위해 봉사해야 한다(2022: 15)."고 명시하고 있다. 오랫동안 사교육 문제로 곤란을 겪고 있는 한국 사회에서 주목해야 할 대목이다.

한때 직접 학교를 만들었던 학부모들은 교사들의 보조자, 교육 상품의 소비자, 공동의 주체 등 그 역할의 변화가 계속되면서 그 정체성이 더욱 복잡해지고 있다.

'부모주의'를 넘어서야

원래 학부모의 학교 참여란 학습동기와 학업성취에 긍정적 영향을 미치는 것(Epstine, 1997)이지만, 우리 사회에서의 학부모의 교육열은 사교육, 치맛바람, 학교 민원 등과 같이 '과열'된 부정적인 것으로 인식되고 있다. 이는 공공성이 극히 낮은 상황에서 발생한 현상으로 가족주의적 전통과 경쟁적 학력주의라는 사회적 조건이 결합해서 만들어진 것이다(이종각, 1996). 부모의 교육열을 사회적 불평등과 관련하여 비판한 오욱환(2008: 111)은 부모가 자녀교육에 적극적, 전략적, 배타적으로 개입하는 것을 "부모주의"로 규정하고 이것이 우리 사회의 교육 문제들을 더 증폭시키고 있다고 주장하였다. 이처럼 부모주의는 필연적으로 공교육이 가지는 공공성을 훼손한다. 그는(2008: 114) 한국 사회에서 부모의 사회·문화·경제적 자본이 자녀의 학업성취를 결정한다는 결정론적 인식이 확산되고 있으며, 이로 인해 공교육이 가지는 정의, 기회균등, 형평성과 같은 공적 가치가 급속히 퇴색되고 "사회구조의 계급화"가 진행되고 있다고 비판하였다.

이 상황에서 학부모의 교육 주체성을 강화하기 위해 학부모 조직화가 필요하다는 주장이 이어진다(오재길, 2017). 학부모−담임교사의 일대일의 전통적 소통이 아닌 학부모 조직화가 필요하다는 것이다. 그러나 학부모 조직화 노력도 결국 학교 중심의 교육 구조라는 한계를 가질 수밖에 없다. 교육을 늘 학교의 문제로만 인식함으로써 교사들의 과제로, 학생·학부모들의 문제로 머물러 버리고 마는 것이다. 당사자를 이렇게 축소함으로써 학생의 인권과 교사의 교권은 상대적 개념으로 인식되기도 한다. 또한 학교 안팎의 구성원들이 학교를 생활세계와 단절된 공간으로 인식하게 되는 것이다. 학교가 존재하는 지역은 아이들이 생활하는 공간으로 모든 주민들이 학교와 직간접적으로 연결되어 있다. 그러나 학교 안에서 일어나는 일에 속수무책이다. 학교가 교육 전문 기관이니 모든 교육문제는 학교의 권한과 책임하에 있다는 식이다. 집－학교－학원을 '뺑뺑이' 도는 학생들의 생활공간의 빈곤은 이를 더 강화시키고 있다. 여기에서 부모주의가 싹트고 있는 것이다. 내 아이를 위해서 무엇을 어떻게 투자해야 할까. '할아버지의 재력과 엄마의 정보력, 아버지의 무관심. 웃어넘기기에 너무도 슬픈 우리들의 시대적 자화상인 것이다. 오욱환(2008)은 자녀의 수가 급격히 감소하는 현 상황에서는 부모가 한 자녀에게 투자하는 시간과 비용이 증가하므로 부모주의는 보다 가속화될 것으로 보고 있다.

'사회적 부모'와 함께

"한 아이를 키우기 위해서는 온 마을이 필요"하다는 우리에게도 잘 알려져 있는 아프리카의 속담이 있다. 아이들의 성장을 위해서는 지역 내 모든 구성원들의 상호작용과 협력이 필요하다는 의미이다. 그러나 오늘날과 같이 핵가족화되고 관계가 단절된 사회에서 이런 것이 가능할까. 더욱이 한국 사회처럼 경쟁적 교육 문화를 가지고 있는 상황에서는 먼 나라 이야기라고 밖에 할 수 없지 않은가. 우선 한국의 현실에서 이야기를 시작해보자. 정부가 바뀔 때마다 아동 돌봄이 정치적 이슈가 된다. 온종일 돌봄 체계를 만들겠다는 정책 수단도 등장한다. 이는 핵가족화에 의한 자녀 양육의 곤란을 겪고 있는 오늘날 부모들의 요구 때문이다. 이렇게 학교나 돌봄의 시설의 전문직들에게 완전히 맡겨지고 부모들의 양육 기회가 줄어들고 이로 인한 양육 역량도 떨어지고 있다. 이 과정에서 아이들은 일상에서 다양한 사람들과의 관계 맺기가 줄어들고 있다.

아이들의 양육과 관련해서, 그 저변에 깔려있는 관계 단절의 문제를 극복하기 위해서 '사회적 부모'라는 개념을 살펴보고 싶다. 이 개념은 사회적 양육이 필요한 아이들을 키우는 양육자를 말하는 것으로 마을에서 태어난 아이는 누구나 지역의 보배이고 그 지역 사회 주민들이 "이 마을에 잘 왔어"라고 환영하면서, 생물학적 부모가 아이를 키우는 것이 어렵지 않도록 복수의 어른들이 부모를 대신해서 키울 수 있는 상태를 만들기 위해서 그 마을의 어른들이 모두 사회적 부모가 된다고 하는 생각이다(武田信子, 2023: 16). 우리 상황에 맞추어 다시 해석하면, 부모의 사회·경제적 배경으로 야기된 교육격차를 지역 주민이 '공동의 부모(=사회적 부모)'가 되어 함께 키울 수 있지 않을까. 이미 우리 사회에서 확산되고 있는 공동육아와 같은 활동들이 이러한 가치에서 출발한 움직임이었다.

교육에 공동의 관심과 책임을 갖는 지역사회

한 아이가 생애과정에서 가지는 기회들은 부모의 영향을 크게 받지만, 지역사회도 유사한 정도의 영향력을 미칠 가능성을 내포하고 있다(Male & Palaiologou, 2017: 152-153). 여기서 지역사회는 단순히 학생들의 집과 학교가 위치한 공간 아닌, 학생들의 학습과 발달에 영향을 미치는 이웃을 의미하는 한편, 학생 신분의 자녀를 둔 가족들의 집합체가 아닌 양질의 교육에 관심이 있는 모든 지역 구성원을 일컫는다(Epstein, 2002: 14-15). 즉, 교육에 대한 지역 주민의 참여 및 개입 그리고 지역의 교육자원 활용 정도에 따라 교육 기회에서 소외되어있는 아동에게 충분한 기회를 제공할 수 있는 것이다.

이러한 맥락에서 Epstein(2002: 7)은 학교-가정-지역사회 파트너십을 강조하는데 이 파트너십에서 학교는 부모와 지역사회가 학생들의 교육에 공동의 관심과 책임을 가지는 파트너로 인식하고 그들과 함께 더 나은 교육 프로그램과 기회를 만들어간다. 즉, 교육에 대한 지역사회의 참여는 지역 학교의 교육 프로그램 등을 더욱 풍성하게 하고 다른 가정 및 지역주민과의 상호과정 속에서 교육적 사회안전망을 형성하여 지역 아동의 발달에 긍정적인 영향을 준다.

Hargreaves and Shirley(2015)는 그동안의 학부모 참여와는 차별화된 교육 분야의 지역사회 조직화를 제안하고 있다. 이들은 "개별 학부모가 학교에 찾아가서 담당 교사와 일대일로 소통하는 전통적인 방식 그 이상의 것이다. 지역사회 조직화 운동은 의미 있는 개혁을 이끌어내는 데에 지역사회와 공공 네트워크 전체가 합심하여 동원되는 것이다. 지역사회 조직화가 완전히 실현되면 이전에 정치에서 소외되었던 대중들에게 새로운 시민적 역량을 높여주기에 도시 전체의 권력 역학이 변모되기도 한다(2015: 150)"고 주장하고 있다. 이러한 지역사회 조직화는 주민들이 지역사회의 아동에 대한 보육과 교육에 참여함으로써 지역에서의 자치적 역량도 고양하게 되는 것이다.

지역과 함께하는 '마을교육공동체'

'마을교육'에 대한 주민들의 공적 개입

최근 교육계에 '마을과 함께'라는 바람이 불고 있다. '마을교육공동체'라고 불리는 이 현상은 학교와 지역과의 연계를 강조한다(김용련, 2017;

서용선 외, 2015; 양병찬, 2018). 인간은 생활세계인 지역사회에서 성장하고 발달하기 마련이다. 따라서 교육은 모든 지역의 주민들이 서로 얽혀 있는 사회적 관계 속에서 일어나는 것이다. 마을교육공동체는 '학교 울타리 안'에서의 교육을 넘어서 일상생활 속에서의 전체 학습 경험을 의식해야 그 의미가 더 잘 파악된다. 따라서 이는 학교와 지역이 하나로 융합되는 것을 전제로 하며, 학생과 주민이 서로 만나는 구조와 그를 위한 활동들을 의미한다. 지역의 '교육력'을 회복하기 위해서 학교와 지역사회가 만나서 공동체적 대응을 하여야 한다. 그 시작은 학교의 무거운 짐을 지역사회가 나누어지는 것으로부터 시작할 수 있는 것이다.

최근 학교는 정규교육 과정뿐만 아니라 방과후 교육을 비롯하여 교육복지, 돌봄 등의 사업들을 추진하면서 교사들의 부담이 늘고 있기 때문에 지역사회의 협조와 지지가 필요한 상황이다. 지역은 학교와 교육 책임을 적절하게 분담하고 아동들의 교육활동에 공적으로 관여하는 어른들의 그룹을 만드는 것이 필요하다. 지역과 학교에서 일상적으로 전개되는 다양한 학습 과정들을 종합하고 상호의 연계와 역할을 명확히 함으로써 마을교육공동체를 창조하게 된다(양병찬 외, 2003: 18-19).

교육은 한 사회가 지속적으로 합의하는 방식으로 구성되는 공적 상호작용이다. 따라서 우리는 교육에 대한 새로운 사회적 합의를 위해 일반 대중들의 생각을 모으는 활동을 지속해야 한다. 어떤 것이 우리 사회에 필요한 교육인지, 상식적으로 납득이 가는 교육인지를 논의하고 그런 교육을 실현하기 위해 학교와 지역, 교사와 주민들은 무슨 일을 해야 하는지에 대한 합의와 실천이 필요하다(양병찬, 2014: 99).

지역에는 교육의 현안 문제들이 산적해 있다. 하지만 이것은 공론화되지 못하고 사라지고 만다. 지역의제화가 필요한 것이다. 돌봄과 교육의 문제를 해결하기 위해서는 지역 주민들의 공동의 관심을 촉발시켜야 한다. 이는 해당 지역에서 필요한 특정의 활동에 대한 지역의 공감을 높여 이에 대한 지지와 '손보태기'로 이어지며 이를 통해서 그 활동의 지속성이 보장될 수 있는 것이다. 예를 들면, 방과후교육 활성화를 비롯하여, 아동 안전, 보육, 청소년의 건전한 교류, 빈곤 청소년 지원, 이주민들의 교육문제, 생태·역사·문화 자원화 등의 지역 과제가 있을 수 있다. 이러한 지역 과제를 의제화하고, 사업화 및 학습과제화하여 프로그램으로 만드는 것이 필요하다. 또한 지역 주민의 참여의 촉진과 함께 인식 제고를 위해 캠페인 전개, 지역교육공동체 만들기를 위한 자료 개발·배포, 지역 언론 등과의 공동 홍보 등의 활동이 요청된다.

교육을 위한 새로운 공동성의 구축

좋은 교육의 가능성은 지자체가 교육 투자를 얼마나 더 하는가 혹은 학교와 마을에 어떤 프로그램을 운영할 것인가에 달려 있을까. 그보다 앞서 지역에서 교육에 대한 가치 합의와 함께 실천 과정에서 누가 함께 할 것인가 하는 주체의 형성이 관건일 것이다. 현재 사업 혹은 정책으로 급속하게 확산되는 마을교육공동체는 사업 예산이 중단되었을 때 어떻게 될까. 이는 마을교육공동체의 '지속가능한 구조'를 말하는 것인데, 관의 지원만으로 움직이는 사업이 아니라 주민 차원의 역동으로 움직이는 지역 활동의 토대를 마련하는 것이 지역에 던져진 과제이다.

지속가능한 마을교육공동체 구조를 위해서는 주민이 함께 참여하는 풀뿌리 교육협력의 기반을 마련해야 한다(양병찬, 2018). 그럼 지역 차원에서 지속적으로 진행할 수 있는 교육 사업의 틀이 무엇인지, 그것이 가능하기 위한 지역 차원의 조건을 어떻게 만들어가야 할 것인가. 우선은 마을(주민)과 학교(교사)가 함께 고민하면서 지역 운동으로서의 마을교육공동체의 상(像)을 만들어가야 할 것이다. 이와 함께 마을교육공동체가 지역사회의 지속가능한 구조로 운영되기 위해서는 지역 나름의 협력 체제를 구축하여야 한다. 이를 위해서 교육경비지원으로 급격하게 늘어나고 있는 지자체의 교육지원 사업에 대해 다양한 주체들이 참여하는 기획 방식과 사업 추진 플랫폼의 구상이 필요한 것이다. 즉, 지자체와 교육청간의 행정적 협력을 넘어서 주민의 주체적인 참여를 통한 교육의 지역거버넌스를 시도할 때가 되었다.

이를 위해 지역 교육민회(教育民會)를 제안한다. 지역 주민들의 교육 협의 구조를 통한 주민의 교육 주체화가 시급하다. 현재 교육 논의 구조의 국가 독점으로 인해 지역의 교육적 관점이나 의견은 부정되거나 배제되고 있다. 이를 극복하기 위해서는 지역 주민의 교육민회를 구성함으로써 근본적인 주민 교육자치의 토대를 마련할 필요가 있다. 주민 교육회의 구성은 마을교육공동체 실천 구조를 만드는 것으로 교사와 주민, 행정이 협력하는 공적 논의 테이블을 만드는 것이다. 유네스코의 미래교육위원회 보고서(2022: 3)에서도 "교육에 대한 공공재정 투입을 보장하는 것만으로 그쳐서는 안 되며, 교육에 관한 공적 토론에 모두가 함께할 수 있도록 사회 전체적 참여를 보장해야 한다. 이렇게 참여를 강조함으로써 교육은 공동재, 즉 함께 선택하고 성취하며 공유하는 웰빙의 한 방식으로 강화된다."고 지적하였다.

교육과 지역 발전의 자기결정력: 밑으로부터의 교육자치

지역교육공동체는 "지역 주민들이 함께 모여서 자신들의 학습 방향, 내용, 목적에 대한 통제와 영향을 행사하는 공동체(Hugo, 2002)"를 의미한다. 여기서 '통제와 영향'에 주목해야 하는데, 이는 우리의 교육을 우리 스스로 통제할 수 있는 교육자치의 힘을 만들어야 함을 의미한다. 그렇다면 우선 학교를 포함한 지역 교육에 대한 공적 책임과 결정 권한은 어떻게 형성되어 있는지 현실을 보자. 현재의 교육에 대한 법적 책무성은 교육감에 의한 "교육과 학예에 관한 사항"과 기초자치단체장에 의한 "보육, (학교)교육지원, 청소년, 평생교육"으로 구분되어 있다. 한국의 교육자치는 오랫동안 일반자치와 독립(분리)되어 발전하여 왔다. 교육감 중심의 광역 단위 교육자치는 생활세계 중심의 교육 자치성이 보장되기 쉽지 않으며, 일반행정과의 연계성이 떨어져 지원체계의 분절과 경쟁, 자원의 낭비 등의 난점이 심화되고 있다. 이러한 독특한 맥락에서 교육청 중심의 교육자치는 한 지역사회에서 완결된 교육행정 지원체제를 이루지 못해서 많은 곤란한 상황에 봉착하고 있다.

이에 대한 대안으로 교육청과 기초자치단체의 협력을 통한 〈혁신교육지구사업〉[1]의 운영이나 교육부의 〈미래형교육자치협력지구〉[2]시

---

1) 2011년 경기도교육청과 광명, 시흥, 의정부 등 6개 기초자치단체가 공동으로 협약을 맺고 시작한 혁신교육지구 사업은 2022년 현재 190개 시·군·구가 참여하고 있다. 그 내용은 교육청별로 특색이 있지만 지역사회교육협력, 학교와 지역사회 협력, 지역 특성에 맞는 교육, 마을교육공동체 등이 주를 이루고 있다.

2) 2018년 교육부는 〈풀뿌리교육자치〉사업으로 지방정부와 교육청의 컨소시움 지원 사업을 추진하기 시작하였는데 2020년부터 〈미래형 교육자치 협력지구〉사업 구조를 전환하여 11개 지구(서울 도봉, 성북·강북, 부산 사하, 울산 중구, 경기

범 사업 등을 통해서 한계를 극복하려고 하고 있지만, 법적 경계와 함께 분절적 업무 관행은 계속되고 있다. 이 시점에서 행정 자치의 한계를 넘기 위한 주민 차원의 교육거버넌스를 고민해보자. 교육 거버넌스란 민관 주체들이 교육을 함께 고민하고 궁리하면서 학교와 지역 교육 전체를 지원하는 여건을 조성하는 움직임이다. 이를 통해서 주민과 당사자들이 삶의 중요한 과제로서 지역의 교육을 주체적으로 관여하고 결정하게 된다(주체적 결정권). 최근 지방 정부의 교육지원 사업이 확대되면서 그 결정 권한과 관련하여 새로운 주체의 형성과 기획 방식, 사업 추진 전략 등의 필요성이 제기되고 있다. 즉, 함께 일하는 새로운 공간이나 전문 인력의 확충, 사업 추진에서 보다 협력이 강조되는 조직 문화 형성 등 지자체와 교육청 간의 행정적 협력을 넘어서 주민의 주체적인 참여를 통한 교육의 지역 거버넌스를 시도할 때가 된 것이다.

이러한 점에서 2018년부터 시작된 시흥이나 순천의 교육자치 모델 구축에 관한 논의 그 자체가 한국 교육자치의 역사에서 일보 진전이었다. 지역 활동가들(교사, 공무원을 포함한)이 스스로 교육 관련 의사결정 구조를 결정하고 행정 지원체계를 재편할 수 있다는 주민 통제의 원리에 입각하고 있기 때문이다. 공동체로서 마을은 주민의 요구와 지역사회의 필요를 찾아내어 지역사회 스스로 이를 극복할 수 있는 방안을 강구하는 자생적 구조를 만들어야 한다. 개별 마을 하나하나가

시흥, 충북 충주, 옥천, 충남 공주, 전남 순천, 곡성, 구례)를 선정, 혁신교육지구의 우수 모델을 지원하고 있다. 2023년 현재 33개 지구가 운영되고 있다. 그 주요 내용은 협력 거버넌스 구축을 위해 공동교육협력센터와 마을교육자치회, 학교혁신 선도, 심화모델 개발로 부처내 사업들(고교학점제, 방과후돌봄, 평생학습도시, 직업교육, 체육예술교육, SW센터 등)과 타부처 사업 간(생활SOC, 주민자치회, 농어촌지원, 마을돌봄 등)의 연계 등이다.

배움을 기반으로 한 공동체를 형성하게 되면, 결국 이들이 연계·융합하여 도시 전체의 학습공동체를 형성하는 초석이 놓이는 것이다.

마을교육공동체 실천 이야기

학교와 마을이 만나는 다양한 교차점

마을의 입장에서 학교를 들어가기가 쉽지 않은 일이다. 학교의 입장에서도 마을과 협력하려고 해도 실제 어떻게 시작해야 하는지 막연하다. 마을이라는 주체가 명확하지 않으니 말이다. 학교는 어떻게 노크해야 할까. 그리고 마을은 어디에 있으며 누구와 만나야 할까. 마을교육공동체들의 다양한 실천들이 이런 질문들에 답하고 있다.

학교 문을 두드리기

학교는 그렇게 녹록한 곳이 아니다. 그동안 학교가 지역에 담을 치고 지내온 세월이 길고 교직원들은 외부인들(주민을 이렇게 통칭하는 것은 문제가 있다고 생각하지만)을 꺼리게 된다. 지역아동센터에서 지역의 아이들을 공동 돌봄의 경험을 가졌던 충남 아산시 송악면 사람들은 초등학교의 문도 두들겨보았다. 활용되지 않던 학교 도서관 공간에서 학부모들이 자원봉사를 하겠다는 제안이었는데 받아들여지지 않았다. 안전 문제를 내세워 교장 선생님이 반대하셨던 것이다. 많은 학교에서 흔하게 벌어지는 일이다. 주민들은 지치지 않고 계속 프로그램을 가지고 학년이 바뀔 때마다 찾아갔고 결국 교장선생님이 바뀌고 나서야 도서관 문이 열렸다. 이곳은 교사들과 주민 활동가들이 상의하고 공동 기획하는 학교 안 거점이 되어갔다. 강원도교육청의 마을교육공동체

지원 사업에 참여했던 홍천군 동면의 마을교육공동체 '새끼줄'은 학부모들이 중심이 되어 만든 단체로서 해당 지역 초등학교의 도서관을 거점으로 마을의 주민 강사들과 학교를 연결해서 다양한 프로그램을 운영하면서 마을 교육의 기반을 다져갔다. 많은 학교들이 학교 도서관 운영에 곤란을 겪고 있기 때문에 학교 입장에서도 지역 입장에서도 서로의 이해관계가 맞는 협력 가능 공간이다.

마을교육의 거점 공간

일본의 경우는 학교구 단위로 공민관(한국의 '평생학습관'에 해당)이라는 공적 사회교육시설이 있어서 지역교육을 담당하게 되어 있다. 후쿠오카시의 경우는 소학교구 단위로 소학교 하나에 공민관이 하나씩 있어서 방학이나 주말에 지역의 아동·청소년을 담당하는 역할도 하고 있다. 아이들이 모여서 아지트와 같은 공유공간도 좋고 주민들이 모여서 학습하는 평생학습관(센터)도 좋다. 요코하마시의 사회교육시설은 '커뮤니티 하우스'[3]라고 하는데 이는 빈 교실을 활용하는 것이 그 출발이었다. 시설은 주민들의 학습·집회 기능을 비롯하여, 세대 간의 교류 기능을 담당하고, 지역의 요구와 시설의 정비 상황에 따라 도서관 기능, 아동육성 기능, 주방 기능, 공예 기능 등을 갖추는 경우도 있다. 중학생과 주민들이 함께하는 활동도 있는데, 중학생들이 지역의 축제

---

3) 1988년 요코하마시 평생학습 기본구상에 기초하여 1990년부터 도심에서 생겨나기 시작하던 초·중학교의 여유 교실을 활용하여 학교시설 활용형 커뮤니티 스쿨을 7개 설치하면서 시작되었고, 이후 학교 밖에도 유사 시설 설치로 인해 명칭을 '커뮤니티 하우스'로 변경하였다. 이 사회교육시설의 핵심은 아동청소년과 지역의 주민들을 학습 활동에 참여하도록 개방하고 있는 것이다. 이후 학교시설의 신·증축 등과 병행해 정비하는 학교시설 활용형/청소년 도서관 등의 기존시설 전환형/다른 공공시설과 합쳐서 정비하는 공공시설 병설형/용도폐기 된 공공시설 활용 등의 시설 정비형이 다양해지고 있다.

를 돕기도 하고, 노인들을 위해 보이스피싱예방 강좌를 중학생들이 강사가 되어 운영하기도 한다.

현재 학교 주변에 있는 공공시설(특히 교육시설)에서 이러한 역할을 해야 한다. 평생교육시설의 경우도 성인만이 아니라 아동·청소년들이 함께 배움의 관계를 만들어가면서 공유 공간으로 활용되어야 한다. 또한 마을교육공동체들이 특정의 공간을 청소년들의 아지트로 만들기도 한다. 홍성군 홍동면 마을교육공동체 '햇살배움터교육네트워크'가 주도하여 만들어진 'ㅋㅋ만화방'이라는 공간이 있다. 마을교육활동가는 이 공간을 다음과 같이 설명하고 있다. "만화책을 읽을 수도 있고 보드게임을 할 수도 있고 자고 갈 수도 있고 모임을 할 수도 있고 공부를 할 수도 있는 곳이예요. 어른들이 뭘 제시하지 말자는 게 이 공간의 첫 번째 원칙입니다. 가능하면 잔소리 말자, 멍 때릴 수 있는 공간, 쉼터 같은 공간으로 만들자는 뜻이죠." 지금 청소년들에게 필요한 것이 무엇인지 대화를 나누는 자리에서 제안되어 만들어진 청소년들을 위한 공유 공간이다. 청소년들이 모이고 활동의 거점으로 활용할 수 있는 마을교육의 거점들을 더 많이 만들기 위해 고민해야 한다.

유관 공공사업과의 연계

지역과 학교의 협력에는 유관 공공사업과의 연계를 기반으로 해야 한다. 지역에는 학교 외에도 교육·문화·복지 등과 관련된 공적 활동이 많이 있기 때문에 이러한 공공사업과 학교의 연계를 통해서 공적 자원을 적극 활용할 수 있다. 예를 들면 청소년수련원을 비롯하여 문화예술교육지원센터, 전문상담기관, 지역아동센터 등과 관련된 사업들, 세대간 교류를 위한 평생교육사업, 사회적 기업, 협동조합 등 다양한 체계와 사업들 간의 연계화가 필요하다. 호주의 학습도시 마운트 애블린은 지역사회교육센터를 학생의 방과후교육활동과 주민들의 성인교육센터, 타운홀미팅 공간으로 복합적으로 활용하고 있다. 이천시의 경우도 20여 년 전부터 모든 읍면동 단위로 '주민자치학습센터(타 지역의 주민자치센터)'를 설치하여 전문인력(평생교육사)을 고용하고 학교와의 연계 사업(방과후학교 프로그램이나 기획 사업 등)을 통해서 아동 및 주민 교육 프로그램을 공동으로 운영하고 있다. 이렇게 하나의 교육생태계가 구축되기 위해서 여러 공적 활동들이 지역 안에서 구조적으로 연결되어야 한다.

함께 만드는 마을교육과정

인간은 우연히 생활 속에서 만나는 어떤 (결정적) 사람의 삶과 활동, 직업 속에서 자신의 관심을 발견한다. 이를 계기로 자신의 삶의 길을 출발하며 그와 관한 지속적인 자극과 격려를 통해서 성장하게 된다. 그런데 오늘날 한국 교육 시스템은 이러한 생애적이며 지역적인 경로를 만들어가고 있는가. 학교로 쏟아지는 수많은 정책과 사업들은 지역의 자발적인 대응력을 압도해버리고 있다. 지역은 지역마다의 특성을 가지면서 발전해야 한다. 학생들을 위한 교육과 생활 지원(진로, 문화 등)도 지역 나름의 대응 방식을 찾아야 한다. 마을과 함께 하는 학교가 필요한 이유이다. 그동안 "교육은 학교에서"라는 학교 완결형 교육에 익숙한 우리들이 어떻게 새로운 교육 공간으로 지역사회를 인식하고 네트워크형 교육구조로 전환할 수 있을지 함께 이야기해보고 싶다.

삶의 힘을 키우는 교육

"나는 곧 18세가 된다. 하지만 세금, 집세, 보험 등에 대해 아는 바가 없다. 그러나 시를 분석하는 데는 능하다. 그것도 4개국 언어로…"(남정호, 2015, 시사人 385호).

학교 공부는 잘 하는데, 일상에서 할 줄 아는 것은 아무것도 없다는 하소연이다. 독일 교육계를 논쟁에 휩싸이게 만든 쾰른 김나지움(진학형 고교)에 다니는 학생의 트위터 글이었다. 학교 교육이 삶의 힘을 키우지 못하고 있다는 것을 학생 당사자가 폭로한 사건이었다. 한국의 교육도 마찬가지 아닌가. 교육은 학생들에게 불확실하고 급변하는 미래를 살아갈 수 있는 힘을 줘야 한다. 정보나 지식은 언제든 접할 수 있는 시대이다. 더욱이 배워야 할 지식들은 계속 시대마다 바뀌고 있다. 새로운 시대의 교육은 학생들에게 생각하는 법, 삶을 살아가는 방법, 계속 무언가에 대응하는 법을 가르쳐야 한다. 한 가지를 통달하는 것을 넘어서 보다 넓게 볼 수 있는 힘을 길러주고, 함께 살아가는 힘을 키워야 한다. 이런 의미에서 마을 기반한 교육과정은 일상성과 생활 과제 속에서 전개되는 과정이다.

주민과 교사들의 협동으로 만든 마을교육과정

마을교육공동체 활동에서 주목할 것은 학교와 지역사회의 협력의 결과물로 마을교육과정을 개발하여 운영하는 데 주력하고 있는 것이다. 지역의 역사와 생태, 문화 등 다양한 지역적 자원을 마을교육과정으로 개발하는 과정에 학교 교사와 지역의 주제 전문가, 마을교육 활동가 등이 함께 참여하여 만드는 협동적 결과물이다. 끊임없는 토론

속에서 만들어진 마을교육과정은 지역의 소중한 역사문화와 자연생태 자원뿐만 아니라, 지역에 살고 있는 다양한 사람들을 만나고 그들이 만들어가고 있는 다양한 공동체를 만나는 과정 속에서 지역에 뿌리내리는 공동체 학습이 이루어지는 것이다.

순천의 경우는 지역의 생태활동가들과 주민, 교사들이 함께 만든 '동천마을교육과정'이 만들어졌다. 타 지역의 생태교육 실천에 영감을 받은 풀뿌리교육자치협력센터의 제안에 따라 환경과 생명을 지키는 교사모임, 순천지속가능발전협의회, 순천그린해설가협회, 놀이 문화교육공동체 '노마야노올자' 등 여러 단체들이 20차례 이상의 모임을 통한 공동 기획과 학습의 결과로 동천마을교육과정을 개발하였다. 참여자들은 이 과정을 통해 함께 만들어가는 과정에서의 효능감을 함께 경험하게 되었다. 이러한 협력의 경험은 순천형 지역화교육과정의 개발로 이어가고 있다. 물론 학교 교사와 마을 활동가 간에 전문성 갈등이 일어나는 경우도 있지만, 공동으로 지역 지식의 가치를 만든 그 성공의 경험은 순천만습지교육과정이나 철도마을교육과정, 여순사건이라는 역사적 사건의 현재화 작업 등으로 이어지고 있다. 그동안 학교의 교육과정은 지역의 특성과는 상관없이 일률적으로 제공되었고 교사들 역시 지역에 대해 알지 못하기 때문에 학교에서의 학습은 맥락적 경험이 반영되지 못하였다. 순천의 사례와 같이 이제 마을(커뮤니티) 기반의 교육과정을 어떻게 누구와 함께 협력하여 만들어갈 것인가 마을교육과정 협력 구조를 실험하는 지역들이 늘고 있다.

프로젝트 기반 학습(Project based Learning)

학생들의 다양한 교육적 경험들은 어떻게 심화될 수 있을까. 학생들의 교육은 단순히 프로그램이나 강좌를 통한 이벤트적 경험이 아니라 자신이 원하는 것을 탐색하는 여행이다. 따라서 특정의 관심을 중심으로 모인 동료들과 함께 '프로젝트기반학습'의 방식으로 배움이 구성되어야 한다. 중등 단계의 자유학년제나 고교학점제는 학생들의 진로 찾기를 위한 정책 사업이다. 그러나 강좌만 늘리는 식으로 가는 것은 그들의 역량을 지원하는 데 한계가 있다. 진로 탐색이란 자신에게 다양한 인생의 레파토리가 있다는 것을 확인하는 과정이다. 진로는 개별적인 관심이기도 하지만 또래와의 경쟁과 협력을 통한 협동적 과제인 것이다. 지식과 정보를 넘어 깊이 있는 생활의 지혜와 실천적 경험을 가지기 위한 액션러닝(Action Learning) 접근이 필요하다. 경기도 '몽실학교'에서 진행하고 있는 1년 단위의 프로젝트학습을 참고할 필요가 있다. '몽실학교'는 청소년차지배움터로 학생·청소년들이 자신들이 희망하는 주제를 함께 설정하고 1년 동안 그룹을 나누어서 토론과 상호 학습을 통해서 학생주도프로젝트를 진행해가고 있다. 길잡이 교사라는 마을교육활동가들이 촉진자로서의 역할을 하지만 기본적으로는 청소년들이 스스로 삶의 주인이 되어 상상력으로 만들어가고 있다. 프로젝트 기반의 직업체험 활동의 경우 직업체험 이상으로 삶을 배우고 관계망을 만드는 것이 중요하다. 여기에서 마을의 교육활동 매개자를 통해서 지역의 직업인을 멘토로 발굴하고 연결하여, 직업 현장이 배움터가 될 수 있도록 직업인과 사업장에 새로운 지원 체제를 강구할 필요가 있다.

지역 교육을 위한 자기결정 구조

마을교육공동체란 단순히 교육자원을 동원하여 더 많은 교육 프로그램을 제공하거나 효율적인 교육 사업을 추진하는 데 머물러서는 안 된다. 우리 스스로가 교육 결정권과 전체적 교육 구조, 패러다임 등 교육 자치의 근본적 전환을 요구한다. 이러한 변혁적 변화의 방향은 학교 완결형 교육을 넘어서 지역사회와 연결된 네트워크형 교육구조로 전환해야 함을 강조하고 있다.

교육공론장

우선은 지역의 교육 과제에 대해 시민의 목소리를 듣는 일상적이고 개방적인 교육공론장이 필요하다. 이는 순천시의 정담회(情談會)나 구로의 온마을교육회의, 제천의 300인 소통토론회, 광산구 교육포럼 등과 같이 민관학의 구성원들이 시민 차원에서 격이 없이 만나고 논의하는 공공의 장을 의미한다. 지역의 다양한 교육 주체들이 소통하고 교류하며 지역의 교육 문제를 논의하고 함께 대안을 찾아가는 협력적 관계를 만들어내고 실천할 수 있는 것이다. 참여 주체의 다양성을 확보하기 위해 민·관·학이 균형 있게 배치되도록 구성해야 한다. 순천의 경우는 느슨한 교육문제 논의 구조를 만들어서 누구나 참여하여 함께 교육 과제를 한 달에 한번 토론하는 '정담회'를 운영하고 있다. 여기에서 앞에서 말한 마을교육과정도 나오게 되고 학교 공간 재구조화나 교육지원경비 조례 개정 등의 의견도 나오게 된다. 초기에는 학교 교육에 한정해서 논의하다가 최근 '지역교육' 전반에 걸친 문제로 확대되었다. 정담회의 의의는 교육 의제를 '민원의 형태'로 문제 제기하던 방식에서 참여하여 발언하고 책임지는 '건강한 시민'으로 변화했다는 데 있다. 정담회에 적극적으로 참여하는 교사 한 분이 "이거 자체는 한 번도 지역사회에서는 경험하지 못한 방식이고 의미 있어요.

교사 입장에서 교육과 관련해서 교육기관도, 학교도 교육과 관련해서 이보다 더 많은 이야기를 해본 적 없거든요"라고 평가한다. 즉, 교육의 문제는 복잡하고 해법도 구체적으로 나와야하기 때문에 일상적으로 논의하고 토론하고 대안을 찾아서 실행하려면 상시적 공론장은 필수적이다.

마을교육자치회

최근 마을교육공동체 실천을 위한 의사결정 구조로 마을교육자치회를 만들어서 교사와 주민, 행정이 협력하는 공적 논의 테이블로 활용하고 있다. 이는 현재 학교장의 리더십에만 의존해 학교 운영이 좌우되는 상황을 극복하고 지역 전체의 교육적 의지를 견지할 수 있다는 장점을 갖는다. 순천의 경우는 마을교육공동체 조례에서 마을교육자치회를 '교육민회'로 명명하고 "학생, 학부모, 교사, 공무원, 지역활동가, 시의원 등 순천시민 누구나 교육과 관련하여 자유롭게 제안하고 참여하는 열린 모임"으로 정의하였다(3조 5항). 이것은 앞에서 언급했던 '정담회'라는 느슨한 회의체에서 출발한 것으로 교사, 마을강사, 학부모, 청소년, 공무원 등의 다양한 이해관계자들이 매달 함께 모여 교육의제를 논의하던 경험에서 제도화된 것이다. 이에 비해 시흥의 경우는 교육자치지원조례에서 마을교육자치회는 "마을에서 생활하고 활동하는 교육주체들로 구성되어 교육의제 형성, 마을교육계획 수립, 마을교육과정 발굴 및 시행 등의 활동을 통해 풀뿌리 교육자치를 실현하는 기구"라고 규정하고 그 기능으로 마을의 모든 교육자원, 교육공간, 교육프로그램과 유기적 협력관계 형성, 마을교육계획의 수립 등 조금 더 공식적인 편이다.

교육자치회는 지자체와 교육청의 관련 부처와 학교, 주민 협의체의 연계 사업에 대한 구상, 계획, 실행을 함으로써 학교로부터 동원된 학부모의 학교 참여와는 다른 특성을 보였다. 이처럼 지역의 교육적 논의 구조가 있는 것은 지역의 교육 과제에 대한 커뮤니티의 지속적인 관점 유지와 역할 담당의 힘을 가진다. 주민자치회 재편이라는 최근의 상황은 풀뿌리 교육자치의 의사결정 구조를 만들어 갈 수 있는 좋은 환경이다. 이미 많은 마을(충남 홍성군 홍동면 교육분과, 경기도 이천시 평생학습분과, 서울 성북구 종암동 교육아동청소년분과, 울산 북구 농소3동 교육분과, 대전 대덕구 송촌동 교육청소년분과 등)에서 주민회의 혁신과 관련해서 주민자치회 내부에 〈교육 분과〉를 두어 지역 교육 의제를 제기하고 아동·청소년을 비롯한 주민 교육 전체를 기획 운영 평가할 수 있는 구조를 만들어 가고 있다.

학교와 지역의 협동을 연결하는 중간지원조직

　　학교와 지역(교사들과 주민들)의 소통을 돕기 위해서 중개자도 필요하다. 시흥의 행복교육지원센터나 순천의 풀뿌리교육자치협력센터 등과 같이 교육지원청과 지자체가 지원체계를 하나로 통합해서 'ㅇㅇ센터'라는 협업 공간을 구축하고 있다. 시흥시 행복교육지원센터는 일반행정과 교육행정의 협업을 위해 하나의 공간에서 논의하고 의사결정을 하자는 목적을 바탕으로 협력사업을 추진하였다. 이 센터의 경험은 혁신교육지구 사업 추진에 중간 지원 조직이 필요하다는 인식을 가져왔고 타 지역에도 이 같은 장치들이 만들어지고 있다. 순천은 민간 교육 전문가들로 구성된 풀뿌리교육자치협력센터가 관과 함께 일하면서 주민들과 소통하는 공간을 만들어가는 방식을 취했다. 마을에 대한 정보가 부족한 교사들에게 교육자원을 소개해주고 학교교육과정을 잘 모르는 마을주민들에게 학교 교육과정을 설명해주며 아이들의 교육이 학교를 벗어나 지역과 연결될 수 있도록 돕는 중간 매개자인 것이다. 이 지원체계는 교육지원청과 시청의 분절적 행정 체계로 인해서 나타나는 이중 투자를 방지하거나 종합적인 행정 추진에 대단히 실용적 효과를 가져왔다. 시청 내의 담당 부서인 평생교육과는 지원센터 활동가들을 믿고 서로 협력하는 관계를 쌓아가고 있다. 이를 통해서 지역 차원의 교육자치 추진의 진전이 가능하였다.

교육지원경비에 대한 공적 결정

최근 지방자치단체들이 지역 활력을 위해서는 교육이 살아야 한다는 기조가 확대되면서 교육투자가 비약적으로 확대되고 있다. 교육경비지원조례로 규정하여 학교의 급식시설·설비사업, 교육정보화사업, 교육과정 운영의 지원, 지역주민을 위한 교육과정 운영, 학교에의 체육·문화공간 설치 등에 사용되는 경비를 지원하게 되는데 지자체 예산의 3~8%까지 규정하고 있다. 인구가 감소하고 지역 재원 등이 열세인 지방자치단체일수록 상대적으로 더 많은 투자를 하고 있다. 물론 이 교육투자는 아직 방향을 정확하게 잡지 못하고 있으며 개별 학교의 시설 요구나 방과후학교, 문화예술교육, 원어민강사 지원 등 사업의 양적 증가로 이어지고 있다. 예산의 증가는 프로그램들만 늘어나고 학생들은 여기저기에 동원되게 된다.

지역의 지원 구조를 만들지 못한 상황에서 지역 나름의 고유한 교육 경로 구축과 주체 형성은 쉽지 않다. 지역의 다양한 주체들(주민, 학부모, 단체 등)이 개입하는 틀을 제시하고 이에 대한 자주성과 독립성,

연계성을 만들어가는 지역 기반 교육 구조를 상상해야 한다. 순천시의 경우는 교육경비지원조례에 대해 방향 모색을 위한 포럼 등 수차례의 논의 과정을 거쳤다. 여기서 "소수의 아이들이 아니라 다수의 아이들이 혜택받는" 쪽으로 큰 방향 결정하였다. 이후 시청에서 주관한 관련 공청회에서 지역의 교장단이 공식적으로 반대 의견을 냈는데, 학교가 시청으로부터 지원받는 교육경비 부문에 지역사회는 관여하지 말라는 것이었다. 이에 대해 행정과 주민, 교사 등 다양한 주체들은 지역에서 합의하여 교육경비를 사용하는 것이 좋겠다는 이견을 내면서 대립하였다. 이는 그동안 학교 교장의 입장만이 반영되던 공적 경비 집행의 관행에 대해 지역 사회가 공적 구조로의 전환을 요구하면서 생기는 파열음이다. 여기에 교육이 개별 학교의 책임을 넘어 지역사회의 공적 책임으로 재전환을 요구하는 필요가 만들어지고 있다.

주민 주체들의 배움과 실천, 성장의 시너지 구조

마을교육공동체라는 활동 체계도 확대되면서 주민들의 지속적인 참여와 활동가들의 교육 역량에 주목하고 있다. 이들이 학교를 위해서 동원되는 강사 자원 정도로 이해해서는 안 된다. 학부모를 포함한 주민들이 상호 배움과 공동의 실천을 통해서 마을교육공동체를 만들어가는 성장의 구조를 만들어가야 할 것이다.

상호 배움과 공동 실천

이제 '학교' 중심의 자원 동원을 넘어서 주민 상호 배움의 연결이 확장되는 교육생태계를 위해 상호 배움과 공동 실천을 강조하고 싶다. 우선 서로 배우는(상호 배움) 주민의 존재에 대해서 의식할 필요

가 있다. 배움은 개인적 측면에서의 내적 성장뿐만 아니라 공동 학습
을 통한 공동체의 변화 속에서 성장 가능성을 찾을 수 있다. 주민 스
스로가 주도하는 학습을 통해 구축하는 마을공동체는 지역의 성장과
재생의 기반이 되며, 공동체 안에서 주민은 스스로 실천의 의미를 찾
을 수 있다.

　　마을교육공동체의 주체인 주민들이 서로 만나고 토론하고 교류하
고 학습하고 도모하는 공동체(커뮤니티) 실천이 진행되면서, 여기에서
시민의 주체적 학습과정이 그 기저를 이루게 된다. 또한 마을학교나
동네배움터 등의 지역사회학습센터가 확장되는 가운데 학교를 비롯한
다양한 공유 공간의 개방이라는 공간적 확장성과 교육과 관련된 다양
한 활동 주체들의 일자리가 증대하면서 교육을 중심으로 한 사회적
관계의 다양성을 위한 새로운 도전도 요청되고 있다.

학교와 지역의 협동을 통한 지속가능한 지역 만들기

　　마을교육공동체 운동/사업을 통해서 지역은 학교로부터 제안된
교육에 대한 책임을 교육 활동의 지원 측면에서 자신의 역할을 정리
해가기 시작했다. 학교는 지역의 협조를 얻기 위해 지역과 함께 대화
하면서 새로운 관계 맺음에 노력해야 한다. 이 과정들이 주민들에게는
사회적 실천으로서의 학습으로 지역 스스로 자신들의 교육적 이상을
합의하고 지역의 교육력을 재구축하는 지역의 교육 변혁을 시도할 수
있는 조건을 만드는 것이다.

　　마을의 주인공인 주민이 함께 마을을 만드는 공동 실천을 의식할
필요가 있다. 마을의 주인은 해당 지역에서 살아가는 주민이기 때문에
마을의 성장과 미래는 그 안에서 일생을 영위하고 있는 주민들에 의

해 결정된다. 따라서 마을의 미래는 살고 있는 주민에서부터 구상이 시작되어야 한다. 더욱이 앞으로 지역의 주인공이 될 아동·청소년들이 자신들의 미래를 꿈꿀 수 있는 지속가능한 지역을 만들어야 할 것이다.

우리가 함께 마을의 배움을 만들어가자

교육(학교)은 누구의 것인가. 교육의 당사자에 대한 질문인데, 주민통제라는 교육자치의 관점에서 보면, 교육 당사자의 범위와 전략을 '지역사회'와 '주민'으로 확장해야 하는 것이다. 교육의 일련의 과정에 공적으로 개입하는 주체 형성을 통해서 학교로부터 동원된 학부모들의 학교 참여와는 차별화되는 구조적인 힘을 가질 수 있다. 모든 개인은 지역사회라는 공간에서 성장하고 발달하기 때문에 학령기 아동·청소년뿐만 아니라 지역의 모든 구성원에 대한 교육적 책임이 지역사회에 있음을 의미한다. 이를 위해서 좋은 교육에 대한 마을 구성원의 논의, 갈등, 타협으로 이어지는 과정에서 형성되는 지역적 합의(community consensus)가 필요하다. 우리가 사는 지역사회에 대해서, 또 그곳의 교육에 대해서 우리 스스로 판단하고 결정할 수 있는 그리고 그것을 이루기 위해 실천할 수 있는 시민들을 키우는 것이 우리 지역교육의 궁극적인 목표인 것이다.

그동안 "한 아이를 온 마을이 키우는" 지역사회의 돌봄과 교육은 그 과제를 '아이'와 '학교'로 제한해왔다. 이로 인해서, 아동·청소년은 교육서비스의 대상으로, 마을은 학교를 보조하는 관계로 해석되었다. 마을교육공동체라고 말하면서도 지역 자원을 동원하는 학교 지원 사업으로 인식되어 학교 '우선적' 관점과 '학생만'을 성장의 대상으로 보는 경향이 뚜렷하다(양병찬, 2018: 126). 이제 학교를 위해 지역의 자원을 '동원'하는 것을 넘어서 주민 상호 배움의 연결로 확장되는 지역을 하나의 교육생태계로 만들어가기 위한 공동 실천을 강조하고 싶다. 교육은 학교에서 아동·청소년을 공부시키는 것으로 끝나지 않고, 주민들이 스스로의 삶과 지역의 발전을 위한 자기 결정력을 갖는 지역의 배움으로 확장되어야 한다. 지금 전국에 부는 마을교육공동체 바람은 미풍으로 시작했지만 우리의 교육 결정권과 전체적 교육 구조, 패러다임 등 한국 교육 전반의 전환을 요구하는 근본적인 출발이 될 것으로 기대한다.

강창동(1996). 한국 교육열의 사회학 특성에 관한 연구. 教育問題研究, 8, 209－227.

김경근(1996). 한국사회의 인구학적 변동과 그 배경: 경제발전과 교육열의 영향을 중심으로. 교육사회학연구, 6(1), 33－50.

김용련(2019). 마을교육공동체: 생태적 의미와 실천. 서울: 살림터.

남정호(2015). 17세 소녀의 '두 문장', 독일을 달구다. 시사人 385호.

서용선·김아영·김용련·서우철·안선영·이경석·임경수·최갑규·최탁·홍섭근·홍인기(2016). 마을교육공동체란 무엇인가? 서울: 살림터.

양병찬(2008). 농촌 학교와 지역의 협력을 통한 지역교육공동체 형성: 충남 홍동지역 '풀무교육공동체'사례를 중심으로. 평생교육학연구, 14(3), 129－151.

양병찬(2014). 혁신학교와 지역사회의 협동. 교육비평, 33, 98－120.

양병찬(2018). 한국마을교육공동체 운동과 정책의 상호작용: 학교와 지역의 관계 재구축. 평생교육학연구, 24(3), 125－152.

오욱환(2008). 교육격차의 원인에 대한 직시: 학교를 넘어서 가족과 사회로. 교육사회학연구, 18(3), 111－133.

오욱환(2014). 한국 교육의 전환: 드라마에서 딜레마로. 서울: 교육과학사.

오재길(2017). 학부모의 교육주체성 강화 방안 탐색. 학부모연구, 4(1), 57－74.

유네스코 미래교육위원회(2022). 함께 그려보는 우리의 미래 : 교육을 위한 새로운 사회계약. UNESCO 및 유네스코한국위원회(KNCU).

이종각(2011). 교육열을 알아야 한국교육이 보인다. 서울: 이담북스.

이종각(2014). 부모 학부모 교육열에 대한 새로운 생각 새로운 정책. 서울: 원미사.

홍지오·김용련(2018). 마을교육공동체 구축과정에서 나타나는 교육주민자치 실천에 관한 연구: 서종면 교육주민자치 사례를 중심으로. 교육행정학연구, 36(5), 139-165.

武田信子(2023). '사회적 부모'를 키우는 사회교육. 月刊社會敎育. 2023년 6월호. pp. 13-18.

Epstein, J. L. (2002). School, family, and community partnerships: Caring for the children we share. In J. L. Epstein, M. G. Sanders, B. S. Simon, K. C.Salinas, N. R. Jansorn, & F. L. V. Voorhis (Eds.), *School, family, and community partnerships: Your handbook for action* (pp. 7-29) Thousand Oaks, CA: Corwin Press.

Male, T., & Palaiologou, I. (2017). Working with the community, parents and students. In T. Greany & P. Earley (Eds.), *School leadership and education system reform* (pp. 148-157). Bloomsbury Publishing.

Hargreaves, A. and Shirley, D.(2015). 이찬승, 김은영(역). 학교교육 제4의 길 1. 서울: 교육을 바꾸는 사람들.

Hugo, J.(2002). Learning Community History. *New Directions for Adult and Continuing Education, No. 95*, pp. 5-25.

공저자소개

Chapter 01 황성희

강원대학교 교육학과 강사다. 강원대학교 대학원에서 교육학으로 석사 및 박사 학위를 받았다. 주 연구 분야는 학부모의 자녀교육문화, 교육열, 사교육 등이다. 특히 학부모를 주제로 한국사회의 교육현상을 탐색하고 설명하는 데 관심이 많다. 주요 논문으로는 "중소도시 중산층 학부모의 자녀 사교육 지원 문화에 관한 연구"(2014), "학술지 「교육학연구」에 나타난 학부모 연구의 동향"(2015), "대학교 학부모의 자녀교육문화: 4년제 대학생 자녀를 둔 중산층 어머니를 중심으로"(2019), 그리고 "사회자본의 교육적 활용에 관한 질적연구: 저소득층 가정의 성공사례를 중심으로"(2021) 등이 있다. 저서로는 『학부모와 공교육』(공저, 2019), 『코로나 19, 한국교육의 잠을 깨우다』(공저, 2020), 『대한민국 학부모』(공저, 2022) 등이 있다.

Chapter 02 강문정

서울에서 초등교사로 근무하고 있다. 공주교육대학교를 졸업하고, 서울대학교 대학원에서 석사학위를 받았고, 박사를 수료했다. 주요 관심 분야는 교사와 학부모의 관계와 학부모 문화, 평생학습이론과 생애사 연구이다. 교사와 학부모의 협력을 위한 학교현장의 과제를 탐색하는데 관심이 있다. 주요 논문으로는 "초등학교 학부모 되기: 상위권 자녀를 둔 서울 거주 중산층 엄마들의 경험을 중심으로"(2017), "초등교사의 전문성과 양성체제 및 과정의 관계 탐색: 체계적 문헌 분석을 활용하여"(2021) 등이 있다

Chapter 03 김은정

공주교육대학교 교수다. 연세대학교 교육학과에서 석사, 박사 학위를 받았다. 현재 주 연구 분야는 학습양식, 학습부진 학생을 위한 창의적 체험활동, 학부모 교육과 조손가정의 학부모 교육에 관심을 가지고 있다. 주요 논문으로는 "조손가정 조부모 전담양육 경험의 특징에 대한 질적 연구"(2024), "조손가정 조부모의 손자녀 학습관리 경험에 대한 질적 연구"(공저, 2023), "청소년 자녀의 건강한 경계선 형성과 분리-개별화를 위한 부모의 역할"(2019), "대학생용 인지적·정의적 학습양식 검사지 개발 및 타당화"(2015), "대학수학능력시험 등급에 따른 대학생의 인지적·정의적 학습양식 특성 분석"(2015), 저서로는 「교육과정과 수업」(공저, 2019), 「대한민국 학부모」(공저, 2022) 등이 있다.

Chapter 03 박혜원

현직 초등교사이다. 공주교육대학교에서 학사, 석사 학위를 받았다. 대학원에서는 부모교육을 전공했고, 공교육 시스템 하에서 학생, 학부모, 교사의 상생 및 소통 방안에 관심을 갖고 있다. "모의 심리적 통제와 정서표현양가성이 대인관계에 미치는 영향"(2022), "초등학교 생활기록부의 행동특성 및 종합의견 텍스트에 대한 교사와 학부모의 해석 비교"(2022), "교권확립을 위한 몇 가지 조건"(2023) 등의 글을 썼다.

Chapter 04 강진아

서울대학교 교육연구소 객원연구원이자 태장초등학교 교사이다. 경인교육대학교에서 교육학 학사학위를, 서울대학교에서 교육학 석사 및 박사 학위를 받았다. 주요 연구 분야는 교육문화, 학교와 사회, 교사교육, 학부모 교육열 등이다. 교육 관련 주체 및 요소 간 관계성 파악, 교육학 영역에서 수행되는 질적 연구의 철학적·방법론적 토대 등에 관심을 가지고 있다. 주요 논문으로는 "영유아 학부모 교육열 형성에 대한 질적 사례연구: 인스타그램 중심 책육아 현상에 대한 행위자-네트워크 분석"(2023), "초등학생의 또래관계에 대한 질적 사례연구: 단자화(單子化)와 갈등회피 양상에 대한 상황분석"(공저, 2023), "초등교사 간 공존 양상에 대한 자문화기술지: 해석적 접근"(2022) 등이 있으며, 저서로는 『인간 문화 교육』(공저, 2023)이 있다.

Chapter 05 양윤호

충청남도에서 10년여 년간 근무하고 있는 초등학교 교사다. 학부모의 학교참여를 통한 교육만족도 증진 방안에 관한 연구학교 근무(충청남도교육청 지정, 2014~2015) 외에 학부모와 교사의 관계에 관심을 가지고 교육 현장에 적용할 수 있는 방안을 연구하고 있다.

Chapter 06 이전이

경기도교육연구원 부연구위원이다. 한양대학교 교육학과에서 석사 및 박사 학위를 받았다. 교원교육을 비롯한 여러 교육정책이나 교육현상을 형평성의 관점에서 분석하는 데 관심을 가지고 있다. 주요 논문으로는 "The effect of teacher influence relative to principal influence in school decision-making on teacher job attitudes"(공저, 2023), "졸업유예는 누구에게 기회가 되는가?: 대학 소재지에 따른 노동시장 성과 비교 분석"(공저, 2021), "Effects of South Korea's educational welfare priority project on elementary- and middle-school students' changes in self-esteem and adaptation to school life"(공저, 2020), "교육의 공정성과 적정성의 관계: 28개 OECD 회원국의 학업성취 결과를 중심으로"(2019) 등이 있으며, 저서로는 『정치교육론: 이론과 실천 및 과제』(공저, 2022) 등이 있다.

Chapter 07 김정남

미국 네바다 대학교(University of Nevada, Las Vegas) 부교수다. 가톨릭대학교에서 석사, 미국 메릴랜드 대학교 (University of Maryland-College Park)에서 박사 학위를 받았다. 서울에서 11년 동안 초등학교 교사로 근무했다. 현재 학교 상담을 통해 학생들의 교육적 기회와 학업 성취를 높이고 진로 발달을 증진하는 상담자의 역할에 초점을 둔 연구들을 하고 있다. 구체적으로 학부모 임파워먼트 (parent empowerment), 학교-가정-지역사회 파트너쉽(School-Family-Community partnership), 학교유대(school bonding), 그리고 학교 상담자 진로 준비 상담(College and Career Readiness Counseling) 등의 주제들을 중심으로 연구하고 있다 .주요 논문으로는 "A first step to a conceptual framework of parent empowerment: Exploring relationships between parent empowerment and academic performance in a national sample (2017)", "Empowering marginalized parents: An emerging parent empowerment model for school counselors (2018)", "Hidden behind the model minority stereotype: exploring disparities and the role of parent empowerment in Asian students' college enrollment (2022)" 등이 있다.

Chapter 08 이종철

기독교학교교육연구소 부소장이며, 한국교원대학교 정책전문대학원 겸임교수와, 장로회신학대학교 객원교수로도 활동하고 있다. 서울대학교 교육학과에서 석사, 부산대학교 교육학과에서 박사 학위를 받았다(교육행정 전공). 주 연구 분야는 교육정책, 전문적학습공동체, 대안학교, 학부모, 종교교육, 진로교육 등이며, 한국교육에 애통함을 가지고, 대안을 제시하는 일에 지속적인 관심을 가지고 있다. 주요 논문으로는 "초등학교 자녀를 미인가 대안학교에 보낸 학부모들의 교육 실천 탐구"(2020), "대안학교 학부모와 교사의 상호 인식과 관계 특징"(2023), "2022 교육과정 개정에 따른 종교 교과의 변화와 교과서 정책의 방향"(2023), "대안학교 등록제 도입에 따른 변화와 기독교대안학교의 나아갈 방향"(2024) 등이 있으며, 주요 저서(공저)로는 『기독교대안학교의 미래를 고민하다』(2022), 『청소년 갭이어, 나답게 성장하는 1년의 쉼』(2022), 『학부모의 당연한 권리, 학교선택권』(2023) 등이 있다.

Chapter 08 임고운

한밭대학교 인문교양학부 강사이며, 이화여자대학교 교육대학원에서 교육학 석사 및 대학원 초등교육학과에서 박사 학위를 받았다. 교육을 통해 '함께-살아감'의 세상을 이루고 싶은 꿈을 가지고 교사의 교육과정 개발 및 실행과 학부모를 포함한 다양한 교육주체들의 경험과 문화를 주로 질적으로 탐구하는 연구를 수행하고 있다. 주요 논문으로는 "초등학생 자녀를 둔 기독 학부모의 갈등 경험과 대응 전략"(2019), "초등학생 자녀를 미인가 대안학교에 보낸 학부모들의 교육 실천 탐구: 종교계 대안학교를 중심으로"(2020), "대안학교 학부모와 교사의 상호 인식과 관계 특징: 한 종교계 미인가 대안학교의 사례를 중심으로"(2023) 등이 있다. 저서로는 『알다가도 모를 요즘 중학생』(공저, 2023)이 있다.

Chapter 09 여태전

건신대학원대학교 대안교육학과 특임교수다. 경상국립대학교에서 석사·박사 학위를 받았다. 꿈꾸고 사랑하며 사는 일이 교사의 길이라고 노래하며 34년 동안 중·고등학교 현장에서 살았다. 2022년부터 대학원 석사, 박사과정 선생님들과 함께 배움과 성찰에 목마른 삶을 살고 있다. 2017년 교보교육대상을 수상했다. 저서로는 시집 『꿈이 하나 있습니다』(1996), 대안교육 연구와 실천 사례를 담은 책 『간디학교의 행복 찾기』(2004), 『공립 대안 태봉고 이야기』(2014), 『남해금산 교육마을 이야기』(2022) 등이 있다.

Chapter 10 양병찬

공주대학교 교육학과 교수다. 단국대학교 교육학과에서 박사 학위를 받았다. 현재 주 연구 분야는 학교와 지역 연계, 마을교육공동체 실천, 평생학습정책 등에 관심을 가지고 있다. 주요 저서로는 『농촌의 교육공동체론』(2015), 『마을교육공동체운동: 세계적 동향과 전망』(공저, 2019), 『미래사회와 평생교육』(공저, 2022) 등이 있으며, 논문으로는 "한국 마을교육공동체 운동과 제도의 상호작용"(2018), "지역공동체의 마을교육체계 분석 – 홍동·장곡지역 실천에 대한 행위자-네트워크이론을 중심으로 -"(2022) 등이 있다.

학부모와 교사: 엇갈린 시선에서 마주보기

초판발행   2024년 6월 15일
지은이   황성희 · 강문정 · 김은정 · 박혜원 · 강진아 · 양윤호
            이전이 · 김정남 · 이종철 · 임고운 · 여태전 · 양병찬
펴낸이   노 현

편 집   전채린
기획/마케팅   이선경
표지디자인   Ben Story
제 작   고철민 · 조영환

펴낸곳   ㈜ 피와이메이트
            서울특별시 금천구 가산디지털2로 53 한라시그마밸리 210호(가산동)
            등록 2014. 2. 12. 제2018-000080호
전 화   02)733-6771
f a x   02)736-4818
e-mail   pys@pybook.co.kr
homepage   www.pybook.co.kr
ISBN   979-11-6519-945-6   93370

정 가   15,000원

박영스토리는 박영사와 함께하는 브랜드입니다.